JN201803

かいのきツリーバンク
を利用した

コーパス日本語学入門

吉本 啓
アラステア・バトラー

くろしお出版

目次

第 1 章

イントロダクション

1.1 ツリーバンクの意義

この本は，高度な文法解析情報付き日本語コーパスである「かいのきツリーバンク」(Kainoki 2022) を日本語の研究や教育・学習に利用することを希望する人々のために，そのアノテーション（構文解析情報）および例文検索用のオンライン・ツールの解説書として書かれた。かいのきツリーバンクのアノテーションは日本語の構文すべてをカバーするので詳細であり，また検索パターンも初めて目にする人には手ごわく感じられるかもしれない。しかし，本書では，文解析の原理から説き起こし，アノテーションについても検索ツールについても，実例を交えてできるだけ平易な説明を心掛けた。

かいのきツリーバンクを日本語文法の研究に応用して有用なデータを得られることの例として，語順の問題を考えてみよう。ここでは，動詞が伴う 2 つの目的語の間の語順を考察することにする。これらの目的語は，かいのきツリーバンクでは第一目的語 (`OB1`) および 第二目的語 (`OB2`) と呼ばれ，それぞれ伝統文法の直接目的語および間接目的語にほぼ相当する。

以下の (1.1) および (1.2) に，第一目的語と第二目的語の順番の異なる例文を挙げる。これらは共に，太宰治『酒ぎらい』(1940) の中に近接して出現している。

(1.1)　私は、そのハガキを W君に 送った。

(1.2)　私は、その教師に 軽蔑をこめた大拍手を 送った。

かいのきツリーバンクにおけるこれらの解析ツリー（文に対する統語アノテーションのツリー表示）を (1.3) および (1.4) に示す（一部，省略表示）。両方の文とも，助詞「は」で表示された主語，動詞「送る」，さらに第一目的語 (`OB1`) と第二目的語 (`OB2`) を有することが見て取れる。他方，(1.1)/(1.3)

では <第一目的語-第二目的語> の語順なのに対し，(1.2)/(1.4) では <第二目的語-第一目的語> の語順となっているという違いがある。

(1.3)

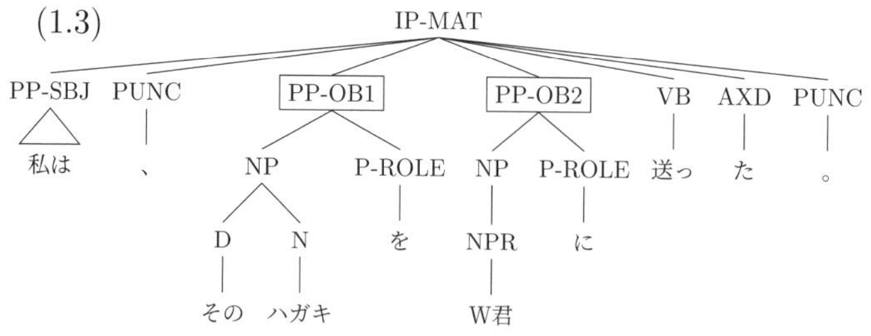

(40_aozora_essay_dazai1940a)

(1.4)

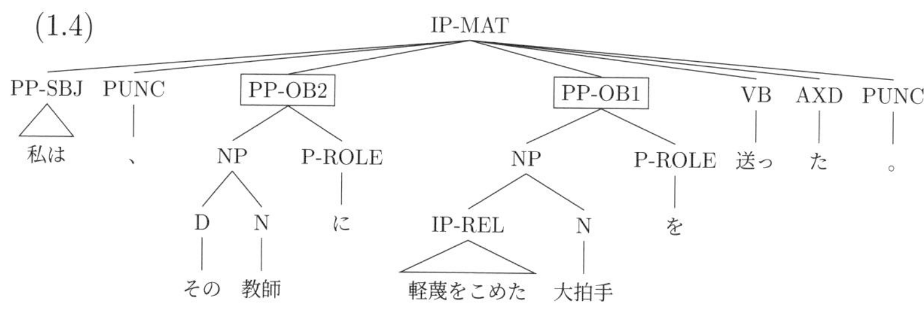

(55_aozora_essay_dazai1940a)

本書の第 5 章で説明するウェブ上のインターフェースに検索パターンを入力することによって，特定の統語論的条件を充たす例文データを収集することができる。表 1.1 はそのようにして集めた，<第一目的語 (表では `OB1`)-第二目的語 (`OB2`)-動詞> の語順（「**目1-目2**」と略記）と <第二目的語 (`OB2`)-第一目的語 (`OB1`)-動詞> の語順（「**目2-目1**」と略記）の文の用例数を比較したものである。それぞれの検索パターンも合わせて示す（検索パターンの基本については 5.3 節で，また語順に関するパターンの書き方については 6.1 節で解説する)。ただし，コーパス・データから教科書例文等の作例や翻訳文を除いた 57,504 文（1,149,637 語）について調査を行った。このような検索対象の絞り込みは，オンライン・インターフェースの “Files” のボックス（5.2.2 節を参照のこと）に “`/x_\|trans/!`” と記入することにより可能となる。集計によると，<`OB1-OB2`> の語順を持つ文は 233 例で，2 つの目的語を持つ例文全体の 37.9%，これに対して

表 1.1　2 つの目的語の語順の違いによる例文数

検索パターン	用例数	出現率
目1-**目**2: /OB1/ !< /^*/ $.. (/OB2/ !< /^*/)	233	37.9%
目2-**目**1: /OB2/ !< /^*/ $.. (/OB1/ !< /^*/)	381	62.1%

表 1.2　「を」「に」を付加された 2 つの目的語の語順の違いによる例文数

検索パターン	用例数	出現率
目1$_{を}$-**目**2$_{に}$: /OB1/ < (P-ROLE < を) $.. (/OB2/ < (P-ROLE < に))	140	35.9%
目2$_{に}$-**目**1$_{を}$: /OB2/ < (P-ROLE < に) $.. (/OB1/ < (P-ROLE < を))	250	64.1%

<OB2-OB1> の語順の文は 381 例（62.1%）である。

第一目的語や第二目的語のラベル付けは統語論的な基準に基づいてなされており，格を表示する格助詞は様々である。また，格助詞が付加されていないものも含まれている。そこで，第一目的語に「を」が，また第二目的語に「に」が付加されたものに限定すると，表 1.2 の通りとなる。これによると，<OB1 (を)-OB2 (に)> の語順（表では「**目1**$_{を}$-**目2**$_{に}$」で示す）は 140 例で 35.9%，<OB2 (に)-OB1 (を)> の語順（「**目2**$_{に}$-**目1**$_{を}$」で示す）は 250 例で 64.1% となる。格表示の如何を問わず語順ごとの比率はあまり変化しておらず，<OB2-OB1> の文が全体のほぼ 3 分の 2 を占め，残りが <OB1-OB2> となる。このことは，<間接目的語-直接目的語> を基本語順と見なす伝統的な考え方（佐伯 1975, 佐伯 1998 等）に一致している。

さらにもう少し詳しく見てみよう。必須文法役割を担う名詞句の統語論的な複雑さや長さが語順に影響を与えることは，言語の別に関わりなく広く見られる。そこで，表 1.1 の 2 種類の語順の文について，第一目的語および第二目的語が関係節を含んでいるか否かという 4 つのグループに分けて例文数を調べてみた。結果を 表 1.3 に示す（関係節を伴う句を「**目1**$^{+R}$」，伴わない句を「**目2**$^{-R}$」のように表示する）。なお，ここでの関係節には，寺村 (1977) の分類による「内の関係」のみを含める。

表 1.3　2 つの目的語の語順の違いと関係節の有無による例文数

検索パターン	出現数
目1-目2: /OB1/ !< /^*/ $.. (/OB2/ !< /^*/)	233
a. **目1^{+R}-目2^{+R}:** /OB1/ << /REL/ $.. (/OB2/ << /REL/)	6
b. **目1^{+R}-目2^{-R}:** /OB1/ << /REL/ $.. (/OB2/ !<< /REL/ !< /^*/)	78
c. **目1^{-R}-目2^{+R}:** /OB1/ !<< /REL/ !< /^*/ $.. (/OB2/ << /REL/)	9
d. **目1^{-R}-目2^{-R}:** /OB1/ !<< /REL/ !< /^*/ $.. (/OB2/ !<< /REL/ !< /^*/)	140
目2-目1: /OB2/ !< /^*/ $.. (/OB1/ !< /^*/)	381
e. **目2^{+R}-目1^{+R}:** /OB2/ << /REL/ $.. (/OB1/ << /REL/)	15
f. **目2^{+R}-目1^{-R}:** /OB2/ << /REL/ $.. (/OB1/ !<< /REL/ !< /^*/)	53
g. **目2^{-R}-目1^{+R}:** /OB2/ !<< /REL/ !< /^*/ $.. (/OB1/ << /REL/)	54
h. **目2^{-R}-目1^{-R}:** /OB2/ !<< /REL/ !< /^*/ $.. (/OB1/ !<< /REL/ !< /^*/)	259

これによると，第一目的語が関係節を含むのは（a ＋ b ＋ e ＋ g で）153 例である。そのうち，第一目的語が第二目的語より先行する文（a ＋ b）は 84 例（54.9%），第二目的語に後続するもの（e ＋ g）は 69 例（45.1%）である。<OB1-OB2> の語順の文は，表 1.1 に示した，全体としての例文数が 37.9% なのと比較すると，多くなっている。

また，第二目的語が関係節を含む文（a ＋ c ＋ e ＋ f）は全体で 83 例ある。そのうち，第二目的語が先行するもの（e ＋ f）は 68 例，第二目的語が後続するもの（a ＋ c）は 15 例である。前者は 81.9% を占め，表 1.1 に示す，<OB2-OB1> の語順の文全体が占める 62.1% という数字と比べてかなり多い。

さらに，両方の目的語が関係節により構成される文は 21 文（a ＋ e）あるが，そのうち第二目的語が先行する用例は 15 例，71.4% を占める。

以上をまとめると，動詞が 2 つの目的語を持つ文において，第二目的語は第一目的語に先行してあらわれる傾向があるが，関係節により構成される場合にはさらにその傾向が強まる。第一目的語が関係節を含むものも先行しやすいが，両方が関係節を含む文においては，第二目的語がはるかに優位に立つ。このように目的語の複雑さや長さが語順に影響を与えることを観察できた。

以上の観察を出発点として，日本語の語順を支配するさらに個別的な要因—助詞句や名詞句の構成素の数，語数，格助詞の種類，主題化の有無等—を明らかにすることも可能かもしれない。だが，以上に述べたことだけを見ても，かいのきツリーバンクに対し数回程度の検索を施すだけで，かなりの程度の文法情報を得られることが読者には納得していただけたであろう。

ここで注目しなければならないのは，文の統語解析情報をアノテーションとして施したコーパス（ツリーバンク）を使用してはじめて，必要な例を過不足なく検索して得ることができる，ということである。表 1.1, 1.2 および 1.3 に記した検索パターンはすべて，述語を共有する同一の節の内部の第一目的語と第二目的語の先行／後続関係について制約を与えている。従来行われてきたように，単に表層における語順を—例えば <第二目的語 - 第一目的語> のように—指定するだけでは，出力結果の中には次のような文も含まれることになる。

(1.5)

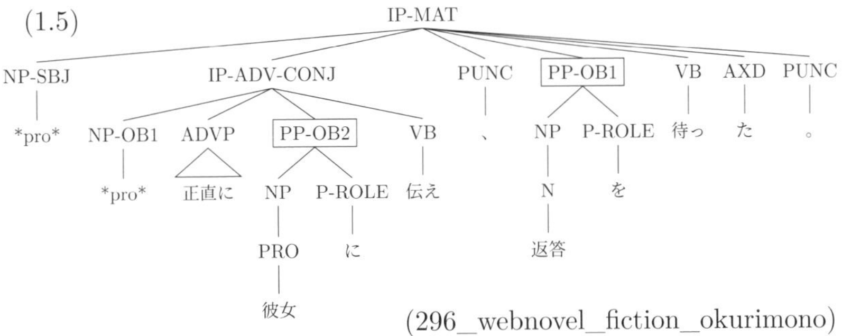

(296_webnovel_fiction_okurimono)

この文は，表層では第二目的語が第一目的語に先行しているが，統語構造を見ると第二目的語「彼女に」が従属節の内部に含まれており，2 つの目的語の間で述語も異にするため，ここでの考察の対象とはならない。統語解析情報を含むコーパスを使うことによってのみ，このような用例を排除することができる。

以上に例として挙げた例文を一定量のテクストの中から探す作業がどれ程の労力と時間を必要とするものか，言語研究に携わった経験のある人ならだれでも理解していただけるだろう。かいのきツリーバンクを研究や調査に利用して得られる結果は，それに習熟するための努力に十分値することを実感していただけるものと思う。

日本語の研究や教育，学習のためにコーパスを利用したいと考えた人はこれまでに数多くいただろうが，実際に使ってみて，自分の必要を直接充たしてくれるものではないと感じた人も多いのではないか。上に挙げた例からも分かるように，かいのきツリーバンクによって，構文や文型に関して，相当量の客観的なデータ文に基く質の高い考察を行うことができる。読者にはぜひこの本を手に取って，それぞれの関心に従い研究・教育・学習の可能性を広げていただきたい。

1.2 ツリーバンクの特徴

私たちの日本語ツリーバンク開発研究は，2010〜14 年度にバトラーが科学技術振興機構（JST）さきがけ研究員として吉本と行った日本語テキストの自動意味解析の研究に端を発している (Butler et al. 2013)。同プロジェクトの成果は 2012 年にけやきツリーバンクの構築へと発展し，2013〜2016 年度の間，NTT コミュニケーション科学基礎研究所との共同研究として開発を行った。2016〜2021 年度の間，国立国語研究所共同研究プロジェクト「統語・意味コーパスの開発と言語研究」により，新たな構想の下にツリーバンクの開発を行った。コーパスの名称が変更され，同時に，アノテーションの目的も変更された。当初の開発は自然言語処理の自動解析器を訓練するためのマークアップに重点が置かれていたが，プロジェクト開始後は，言語学研究のためのパターン検索を容易にするためのリソースを提供するということが目指されるようになった。すでに同プロジェクト実施中から NINJAL Parsed Corpus of Modern Japanese (NPCMJ) として公開がなされた。

私たちのコーパスは，現在「かいのきツリーバンク」として開発が続けられており，これについて本書で解説がなされる。かいのきツリーバンクは，以下のウェブサイトからオンライン・インターフェースとともに公開されている。

`https://kainoki.github.io`

現在のところ，102,875 文（1,537,367 語）が公開されている。元の言語データは，新聞記事，小説，科学エッセー，ウィキペディア記事，ノンフィクション，様々な書籍，法律や聖書，日本語教科書や文法書の例文等，多岐にわたっている。表 1.4，1.5 および 1.6 はそれぞれ 1) 自然データ，2) 和訳と 3) 作例データの内訳を示す。

アノテーションされた統語構造は，Penn Treebank（Bies et al. 1995）で採用されたラベル付き括弧によって表示される。このアノテーション方式は，広く世界の諸言語のコーパスに採用されており，世界標準と言ってよい。特に，アノテーションの構成は Penn Historical Corpora (Santorini 2010) に従っている。これは，以下の特徴を含む。

- タグのラベル付け：節は CP または IP とし，句は ADVP, NP, PP 等とする。
- 拡張タグを CP, IP, ADVP, NP および PP に付加して機能を表示する。
- 並列（等位）構造を CONJP のレベルを使用して表示する。

そのアノテーション方針は，SUSANNE のアノテーション・スキーマ (Sampson 1995) を参考にして等位節（節の並列構造）が存在する場合に上位の節に下位の節が埋め込まれるが（4.1.14 節を参照のこと），全体として文の統語構造が比較的フラットであることを特徴とする。統語情報を統語構造の階層によって表現する度合が少なく，曖昧性が残るため，ノードにつけたラベル，特にカテゴリーを示すタグの後に続く拡張タグによって語，句や節の果たす機能を表す。

私たちのアノテーションの特に革新的な点は，自動意味解析を行う Treebank Semantics の意味評価システム (Butler 2023) への入力が行われることにある。Treebank Semantics は，統語解析木からなるアノテーションを処理して，論理意味表示を出力する。アノテーションにはインデックス付けはわずかしか含まれていないが，それにも関わらず，Treebank Semantics による処理の結果，節の内部や節と節の間の依存関係の解析が行われている。これには，異なる文間の照応関係を含む。Treebank Semantics が依存関係のグラフという形で出力する意味表示を見れば，アノテーションで表現された語句間のつながりが一目瞭然である。かいのき

表1.4 自然な日本語のテクストデータの内訳

タグ	ジャンル	内容
academic	科学解説文	大学広報誌・新聞掲載の科学解説文
aozora_essay	解説文，エッセー	「青空文庫」所収
aozora_fiction	フィクション	「青空文庫」所収
diet	スピーチ	国会議事録
excerpt_fiction	フィクション	印刷物からの抜粋
excerpt_nonfic	解説文，エッセー	様々な文書からの転載
general_fiction	フィクション	様々な書籍からの抜粋
general_nonfic	解説文	様々な書籍，印刷物からの抜粋
general_nonfic_patent	特許文書	公開特許公報
general_nonfic_law	法律条文	法律の条文
general_nonfic_blog	ブログ	KNB コーパスのブログ記事 (橋本他 2011)
news	新聞記事	河北新報の新聞記事
webnovel_fiction	フィクション	ウェブ小説，日本ペンクラブ電子文藝館所収
spoken	会話	堀田智子氏作成の会話コーパス
whitepaper	解説文	白書
wikipedia	解説文	ウィキペディア記事

表 1.5　翻訳テクストデータの内訳

タグ	ジャンル	内容
aozora_fictiontrans	フィクション	「青空文庫」所収，翻訳
bible_trans	聖書	聖書の翻訳
excerpt_fictiontrans	フィクション	様々な書籍からの抜粋，翻訳
excerpt_nonfictrans	解説文，エッセー	様々な文書からの転載，翻訳
general_fictiontrans	フィクション	抜粋，翻訳
general_nonfictrans	解説文，エッセー	抜粋，翻訳
newstrans	新聞記事	英語新聞記事の翻訳
spokentrans_ted	スピーチ	NAIST-NTT Ted Talk Treebank (Neubig et al. 2014), 翻訳
x_trans	例文	英語例文集の翻訳

表 1.6　作例テクストデータの内訳

タグ	ジャンル	内容
x_dict_pth	例文	竹内孔一氏『述語項構造シソーラス』(竹内 2004)
x_dict_vvlex	例文	影山太郎氏他『複合動詞レキシコン』(国立国語研究所 2015)
x_jsem	例文	JSeM 例文 (川添他 2016)
x_misc	例文	例文集
x_tanaka	例文	Tanaka Corpus 例文 (Tanaka 2001)
x_textbook	例文	日本語文法解説書の例文

ツリーバンクの開発の段階で，アノテーションが正確に行われているかを管理するのに Treebank Semantics は不可欠なツールとなった。ただし，このようなアノテーションの実験的な側面についてこれ以上紹介することは他の機会に譲り，本書ではコーパスのアノテーションの基本およびオンライン・インターフェースの提供する機能の説明に焦点を当てることにする。

1.3 日本語ツリーバンク・グループ

日本語に関連して，本ツリーバンクとアノテーション方式，コーパス構築ツールやオンライン検索インターフェースを共有する，以下に示すいくつかのコーパスが開発されている。

i. 古典日本語コーパス Oxford NINJAL Corpus of Old Japanese (ONCOJ; Frellesvig, Horn and Butler 2023)
ONCOJ は 2011 年に開発が始まり，2017 年までは The Oxford Corpus of Old Japanese (OCOJ) と呼ばれていた。当初は言語学的研究のリソースとして計画，設計されたが，現在では歴史，文学，文化等の研究にも有用な特徴をそなえている。現行のバージョンは，万葉集をはじめとする上代日本語の全詩歌テクストを収めている。アノテーションは，英語による語義解説を含む統合された辞書にリンクされている。

ii. 津軽方言コーパス「まつのきツリーバンク」(Gwidt, Ono and Butler 2022)
まつのきツリーバンクは，津軽方言の統語解析情報付きコーパスである。津軽弁を母語とする話し手の録音データ（津軽地方の昔噺）に基いている。アノテーションは，英語による語義解説を含む統合された辞書にリンクされている。

iii. 幼児による日本語習得過程のコーパス「そよごツリーバンク」(Butler, Miyata and Kinjo 2022)
そよごツリーバンクは，幼児による日本語発話の統語解析情報付きコーパスである。データは，CHILDES (MacWhinney 2000) において利用可能な 2 つのコーパス，小川コーパス (Ogawa 2016) および MiiPro - Nanami Corpus (Nisisawa and Miyata 2009) に基いている。Miyata (2018) により提案された WAKACHI2002 v8.0 フォーマットを使用し，JMOR08 フォーマット (中・宮田 1999) の形態素タグを付けたアルファベット表記により提供されている。

iv. 第二言語としての日本語学習者コーパス「すぎのきツリーバンク」(Horiuchi and Butler 2022)
すぎのきツリーバンクは，2018 年秋学期に国際教養大学 (AIU) で収集された第二言語としての日本語の学習者のエッセー作文をデータとする統語解析情報付きコーパスである。アノテーションは，学習者による誤用の訂正情報を含む。

1.4 この本の構成

次の第 2 章では，かいのきツリーバンクにおいて，データ中の各文に対しどのような統語解析情報をアノテーションとして与えるかについて，その概要の解説を行う。

続く第 3 章および第 4 章では，実際にアノテーションがどのように与えられているかについて詳しい説明を行う。第 3 章では，一個の述語を中心として構成される文がどのように解析されるかについて述べる。また，第 4 章では，より複雑な構文のアノテーションについて説明する。これらの解説の補足として，第 3，4 章の末尾に，同一の語形で異なる用法を持つものの区別について説明を付け加えた。

第 5 章では，オンライン検索インターフェースの操作について説明を行う。また，ツリーバンク検索用インターフェースである TGrep2 および Tregex を使った検索の方法について述べる。

最後の第 6 章で，実際に日本語の様々な構文をどのように検索したらいいかについて検討する。

さらに，三好伸芳氏による付録論文では，具体的な構文として逸脱的な「のが」文を取り上げ，かいのきツリーバンクを使って実例の検索を行うとともに，その結果の分析と考察を行う。

この本は，研究開発の過程で発表した論文や解説（主として，Butler et al. 2013, Fang, Butler and Yoshimoto 2014, Butler et al. 2018, Horn,

Butler and Yoshimoto 2017, 長崎他 2021, および 吉本他 2022）を参考にしながら，新たに書き起こしたものである。

第 2 章

アノテーションの概要

本章および続く第 3 章と第 4 章では，読者がかいのきツリーバンクを使うために必要なアノテーションに関する知識を提供することを目的としている。ここでの叙述は概要の理解を目指したものなので，個々の問題の詳細については「かいのきツリーバンク解析ガイド」（長崎他 2021; 以下,「解析ガイド」）を参照していただきたい。

2.1 節では，アノテーションとして与えられる統語情報をどのように表記しているかについて述べる。アノテーションの最も基礎をなすのはテクストの語への分解であるが，その大まかな方針について 2.2 節において，それぞれの語に与えられる品詞について 2.3 節で説明する。続いて，語がどのように組み合わさって句を構成するか，また句に対してどのようなタグを与えるかについて，2.4 節で解説を行う。さらに 2.5 節で，文構造の最上位のレベルである節がどのように構成されるか，また節にはどのような種類のものがあるかについて述べる。2.6 節では，節の重要な構成素である，主要文法役割を表す句について，また続く 2.7 節では任意文法役割を持つ句について解説を行う。さらに，主要文法役割を表す句を中心とする空要素のアノテーションに関し，2.8 節ではインデックスを使用しない場合，2.9 節ではインデックスを使用する場合について説明する。最後に 2.10 節で，代名詞やゼロ代名詞を同定するためのソート情報について述べる。

2.1 統語情報の表記

かいのきツリーバンクでは，データ中のすべての文に統語構造（統語木，ツリー）がアノテーションされている。例えば,「太郎は手を上げた」という文の統語構造をツリーとして表示すると，(2.1) のようになる。

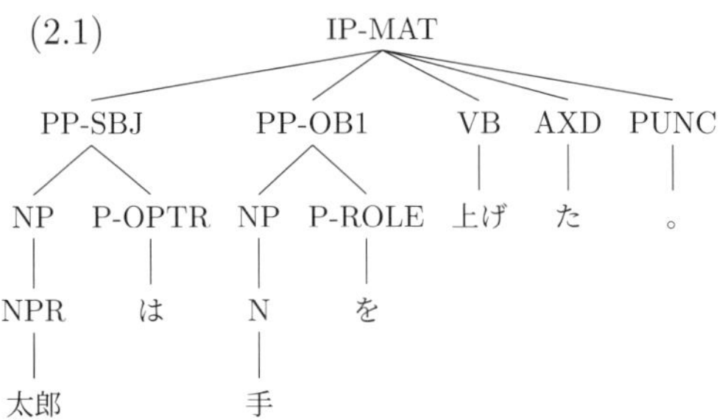

(11_x_textbook_kisonihongo)

読者にとってなじみ深いものであることを考慮して，本章および第3章と第4章では，コーパスから例を引用する際にできるだけこのようなツリー表示を用いることにする。しかしながら，かいのきツリーバンクの実際のデータファイルでは，(2.1) の文は (2.2) のような括弧表示の形式で表記されている。(2.2) をソフトウエアにかけることによって (2.1) のツリー表示が出力されるのであり，含まれる情報としては両者は同等である。

(2.2)
```
( (IP-MAT (PP-SBJ (NP (NPR 太郎))
                  (P-OPTR は))
          (PP-OB1 (NP (N 手))
                  (P-ROLE を))
          (VB 上げ)
          (AXD た)
          (PU 。))
  (ID 11_x_textbook_kisonihongo))
```

(2.2) の括弧表記は，CorpusSearch (Randall 2009) のフォーマットに従ったものである。このフォーマットにおいては，すべてのツリー情報は ID ノードとともに，「ラッパー (wrapper)」と呼ばれる，ラベルを伴わない一対の括弧（(2.2) の一番外側の括弧）に包まれて表示される。さらにかいのきツリーバンクにおいて ID ノードは，ツリーバンク中のすべてのツリーを同定するための文字列を伴っている。この文字列の最初の数字は，当該のツリーがコーパス・ファイルの中で占める順番を表す。アンダースコア (_) の後にコーパス・ファイルの名前が続く（拡張子を除く）。この ID 情報は，インターフェースによりツリーが樹形図として表示される場合には省略されるが，アノテーションをソース・ビューのオプションで見たり，5.2.4.3 節に述べるように検索結果を括弧表示形式でダウンロードする場合には目にすることになる。ID ノードにはツリーのルート・ノードを定める働きがあり，このことを検索パターンの記述に利用することができる（6.2 節および 6.6 節を参照のこと）。

2.2 セグメンテーション

統語構造をツリー表示した際に最下部に位置するノード（終端ノード）を語（word）と呼ぶことにする。しかしながら，元々連続して書かれている文をどのように語に分割（セグメンテーション）するかということは決して自明のことではなく，様々な要因を考慮して決定しなければならない複雑な問題である。

かいのきツリーバンクにおける基本的なセグメンテーションは，体言および助詞類に関しては，「現代日本語書き言葉均衡コーパス」（Balanced Corpus of Contemporary Written Japanese, 以下 BCCWJ と略す; Maekawa et al. 2014）等で用いられている長単位の原則に従っており，それ以外では，短単位の原則に従っている（小椋 2006，小椋他 2011，小椋 2008）。表 2.1 に「弁護士・司法書士・学者・市民など約二百二十人によって組織される民間団体です。」（BCCWJ: Yahoo!ブログ）という文の長単位と短単位へのセグメンテーション，さらに，かいのきツリーバンクにおける語へのセグメンテーションを示す（単位の区切りを '|' で示す）。

ただし，かいのきツリーバンクでは，意味や機能に基づく文の統語解析情報を提供するために，独自のセグメンテーション方針を一部採用している。例えば，「結ぼう」のような，いわゆる動詞の意志推量形は，通常 1 つ

表 2.1　セグメンテーションの例

長単位	弁護士・司法書士・学者・市民|など|約二百二十人|によって|組織さ|れる|民間団体|です|。
短単位	弁護|士|・|司法|書士|・|学者|・|市民|など|約|二百|二十|人|に|よっ|て|組織|さ|れる|民間|団体|です|。
かいのき TB	弁護士|・|司法書士|・|学者|・|市民|など|約二百二十|人|によって|組織|さ|れる|民間団体|です|。

の短単位として扱われるが，かいのきツリーバンクでは「結ぼ|う」のように2つに分割される。また，「旅行中」は1つの長単位として扱われ，かいのきツリーバンクでも通常は1語として扱うが，(2.3) のように，「旅行」が「海外」を目的語とする動詞であると見なすことができる場合には，「旅行|中」のように2つの語として扱う。

(2.3)

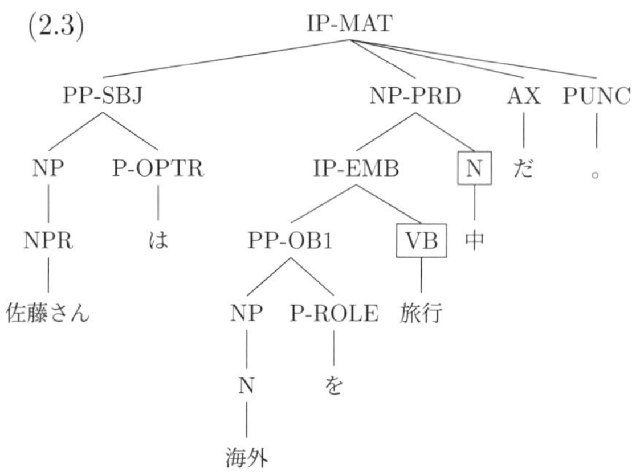

(16_x_misc_examples2)

2.3 品詞

文の語へのセグメンテーションを行った上で，各々の語に対しその機能に応じ品詞を付与することは，コーパス構築に当たって最も基礎的な作業である。実際のところ，従来の日本語コーパスは，語へのセグメンテーションと品詞付与を中心とするものであった。

かいのきツリーバンクでは，すべての語（句読点や記号を含む）に対して品詞がタグの形で与えられている（(2.1) において，それぞれの語のすぐ上に表示されているのが品詞タグである）。タグには，語に与えられる品詞タグの他に，句や節に与えられる統語タグがあるが，これらについては 2.4 節および 2.5 節で解説する。また，タグには，品詞や文法カテゴリーを表す部分（基盤タグ）に加えて，品詞・文法カテゴリーの下位分類や統語機能を示す拡張タグがハイフンを介して加えられることがある。例えば，助詞に与えられる基盤タグは `P` だが，その機能の違いに応じて，`P-ROLE`

（格助詞），P-CONN（接続助詞）のように拡張タグが付く。表 2.2 にかいのきツリーバンクで使用される品詞タグを示す。

品詞タグのうち，通常の名詞を表すタグは N だが，NPR（固有名詞），PRO（代名詞），WPRO（疑問代名詞），FN（形式名詞），NUM（数詞），Q（量化詞）も名詞的な品詞である。なお，FN（形式名詞）のタグが使われるのは，「ノダ文」における「の」のように，文末の定型表現の一部としてあらわれた場合に限定される。

動詞や助動詞の類としては，通常の動詞を表す VB の他に，VB0（軽動詞），VB2（補助動詞），AX（助動詞・コピュラ），AXD（テンス標識），NEG（否定辞），PASS（直接受動補助動詞），PASS2（間接受動補助動詞），およびモーダル要素として MD，ADJI-MD および ADJN-MD がある。VB0 には，例えば，漢語動詞の語幹に後接する「する」が含まれる。伝統文法で助動詞として一括されているものが細分化されていることが，かいのきツリーバンクの品詞タグの一つの特徴である。これらについては，3.3 節で詳しく述べることにする。

形容詞の類には，ADJI（イ形容詞）と ADJN（ナ形容詞）がある。伝統文法の「形容動詞」は，ADJN に AX が続いたものとして分析される（例えば，(ADJN 親切) (AX だ)）。また，ADJN には，いわゆる「タル・ト型活用の形容動詞」も含まれる（例えば，(ADJN 堂々) (AX たる)）。

助詞を表すタグは P だが，機能の面から P-ROLE（格助詞），P-CONN（接続助詞），P-COMP（補文助詞），P-OPTR（とりたて助詞），P-FINAL（終助詞），P-INTJ（間投助詞）の 6 つに分類される。これらについては，3.1 節で詳しく述べることにする。

2.4 句構造のスキーマ

複数の語が互いに関係を持ち，その関係に基づいてそれらが 1 つのまとまりをなすと認定されることがある。これが句（phrase）である。

そのような関係の一つに修飾がある。例えば，「赤い花」というまとまりは，「赤い」を欠いた「花」と全く同様に，文の主語となったり，コピュラ「だ」を付けて文の述語となったりする。もう一つの重要な関係として，ある語があらわれる際に，一定の意味や文法形式を持つ語句と必ず共起する

表 2.2 かいのきツリーバンクにおける品詞

品詞タグ	品詞名	例
N	（普通）名詞	人，人々，実施，の，こと
NPR	固有名詞	日本，平成，鈴木さん，井上裕，文部科学省
PRO	代名詞	私，あなたがた，彼ら，それ，そこ，自分，互い
WPRO	疑問代名詞	誰，何，何者，どれ，どこ，いつ，いくら
FN	形式名詞	の，はず（見込み），つもり（意図）
Q	量化詞	多く，全て，みんな，各々，毎日
NUM	数詞	一，2018，二十万，一人（ひとり），第3
WNUM	疑問数詞	いくつ，いくら，何，何万
VB	動詞	する，いる，気が付く。「実施する」の「実施」
VB0	軽動詞	「サインする」「実施できる」「お教えくださる」の「する」「できる」「くださる」
VB2	補助動詞	「〜ている」の「いる」。「食べ始める」の「始める」
AXD	テンス標識	「食べた」の「た」
AX	助動詞・コピュラ	だ，ます，よう，たい，がる
PASS	直接受動補助動詞	れる，られる
PASS2	間接受動補助動詞	れる，られる
NEG	否定辞	ない，ず，ぬ，まい，ずに
MD	モーダル要素	だろう，べき，よう，そう，かもしれない
ADJI	イ形容詞	ない，良い，高い，多い
ADJI-MD	モーダルなイ形容詞	「〜て良い」「〜までもない」の「良い」「ない」
ADJN	ナ形容詞	必要，主，新た，色々，決然
ADJN-MD	モーダルなナ形容詞	「〜て結構だ」「〜ては駄目だ」の「結構」「駄目」
P-ROLE	格助詞	が，を，の，に，から，と，で，へ，まで，として
P-CONN	接続助詞	と，や，が，けれど，から，し，ので，なら，て
P-COMP	補文助詞	と，という，って
P-OPTR	とりたて助詞	は，も，か，だけ，まで，など，をはじめ
P-FINAL	終助詞	か，よ，ね，わ，な，かな
P-INTJ	間投助詞	ね，よ，な，さ
D	限定詞	その，そんな，そういう，あらゆる，さらなる
WD	疑問限定詞	どの，どんな，いかなる
PNL	連体詞	大きな，大した，見知らぬ，単なる
ADV	副詞	もう，特に，例えば，一層，わくわく
WADV	疑問副詞	どう，なぜ，いくら，何て
CONJ	接続詞	また，及び，そして，しかし，あるいは
INTJ	間投詞	うん，あー，さあ，えっと
CL	助数詞	人（にん），個（こ），つ，年（ねん）
PULB / PURB	左括弧 / 右括弧	(，<，——,)，>，——
PULQ / PURQ	左引用付 / 右引用付	“，‘，「,”,’,」
PUNC	句読点	、。？！……
SYM	記号	〜，○，：，※，〒，A
FW	他言語の要素	COLUMN，シー，YES
N-MENTION	表現の言及的用法	「順の字をじゅんと読む」の「順」「じゅん」

ということがある。この場合，後者の語句を補部（complement）と呼ぶ。例えば，動詞「会う」は主語および目的語となる 2 つの補部を伴う。

修飾部や補部と対をなす語を主要部（head）と呼ぶ。以下に動詞「帰社する」が主要部として修飾部と補部の両方を伴う例を挙げる。

(2.4)　[[汽車で]$_{\text{修飾部}}$ [記者が]$_{\text{補部}}$ [帰社する]$_{\text{主要部}}$]

このように主要部として修飾部および補部と共起することのできる語は動詞に限られず，以下のように形容詞や名詞についても同様の例を作ることができる。

(2.5)　[[とても]$_{\text{修飾部}}$ [波が]$_{\text{補部}}$ [高い]$_{\text{主要部}}$]

(2.6)　[[ハンサムな]$_{\text{修飾部}}$ [春子の]$_{\text{補部}}$ [お父さん]$_{\text{主要部}}$]

上記の 3 種類の句を通じて，主要部の存在に伴って必ず補充されなければならない補部や，任意的に修飾を行う修飾部が存在すること，さらに主要部が句の最後部に位置することが共通している。それに加え，主要部が句全体の統語的特徴を決定づけていることも重要である。例えば，(2.6) では，句全体が名詞「お父さん」が単独で使用された場合と同一の文法機能を果たすことができる（「が」を付加されて主語となったり，「だ」の付加により述語となるなど）。

このように主要部がその統語的特徴を句全体に及ぼすことを投射（projection）と呼ぶ。その際，主要部はそれと共起する補部に対して制約を課し，また修飾部による修飾を許すことも多い。

かいのきツリーバンクにおいてもこの考えが取り入れられており，句は次の基礎的なスキーマをなす。なお，ここでの句とは広義の概念であり，(狭義の）句と節を包含する。

(2.7)

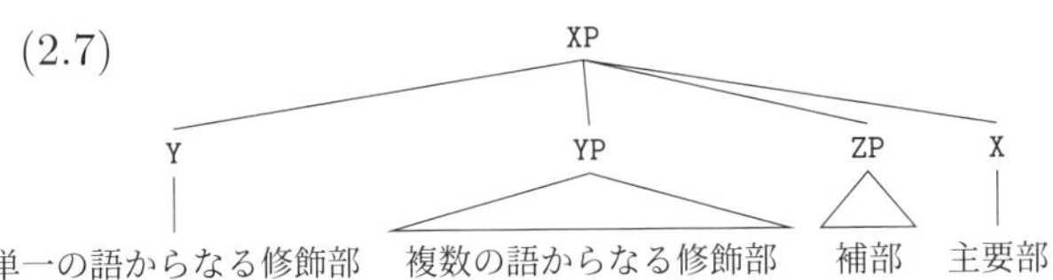

(2.7) で，`Y` は単一の語からなる修飾部を，`YP` は複数の語からなる修飾部を，`ZP` は補部を，`X` は主要部を表す。`X` には原則として品詞が代入され

ると考えればよく，X = N なら XP = NP, X = P なら XP = PP となる。これは，上記の投射の概念を形式化したものである。Y, YP, ZP, X の四者は，句全体を表すノード XP により直接支配され，姉妹となる。このように句がフラットな構造をとることにより，検索や処理を容易にする。また，統語構造の埋め込みによるスコープへの干渉を防ぐことができる。ただし，(2.7) における主要部 X と句 XP によるカテゴリー X の共有はあくまで原則にすぎず，例外も多い。例えば，名詞句（NP）の投射は名詞（N）以外にも固有名詞（NPR）や代名詞（PRO）等の名詞的な語によっても行われる。また，節（IP）を投射するのは述語の中核をなす動詞（VB）や形容詞（ADJI, ADJN）等の用言である。

表 2.3 に句（節を除く）に与えられるタグの一覧と，当該のタグに関する参照節を示す。

述語が投射する IP を別にすると，句に与えられるタグのうち重要なものとして，まず NP（名詞句）が挙げられる。名詞句を補部として，それに対し主要部である P（助詞）が後接することにより作られる句は PP（助詞句）とされる。NP や PP は，文法役割を示す拡張タグを伴うことが多い。

表 2.3 に挙げたもののうち，頻出する句としては，さらに，ADVP（副詞句），CONJP（接続詞句），NUMCLP（助数詞句）がある。その他に，INTJP（間投詞句）と PNLP（連体句）がある。これらとは別に，正確な意味での句ではないが，NLYR（中間名詞句）が設けられており，また括弧や区切り記号に

表 2.3　節を除く句に与えられるタグ

句タグ	名称	参照節
NP	名詞句	3.2.1 節
PP	助詞句	3.1 節
ADVP	副詞句	3.2.3 節
CONJP	接続詞句	3.2.4 節
NUMCLP	助数詞句	3.2.1 節，3.2.2 節
INTJP	間投詞句	4.3.2 節
NLYR	中間名詞句	3.2.1.2 節
PNLP	連体句	3.2.1.4.3 節
PRN	括弧挿入句	3.2.1.2 節，3.2.2.3 節，4.1.11 節，4.1.12 節

よって挟まれ，文に補足的な情報を加える語句に対して用いる PRN（括弧挿入句）がある（PRN は同格的関係にある 2 つの語句を関係づけるために，必ずしも括弧や区切り記号を伴わない場合でも用いられることがある）。

2.5 節の構造

統語木の最上位のノードは文全体，すなわち主節を表すが，これには IP-MAT のタグが与えられることが多い。典型的な主節は，主語等に相当する助詞句（PP）または名詞句（NP）と述語から成り立っている。述語となるのは，動詞（VB），イ形容詞（ADJI），ナ形容詞（ADJN）＋コピュラ（AX），述語名詞句（NP-PRD）＋コピュラ（AX）等である。前節で述べたように，かいのきツリーバンクでは原則として動詞句のレベルを設定しない。そのため，基本的に節の構造は平坦であり，節の構成素（修飾部や補部）は動詞や助動詞等と同じレベルに置かれる。したがって，樹形図上，拡張タグ等で表される文法役割はすべて姉妹関係の要素の間に成り立つ。以下に動詞述語文の例を示す。

(2.8)
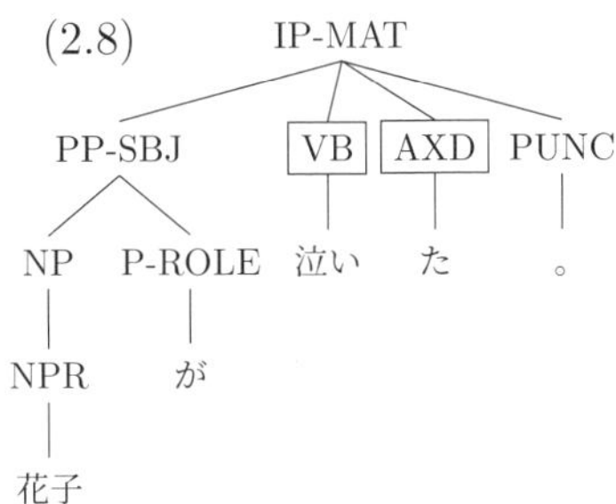

(1823_x_jsem)

格助詞「が」を主要部とする助詞句（PP）「花子が」は述語に対する主語の文法役割を担っているので，-SBJ という拡張タグを付加されている。テンス標識（AXD）の「た」は，動詞（VB）「泣い」と同じレベルに置かれている。

次にイ形容詞を述語とする文の例を示す。

(2.9)

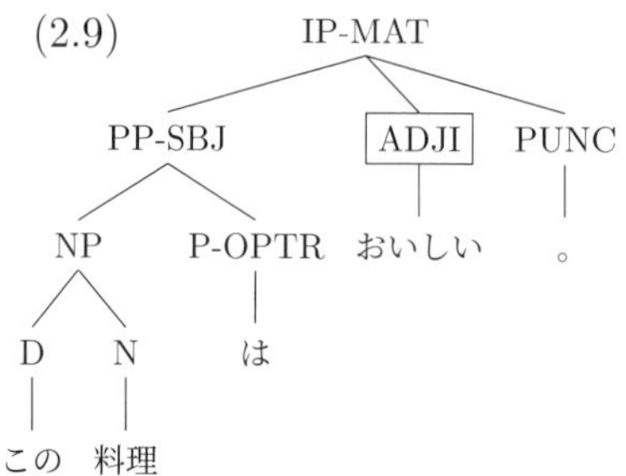

(1358_x_jsem)

とりたて助詞（P-OPTR）を主要部とする主語助詞句「この料理は」は，(2.8) における助詞句「花子が」と同様に拡張タグ -SBJ を伴っている。

次に挙げるのは，名詞述語文の例である。

(2.10)

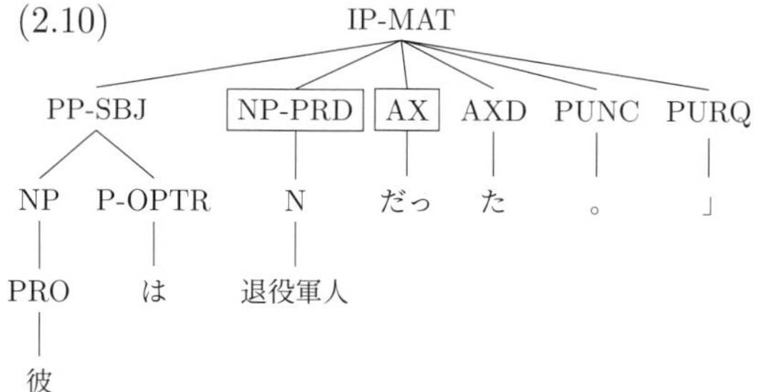

(138_aozora_fictiontrans_hayashida2015)

名詞句（NP）「退役軍人」は述語なので -PRD の拡張タグを伴い，コピュラ（AX）「だっ」およびテンス標識（AXD）「た」と同じレベルに置かれている。

このように，述語を構成する一連の語と主語等の項を表す助詞句や副詞句等によって IP が作られる。さらに，述語を構成する様々な語が IP のすぐ下に置かれる。これには，軽動詞や助動詞の類（VB0, VB2, PASS, AX 等），否定辞（NEG），モーダル助動詞（MD），形式名詞（FN），助詞（P）といったものがある。例えば，「買っておくんだった」は次のように分析される。

(2.11) (VB 買っ) (P-CONN て) (VB2 おく) (FN ん) (AX だっ) (AXD た)

なお，統語木の最上位ノードとなることができるのは IP-MAT のみとは

表 2.4 節に与えられるタグ

節タグ	名称	参照節
IP-MAT	主節	4.1.1 節, 4.1.2 節
IP-SUB	準主節	4.1.1 節, 4.1.2 節
IP-REL	関係節	4.1.1 節, 4.1.3 節, 4.2.14 節, 4.2.15 節
IP-EMB	空所なし名詞修飾節	4.1.1 節, 4.1.4 節
IP-NMZ	名詞化節	4.1.1 節, 4.1.5 節
IP-SMC	小節	4.1.1 節, 4.1.6 節, 4.2.7 節, 4.2.8 節
IP-ADV	副詞節	4.1.1 節, 4.1.7 節, 4.1.13 節, 4.1.14 節, 4.2.10 節, 4.2.11 節
CP-FINAL	終助詞節	4.1.1 節, 4.1.8 節
CP-IMP	命令節	4.1.1 節, 4.1.9 節
CP-EXL	感嘆節	4.1.1 節, 4.1.10 節
CP-QUE	疑問節	4.1.1 節, 4.1.11 節
CP-THT	補部節	4.1.1 節, 4.1.12 節, 4.2.7 節, 4.2.8 節
FRAG	断片	4.1.1 節, 4.1.8〜4.1.12 節
multi-sentence	多重文	4.1.2 節

限らない。他にも，様々な種類の CP 節が設けられている。これには疑問節（CP-QUE），感嘆節（CP-EXL），命令節（CP-IMP），終助詞節（CP-FINAL）があり，疑問，命令等の内容を表す準主節（IP-SUB）がその直下に置かれる。

節は文の最上位レベルを構成するだけでなく，複数の節が連結して文を構成したり，節が他の構成素の下に埋め込まれたりすることもある。表 2.4 に節に与えられるタグの一覧と参照節を示す。

2.6 主要文法役割

主要文法役割とは，述語の完全な解釈のために不可欠な構成素である項（argument）が述語に対して持つ文法的な関係のことである。かいのきツリーバンクでは，助詞句（PP）や名詞句（NP）（さらに，補部節（CP-THT），疑問節（CP-QUE），小節（IP-SMC））に対して拡張タグを付加することで主要文法役割を示している。下の例では，助詞句「漁夫が」に対して-SBJ（主語),「その女房に」に対して -OB2 (第二目的語),「金を」に対して -OB1 (第一目的語) の拡張タグが付けられている。なお, ここでの PP-SBJ, PP-OB2, PP-OB1 のようにツリーの一部の省略表示を今後必要に応じて行うが, 元のアノテーションは通常どおり (例:(PP-SBJ (NP (N 漁夫))(P-ROLE が))) 施されている。

(2.12)

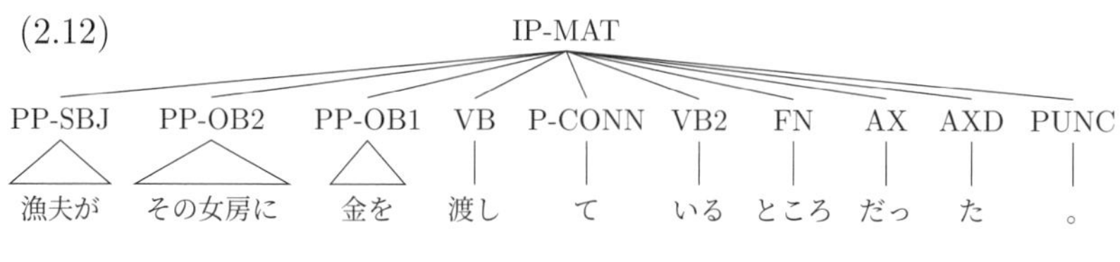

(88_aozora_fiction_kobayashi1929)

表 2.5 に主要文法役割を示す拡張タグの一覧と参照節を示す。

かいのきツリーバンクにおける -OB1 (第一目的語) は伝統的な文法における「直接目的語」にほぼ相当するが, 両者の間には違いもあるので, 注意が必要である。かいのきツリーバンクでは, 二項述語における非主語項が -OB1 とされる。伝統的な文法で直接目的語として扱われない「に」表示の非主語項も, かいのきツリーバンクでは -OB1 とされる。

表 2.5 主要文法役割を示すタグ

拡張タグ	名称	参照節
-SBJ	主語	3.1.2.1 節, 3.1.2.3 節, 3.1.2.5 節
-SBJ2	第二主語	3.1.2.1 節, 4.2.2 節
-OB1	第一目的語	3.1.2.1〜3.1.2.5 節, 3.1.2.7 節
-OB2	第二目的語	3.1.2.3 節, 3.1.2.4 節
-CMPL	補語的	3.1.2.3 節, 3.1.2.4 節
-LGS	論理的主語	4.2.3 節
-CZZ	被使役者	3.1.2.2 節, 4.2.4 節
-DOB1	派生された (繰り上がった) 第一目的語	4.1.6 節, 4.2.7 節
-DSBJ	派生された (繰り上がった) 主語名詞句	4.2.8 節

(2.13)

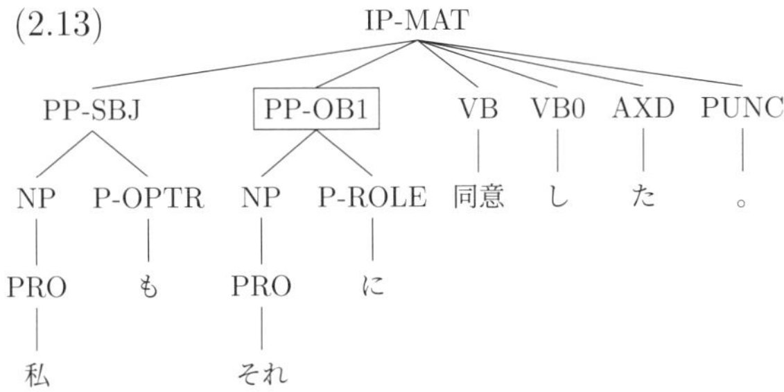

(70_aozora_fiction_murou1922)

三項述語の「を」で表示される（あるいは表示されうる）項は第一目的語とされる。残るもう 1 つの項，例えば授与動詞の「に」で表示される受益者項は -OB2（第二目的語）とされる（上記 (2.12) を参照のこと）。

主要文法役割は，典型的には「が」「を」「に」のような格助詞を伴うが，「は」や「も」のようなとりたて助詞があらわれ，格助詞はないということも多い。また，会話等では，格助詞もとりたて助詞も伴わない裸の名詞句が主要文法役割を担うことも珍しくない。このような場合も，適切な拡張タグにより文法役割が示される。以下の例では，とりたて助詞のみを伴った主語助詞句が PP-SBJ とされ，助詞を伴わない第一目的語名詞句が NP-OB1 とされている。

(2.14)

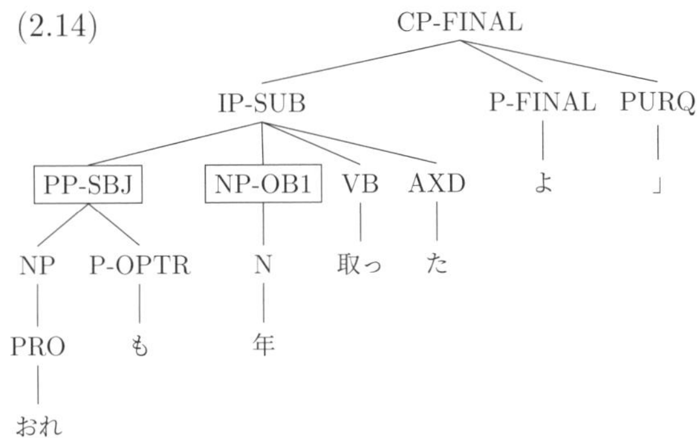

(1118_aozora_fiction_oda1976b)

主要文法役割を担う項は省略されることもある。コントロールや ATB 抽出等の束縛関係から復元可能な要素を別にして，項の省略の場合はゼロ代名詞とその親ノードを補い，親ノードに対して主要文法役割のタグが与えられる（2.8 節を参照）。

2.7 任意文法役割

文には出現が任意的な構成素もあらわれうる。このような構成素は付加句（adjunct）と呼ばれる。本コーパスでは，付加句の持つ意味的な性質を任意文法役割と呼び，その一部を表すための拡張タグを設けている。付加句が裸の名詞句であったり，あるいは下の例のようにとりたて助詞のみを伴った助詞句であっても，必ず任意文法役割を表す拡張タグが付される。

(2.15)

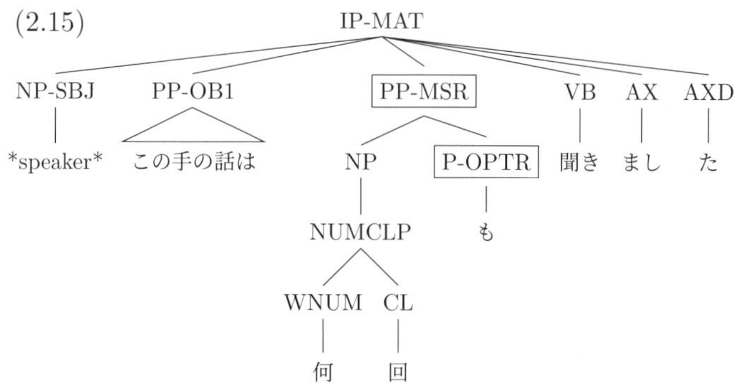

(36_spokentrans_ted6)

表 2.6 に任意文法役割を示す拡張タグの一覧と参照節を示す。

格助詞「に」「へ」「で」「から」「まで」「と」等を後接させて作られた助詞句（PP）が付加句として用いられた場合も，同様に拡張タグを付け加え

表 2.6 任意文法役割を示すタグ

拡張タグ	名称	参照節
-LOC	場所	3.1.2.3 節，3.1.2.6 節，3.1.2.7 節
-TMP	時間	3.1.2.3 節，3.1.2.6 節
-MSR	時間軸上の範囲または頻度	3.1.2.3 節，3.1.2.6 節
-VOC	呼びかけ	3.1.2.7 節，4.1.9 節
-PRP	目的	3.1.2.3 節，4.1.5 節
-ADV	その他の副詞的意味	3.1.2.7 節

ることが望ましい。かいのきツリーバンクは，以下の例ではこの方針に対応している。

(2.16)

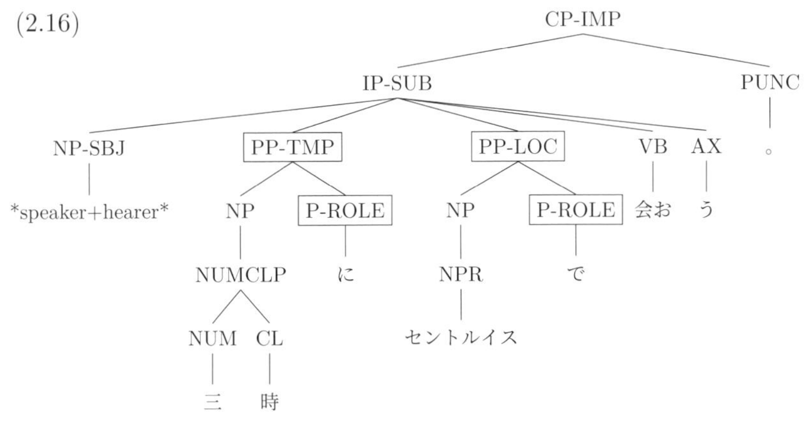

(1317_aozora_fiction_oda1976b)

しかし，現行のアノテーションにおいては，付加句として用いられた助詞句のすべてに拡張タグが与えられているわけではない。これは，格助詞の表す付加句としての意味が多岐に渡っており，そのための拡張タグを設定してアノテーションに反映させる作業を行うには非常な労力を要するからである。例えば，移動の方向を示す「へ」，原因を表す「で」，始点を表す「から」および終点を表す「まで」，共同動作者を示す「と」等，拡張タグのない助詞句はコーパス中に数多く存在する。

2.8 インデックスを使用しない空要素

日本語のテクストでは，主語や目的語はしばしば省略される。このように，テクスト中で明示的に表現されていないにも関わらず，統語構造もしくは意味の観点からそこに表現の存在することが要請されるか，あるいは表現があると考える方が理論上好都合な場合，統語構造上に空要素が存在するものと見なし，それを適切な句タグを持つノードの下に補う。本ツリーバンクにおける空要素を表 2.7 に示す。これらのうち，関係節のトレースについては 4.1.3 節で，またインデックスを使用する空要素については次節で解説する。広い意味での空要素には，表 2.7 に挙げたものの他

表 2.7 空要素

<table>
<tr><td rowspan="11">インデックスの使用なし</td><td colspan="2">ゼロ要素</td><td>*</td></tr>
<tr><td colspan="2">虚辞</td><td>*exp*</td></tr>
<tr><td rowspan="8">ゼロ代名詞</td><td>一般的非人称指示</td><td>*arb*</td></tr>
<tr><td>定の個体の指示</td><td>*pro*</td></tr>
<tr><td>聞き手の指示</td><td>*hearer*</td></tr>
<tr><td>聞き手と定の個体の指示</td><td>*hearer+pro*</td></tr>
<tr><td>話し手の指示</td><td>*speaker*</td></tr>
<tr><td>話し手と定の個体の指示</td><td>*speaker+pro*</td></tr>
<tr><td>話し手と聞き手の指示</td><td>*speaker+hearer*</td></tr>
<tr><td colspan="2">関係節のトレース</td><td>*T*</td></tr>
<tr><td>インデックスの使用あり</td><td colspan="2">当該の位置での構成素の解析</td><td>*ICH*</td></tr>
</table>

に，コントロールを受ける主語位置の空要素（4.1.13 節を参照のこと）およびATB抽出による空要素（4.1.14 節を参照のこと）がある。これらは，束縛関係から復元可能なため，ノードは割り当てられない。

ゼロ要素（*）は統語的に何らかの要素の存在が想定されるが，それが明示されておらず，かつその指示対象も不明な場合に用いられる。例えば，受動文では論理的主語（NP-LGS）をそのような要素と見なしうることがしばしばある。

(2.17)

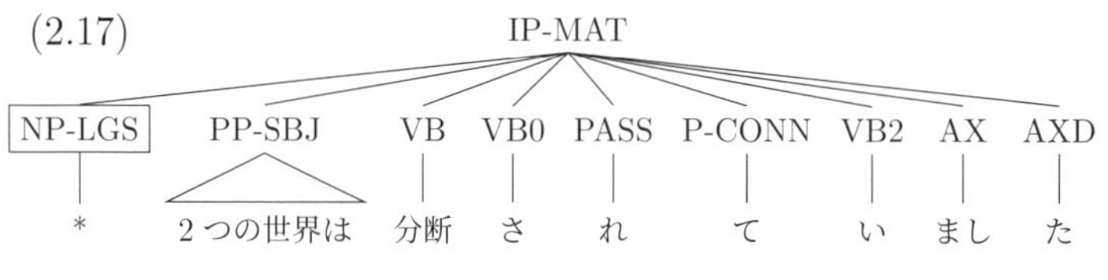

(10_spokentrans_ted5)

日本語には主語が省略されているのではなく，元々存在しないと考えられる文がある。このような空要素は虚辞（*exp*）とし，NP-SBJ のラベルを与える。「明日は寒くないだろう」のような天候を表す文や (2.18) のように述語名詞句だけで構成される文が多い。

(2.18)

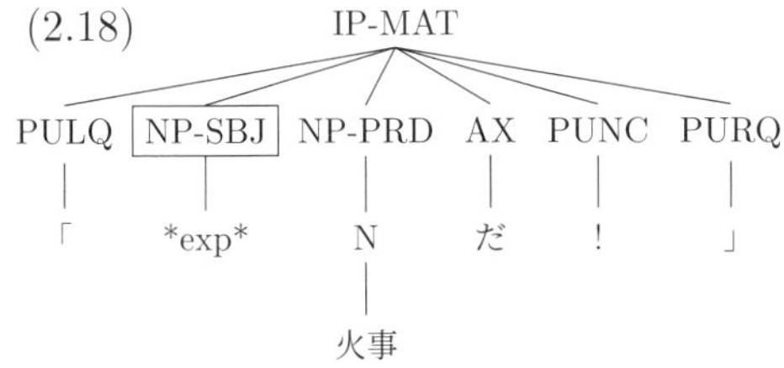

(632_aozora_fictiontrans_doyle1905)

統語・意味的には項が明示されることが必要なのに表現されておらず，文脈によってその意味が理解される場合をゼロ代名詞とする。そのうち，一般的な非人称指示を *arb* で表す。

(2.19)

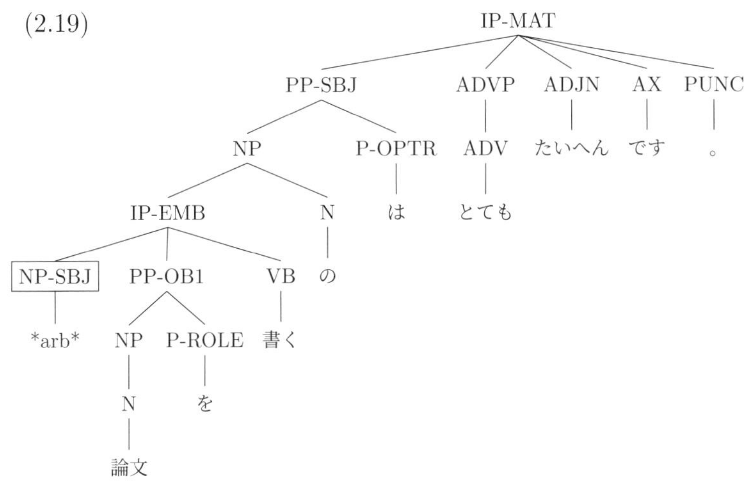

(2_x_misc_examples1)

文脈指示または文脈や同一文中の先行詞への照応を行うゼロ代名詞を *pro* で表す。指示対象が話し手や聞き手であったり，あるいはそれらを含む複数の個体である場合は，より特殊な表記である *hearer*, *speaker*, *hearer+pro*, *speaker+pro*, *speaker+hearer* を用いる。

(2.20)
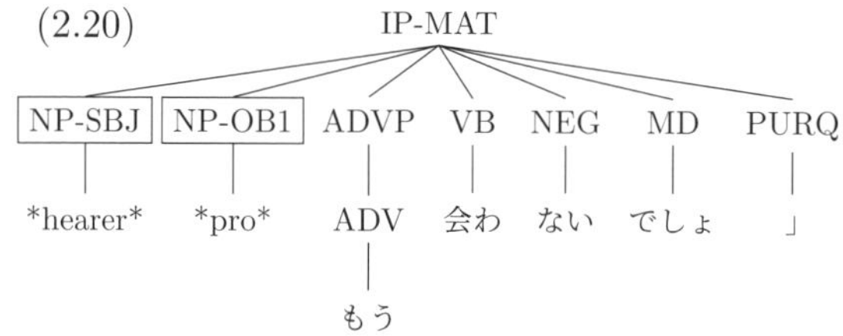

(100_webnovel_fiction_kimini2)

以上の例に見るように，インデックスを使用しない空要素は原則として節の先頭に置かれる（節の先頭に括弧や記号があれば，その後に置かれる）。この原則に従わず，節の先頭以外に空要素を置く場合については，4.1.9 節，4.1.13 節，および 4.1.14 節を参照されたい。

2.9 インデックスを使用する空要素

インデックスを使用する空要素 *ICH*（“Interpret Constituent Here” の省略形）は不連続構造，つまり，ある節や句の構成素が当該の節・句の外側に転置された構造のアノテーションに用いられる。このような構造では，転置された構成素が本来解釈されるべき位置に，同じラベルを持つ構成素が作られ，その下に *ICH* が置かれる。そして，同じインデックス（つまり，番号）が転置された構成素のラベルと *ICH* が付与される。

以下の例では，外置された CP-THT がインデックス（番号 1）の付いた *ICH* に対応している。文法役割を表す拡張タグ -ADV は，外置された要素のノードではなく，*ICH* の親ノードに付加される。

(2.21)
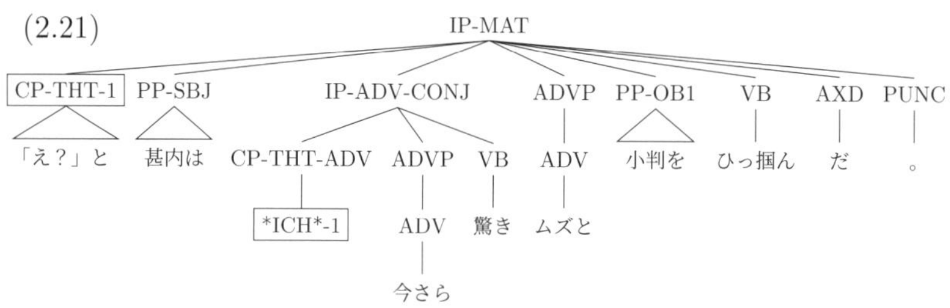

(265_aozora_fiction_kunieda1925)

ICH は，埋め込まれた補部節（CP-THT）や疑問節（CP-QUE）が，文中の何らかの名詞句と意味的な結び付きを持つ場合，この関係を示すためにも

用いられる。これについては，4.1.11 節および 4.1.12 節を参照されたい。

2.10 照応関係

かいのきツリーバンクでは，テクスト中の名詞間の照応関係を示すために，ソート情報（sort information）の付与というアノテーションを行っている。例えば，代名詞 X が名詞句 Y を先行詞とする場合，「;{...}」のような形を持つソート情報が Y と X の両方に与えられる。ただし，代名詞とその先行詞の照応関係に関するアノテーションは現在のところすべての文については実施されず，不完全なものにとどまっていると言わざるを得ない（ソート情報を用いるその他の場合に関しては，3.2.2.3〜3.2.2.5 節，4.1.9 節，4.2.15 節を参照されたい）。

次ページの (2.22) に，その具体例を示す。ここでは代名詞（PRO）「彼」の投射する NP と，それを受けた「その」の品詞タグ D の両方に対して ;{MAN} というソート情報が付加されている点に注意されたい。ソート情報が加えられるのは基本的には品詞タグではなく，それを主要部とする句のタグであるが，「この」「その」「あの」等の限定詞に関しては，それ自体が主要部として句を投射することがないため，品詞タグ（この場合は，D）にソート情報が加えられる。

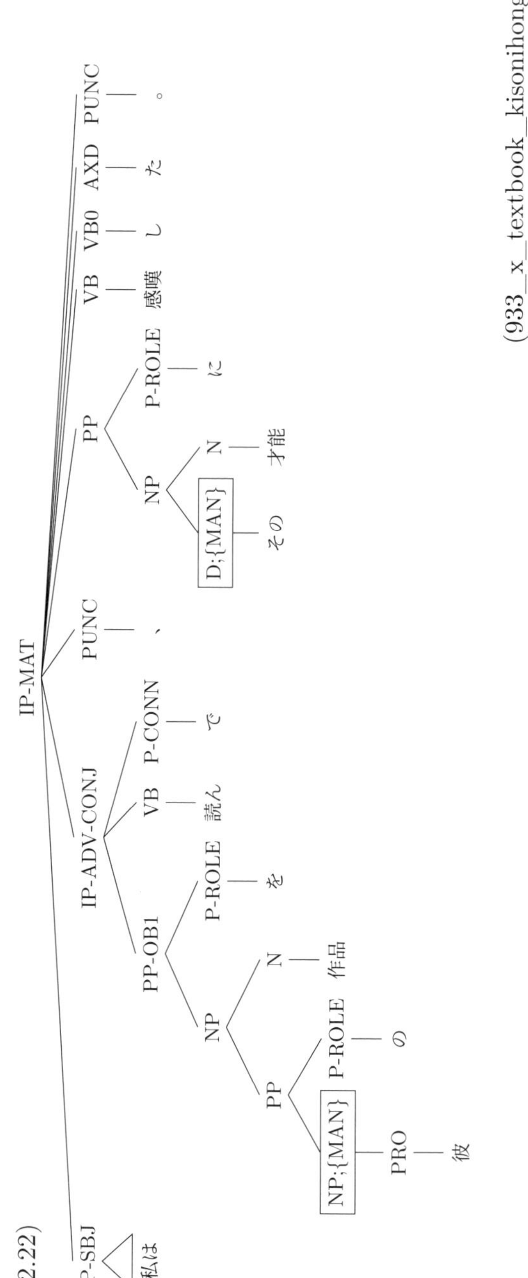
(2.22)
IP-MAT
PP-SBJ
私は
IP-ADV-CONJ
PP-OB1
NP
PP
NP;{MAN}
PRO
彼
P-ROLE
の
N
作品
P-ROLE
を
VB
読ん
P-CONN
で
PUNC
、
PP
NP
D;{MAN}
その
N
才能
P-ROLE
に
VB
感嘆
VB0
し
AXD
た
PUNC
。
(933_x_textbook_kisonihongo)

第 3 章

単純な構文

本章では，1 個の述語を中心として構成される比較的単純な文が，そのバリエーションに応じてどのようなアノテーションを受けるかについて解説する。

まず 3.1 節で助詞について，次に 3.2 節で句の様々な種類とそのアノテーションについて，続いて 3.3 節で文の中核となる述語がどのように分析されるかを説明する。最後に 3.4 節で曖昧な語形「に」「と」「の」「で」を取り上げ，その用法の区別のための手掛かりについて述べる。

3.1 助詞

3.1.1 はじめに

助詞（P）は句や節に付加されて，その句や節の持つ様々な文法的機能や意味を表示する。助詞は機能ごとに，格助詞（P-ROLE），接続助詞（P-CONN），補文助詞（P-COMP），終助詞（P-FINAL），間投助詞（P-INTJ），とりたて助詞（P-OPTR）の 6 つのグループに分けられ，必ず固有の拡張タグを付与される。いくつかの語が連語となって助詞としての役割を果たす，いわゆる複合助詞も，単独の助詞として 6 つのグループのいずれかに分類される。また，同一の助詞が同一グループの中で複数の機能を果たすことがある。例えば，「に」は，主語，第一目的語，第二目的語，論理的主語，被使役者を示す他，到達点や目的等を示すことができる。

助詞は通常，助詞句（PP）を投射する。ただし，補文助詞（P-COMP）や終助詞（P-FINAL）は節に相当する構成素（CP）を投射すると分析する（4.1.12 節および 4.1.8, 4.1.10, 4.1.11 節を参照）。また，助詞の中には述語の拡張要素に付随してあらわれるものがあり，この場合は助詞を節（IP）の下に置く。このような助詞については，接続助詞（P-CONN）について扱った 3.1.3 節および，述語拡張要素について扱った 3.3.7 および 3.3.11 節の説明と具体例を参照されたい。

名詞句あるいはそれに類似する構成素に助詞が後続している場合でも，常に助詞句を投射するとは限らない。さらにその後に格助詞 (P-ROLE) が後続しているか，あるいは後続しうる統語環境にある場合は，格助詞に対する補部として，上記の助詞を含む句全体を名詞句として扱う必要が生じる。このように助詞が名詞句内部の最後尾に位置するものとして分析されるのは，並列関係にある名詞句の最後の接続助詞か，あるいは疑問詞と結合するとりたて助詞の 2 つの場合である。前者については 3.2.4 節を，後者については 3.2.1.2 節を参照のこと。

複数の助詞が連続する場合，それらは通常，同一の助詞句（PP）の下に並べて置かれる。つまり，それぞれの助詞が個別の投射を行うという分析はなされない。

3.1.2 格助詞（P-ROLE）

格助詞（P-ROLE）は主として名詞句（NP）を補部とし，その主要文法役割および任意文法役割を表示する。本コーパスでは，一般に格助詞と呼ばれるものに加えて，様々な複合助詞を格助詞に分類している。以下にいくつかの例を示す。

> が，を，の，に，で，へ，から，より，まで，と，について，として，において，に関する，による，における，という，により，に対する，によって

格助詞が主要文法役割を担う名詞句を補部とする時は，格助詞の投射する助詞句のタグに，それがどのような主要文法役割なのかを示す拡張タグが付加される。以下の例では，「が」の投射する助詞句に主語の役割を示す -SBJ が，「を」の投射する助詞句に第一目的語の役割を示す -OB1 が，「に」の投射する助詞句に第二目的語の役割を示す -OB2 が付加されている（主要文法役割を示す拡張タグのリストは 2.6 節の表 2.5 を参照のこと）。

(3.1)
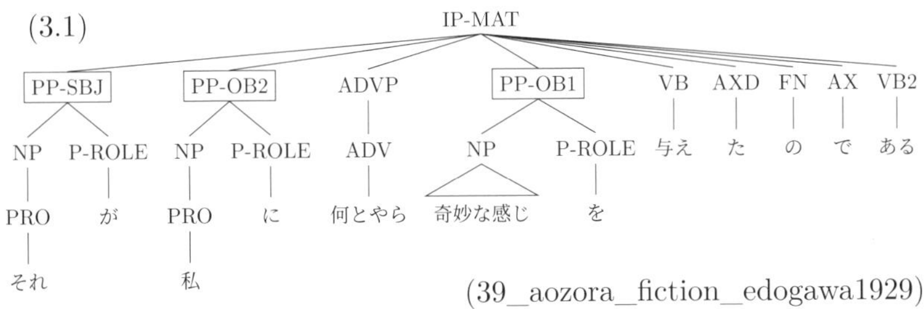

(39_aozora_fiction_edogawa1929)

助詞句に対する任意文法役割の拡張タグの付与は，2.7 節で述べたように網羅的ではない。しかし，場所（-LOC），時間（-TMP）等についてはある程度までなされている。

注意したいのは，個々の格助詞とそれが表示する文法役割が必ずしも一対一の関係にないということである。これは本コーパスのアノテーションを理解する上で非常に重要なことなので，以下で「が」「を」「に」「と」「の」「で」を取り上げて説明する。さらに 3.4 節で「に」「と」「の」「で」を取り上げ，格助詞以外のカテゴリーを割り当てられるものを含む様々な用法の間の区別のための手掛かりについて考察する。また，本節では格助詞のない裸の名詞句のアノテーションについても説明する。

3.1.2.1 が

格助詞「が」は多くの場合，主語（-SBJ）を表示する。しかし，「が」が主語以外の主要文法役割の表示に用いられることもある。例えば，次のような場合に「が」は第一目的語（-OB1）を表示する。

- 「ある」「いる」「ない」等を述語とする所有文

(3.2)
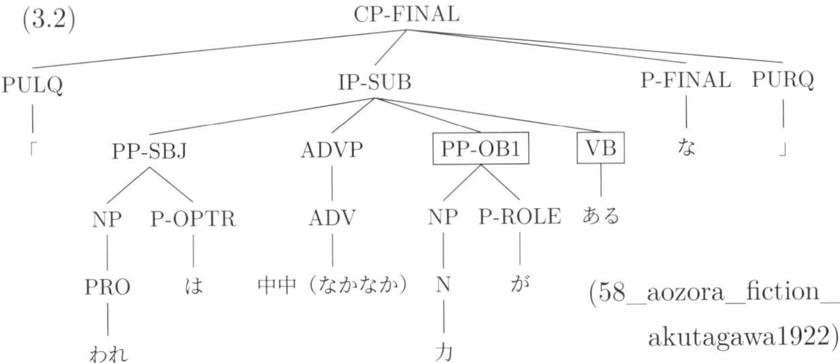

(58_aozora_fiction_akutagawa1922)

- 自発の意味や可能の意味を持つ用言を述語とする文
  例：見える，聞こえる，分かる，できる，可能動詞（五段動詞語幹に可能を表す接尾辞「-e（-ru)」が付いて形成された動詞)，自発あるいは可能を表す補助動詞「れる／られる」を後続させた動詞

(3.3) けれど私には それが 出来 なかった。

(284_aozora_essay_kaneko1984)

(3.4) …… 最初は、自分の耳が 信じられなかったくらいでした」

(347_aozora_fiction_hisao1939)

- 必要の意味を持つ用言を述語とする文
  例：要る，必要（だ)，不要（だ)，等

(3.5) 俺にはどうしても拳銃が 必要なんです。

(21_webnovel_fiction_automatic)

- 好悪，得手不得手や感情を表す用言を述語とする文
  例：好き（だ)，嫌い（だ)，憎い，欲しい，動詞語幹 + たい，うまい，嬉しい，懐かしい，恥ずかしい，こわい，上手（だ)，得意（だ)，気がかり（だ)，等

(3.6) 私はただ仕事が 欲しかったのです。

(30_general_nonfictrans_goodwill)

「が」は二重主語文における第二主語（-SBJ2）を表示することもある（二重主語文については，4.2.2 節を参照のこと)。

(3.7) 象は鼻が長い。

(3_x_misc_examples1)

なお,「が」という音形を持つ語には，接続助詞（P-CONN）の「が」(3.1.3 節を参照のこと)，および文頭に置かれて逆接の意を表す接続詞（CONJ）の「が」がある。

3.1.2.2 を

格助詞「を」は，主要文法役割の第一目的語（-OB1）を表示する。本アノテーションでは，他動詞のとるいわゆる対象項に限らず，離れる動きを表す動詞の起点を表す項（例：出る，降りる，発つ，出発する，離れる，辞める，卒業する），移動動詞の経路を表す項（例：歩く，走る，ジョギングする，旅行する，飛ぶ，通る，渡る，行く，来る），および時間的経過を表す動詞の期間を表す項（例：過ごす，明かす，暮らす）も，それが「を」を伴っていれば第一目的語（-OB1）として扱う。

(3.8)

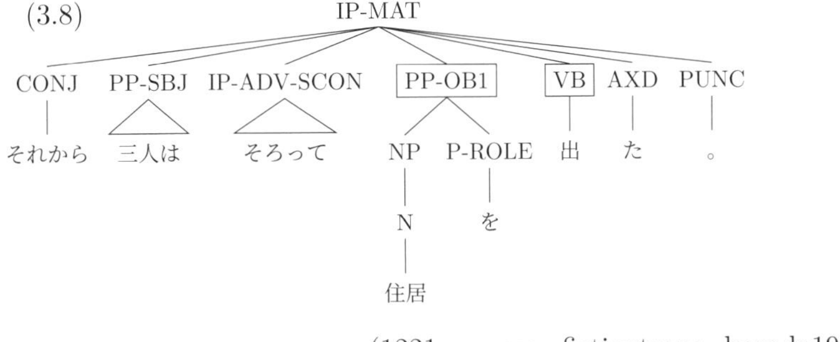

(1221_aozora_fictiontrans_harada1960)

(3.9) 私はこの道を毎日歩いている。

(42_webnovel_fiction_christmas)

(3.10) 親の苦労など考えずに幸せな時を 過ごしたものだ。

(8_news_kahoku62)

ただし，以上に挙げた動詞の項が明示されていない場合，ゼロ代名詞を補って，それを第一目的語（-OB1）として示すことは，文脈が必要としない限り行わない。また，「一週間過ごす」のように，時間的経過を表す動詞の述語に対する期間を表す名詞句が「を」を伴わずに裸であらわれる場合は，それを第一目的語（-OB1）とする特別な理由がなければ，期間を表す付加句（NP-MSR）として扱う。

また，「を」は使役文における被使役者（-CZZ）を表示することもある（使役文については 4.2.4 節を参照のこと）。

3.1.2.3 に

3.1.2.1 節で見たように，用言の中には第一目的語（-OB1）を「が」によって表示するものがある。所有，能力・知覚，必要，感情を表す動詞またはイ／ナ形容詞がこれに該当するが，その多くで，主語（-SBJ）の表示に「に」があらわれる。

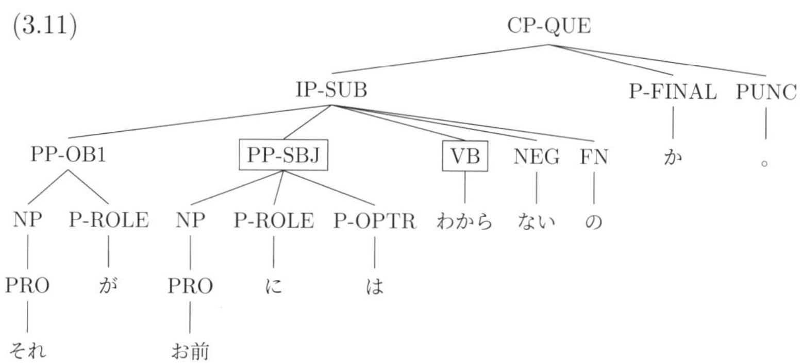

(218_aozora_fiction_akutagawa1921)

二項述語において主語が「が」によって表示され，第一目的語（-OB1）が「に」によって表示されることがある。

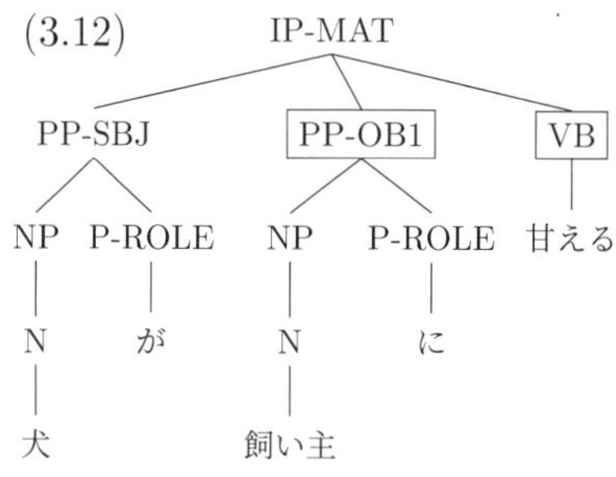

(202_x_dict_pth9)

このような二項述語には次のようなものがある。

- 何らかの具体的な動作が向かう対象
  例：会う，ぶつかる，はむかう，かみつく，話しかける，取り組む，触れる，さわる，携わる，等
- 心理的な活動の対象

例：悩む，こだわる，甘える，感心する，反対する，反対（だ），夢中（だ），等

- 認知の対象

例：気づく，着目する，等

- 比較や適切さを含む判断の対象

例：勝つ，負ける，勝る，劣る，準ずる，似る，そっくり（だ），ふさわしい，甘い，厳しい，優しい，等しい，等

授受動詞に代表される三項述語の第二目的語（-OB2）も「に」によって表示される（(3.1) を参照)。以下はこのような三項述語の例である。

- やる，あげる，もらう，くれる，与える，貸す，借りる，渡す，届ける，贈る，提出する，聞く，教える，伝える，たずねる，報告する，命じる，相談する，紹介する

「こんなふうになる／する」「このとおりになる／する」「こんなことになる／する」では，「に」の投射する助詞句に補語（-CMPL）の拡張タグが与えられる。「こ」を「そ」「あ」「ど」に代えたものも同じである。

(3.13)

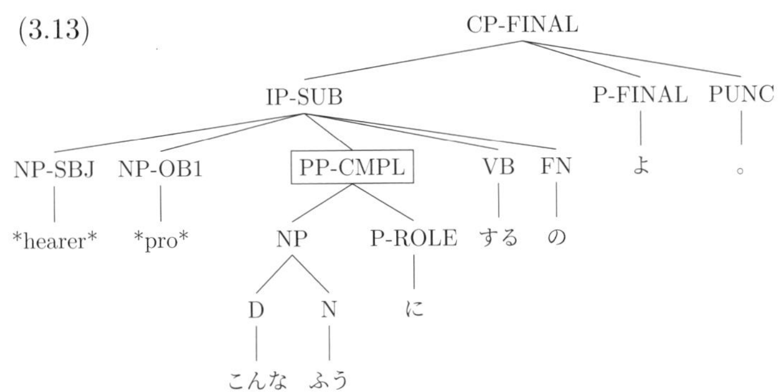

(109_aozora_fictiontrans_andersen1967a)

-CMPL は，名詞句が文の中で述語に近い意味で使われているが，完全な述語とは認められず，主要部を構成する「に」等の語が格助詞であると認められる場合に使用される。

また，「N に + なる」「N に + する」等の形をとる慣用句における「に」についても，-CMPL が使われることがある。

(3.14)

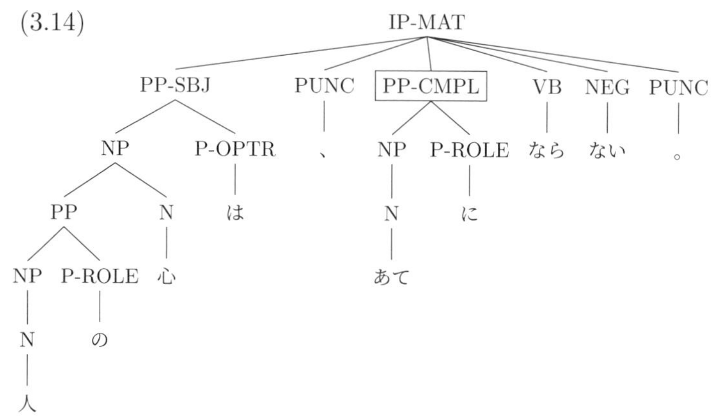

(70_aozora_fiction_dazai1940b)

このような慣用句には次のようなものがある。

- 気になる，あてになる，横になる，（お）世話になる，ごちそうになる，勝負になる，喧嘩になる，勉強になる，（お）話にならない，比較にならない，比べものにならない
- 気にする，あてにする，眼にする，耳にする，口にする，手にする，共にする，前にする，背にする，目前にする，留守にする
- 気にかかる
- 気にかける，牙にかける，手にかける，心にかける

「N に + なる」「N に + する」の連続は，「に」をコピュラ「だ」の連用形と見なし，名詞句とともに小節（`IP-SMC`）を投射するという分析がなされる場合がある。これについては，4.1.6 節を参照のこと。

「に」は受動文の論理的主語（`-LGS`），使役文の被使役者（`-CZZ`），テホシイ構文やテモラウ構文の派生第一目的語（`-DOB1`）を表示することもある（これらの構文の具体例については，4.2.3 節（受動文），4.2.4 節（使役文），4.1.6 節（テホシイ構文とテモラウ構文）を参照のこと）。

さらに，「に」は以下の様々な任意文法役割の表示にも用いられる。

- 時間，期間，頻度（原則として，時間を表す場合は拡張タグ `-TMP` が，期間および頻度を表す場合は拡張タグ `-MSR` が付与される）

(3.15)

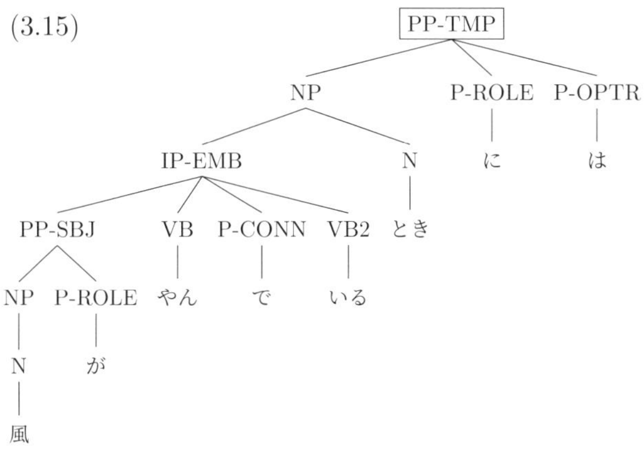

(38_aozora_fictiontrans_andersen1967b)

(3.16)

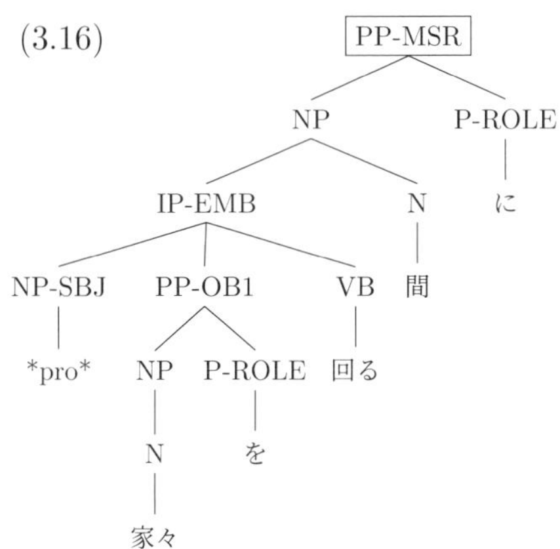

(71_news_kahoku11)

- 非動作的動詞に対する空間位置（原則として，拡張タグ -LOC が付与される）

(3.17)

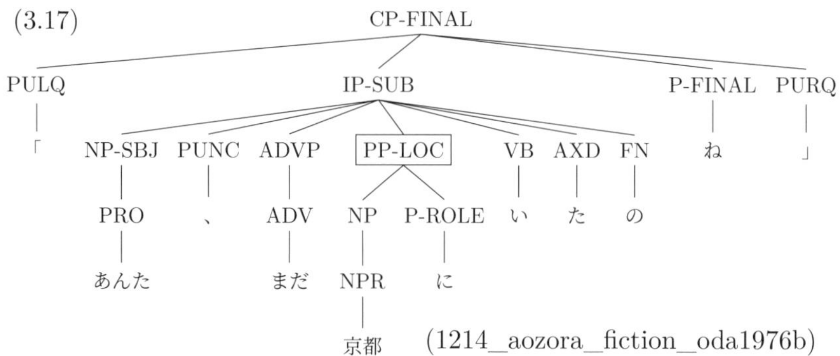

(1214_aozora_fiction_oda1976b)

- 移動動詞の着点

(3.18)　彼らは午後の中ごろに、都市のはずれに到着した。

(278_general_fictiontrans_dick1952)

- 「つかまる」「見つかる」「教わる」等の非対格動詞における動作主

(3.19)　おまえなんか、ネコにでもつかまっちまえばいいんだ！」

(154_aozora_fictiontrans_andersen1967a)

- 「満ちる」「あふれる」「まみれる」等の動作の参与者

(3.20)　小男はぎくりとして悪意に満ちた目をホームズに向けた。

(772_aozora_fictiontrans_doyle1905)

また,「に」は以下の例のように, 目的を表示することもある。このような「に」の投射する PP には目的を表す拡張タグ -PRP が付与される。

(3.21)

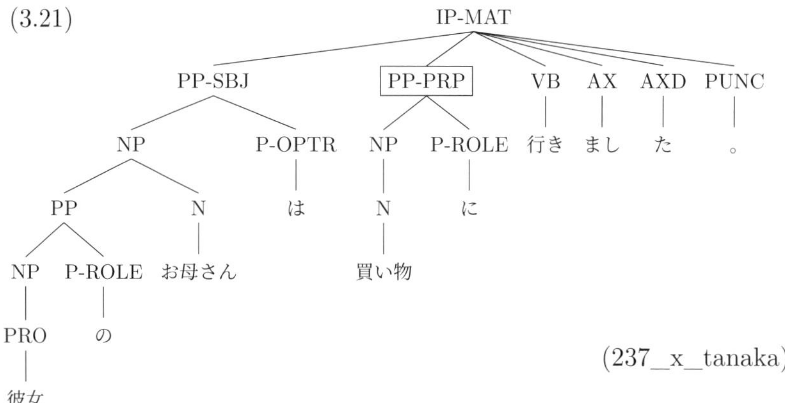

(237_x_tanaka)

3.1.2.4 と

「と」は相互動作・相互関係（「会う」「相談する」「結婚する」「戦う」「別れる」「親しい」等）や，対称的な関係（「似る」「違う」「間違える」「近い」「同じ（だ）」「反対（だ）」等）を表す用言の第一目的語（-OB1），つまり，動作・関係の相手を表示する。

(3.22)

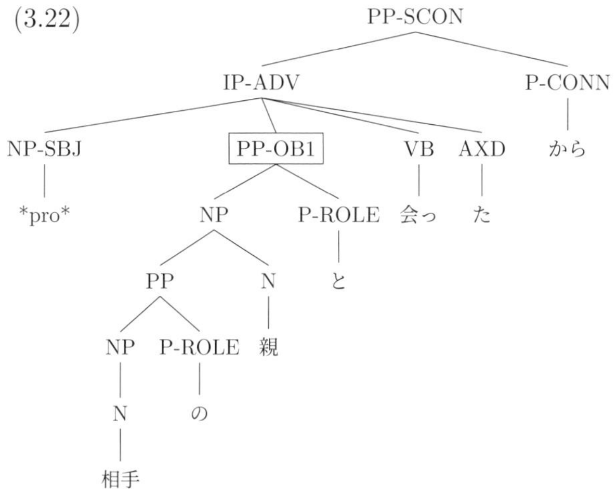

(489_webnovel_fiction_kimini1)

また，「と」は相互動作を表す三項動詞の第二目的語（-OB2）を表示する。

(3.23)

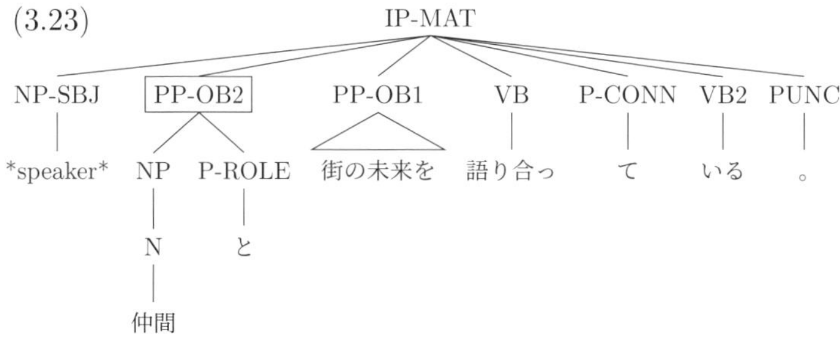

(75_news_kahoku48)

「ものともしない」等，「N と + する」の形の慣用句における「と」については，慣用句における「に」と同様に，-CMPL が使われる。このような慣用句は「に」に比べると少数である。また，「N と + なる」「N と + する」

の連続についても，「と」をコピュラ「だ」の連用形と見なし，名詞句とともに小節（IP-SMC）を投射するという分析がなされる場合がある（4.1.6 節を参照のこと）。

多様な機能を持つ異なる語（助詞およびコピュラ）が同一の音形「と」の下に包摂されているため，その見きわめには注意が必要である。3.4 節を参照のこと。

3.1.2.5 の

「の」の用例で最も多く見られるのは，「私の心」「東北大学の学生」のように，2 つの名詞句の間の「所有者・所有物」「全体・部分」「集合・要素」等の関係を表す，いわゆる属格の「の」である。この場合の「の」が投射する助詞句（PP）は名詞句（NP）の直下に置かれる（前節の (3.22) における「相手の親」を見られたい）。

また，動作名詞やそれに類する名詞の項を表示する。この場合，「の」の前に格助詞があれば，これらは 1 つの PP の下にフラットに並べて配置される。

(3.24)

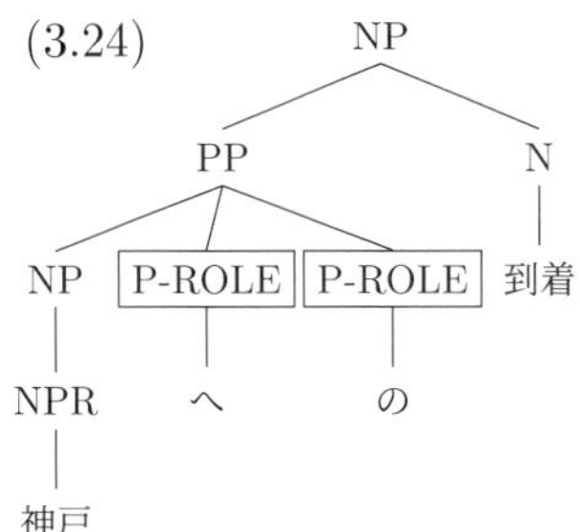

(866_x_textbook_kisonihongo)

「が・の交替」と呼ばれる現象で「の」があらわれる場合，「の」の投射する助詞句には，「が」の場合と同様に，主語（-SBJ）あるいは第一目的語（-OB1）の拡張タグが付される（「が」が第一目的語を表示する場合については，3.1.2.1 節を参照のこと）。

(3.25)

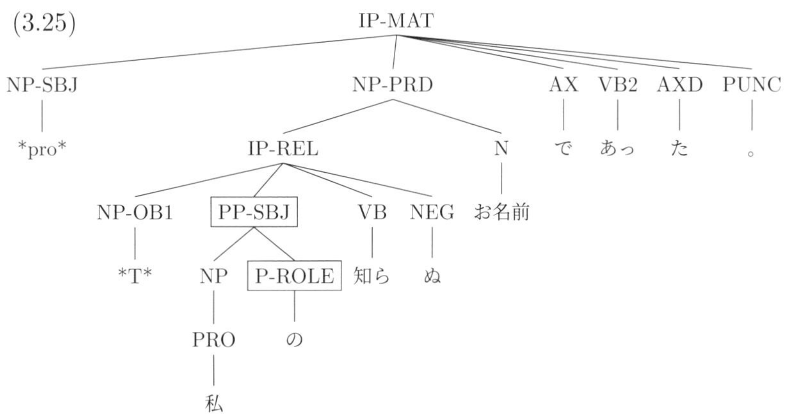

(17_aozora_essay_dazai1940a)

3.1.2.6 で

格助詞としての「で」は任意文法役割を表示する。以下の用法がある。

- 場所（原則として，拡張タグ `-LOC` が付与される）

(3.26)

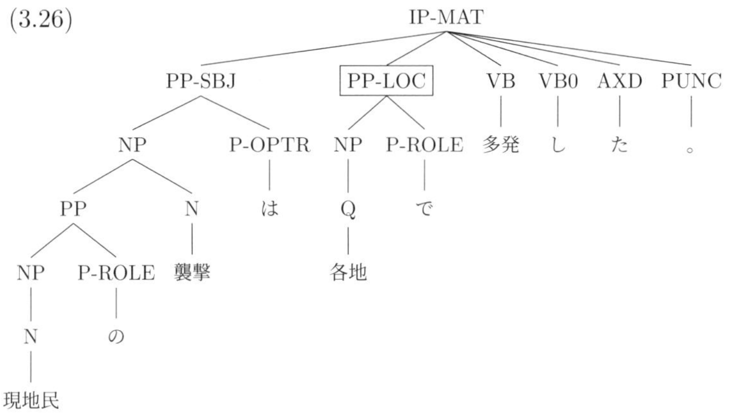

(821_webnovel_fiction_onnatosenso)

- 時間・機会，期間，頻度（原則として，時間を表す場合は拡張タグ `-TMP` が，期間および頻度を表す場合は拡張タグ `-MSR` が付与される）

(3.27)

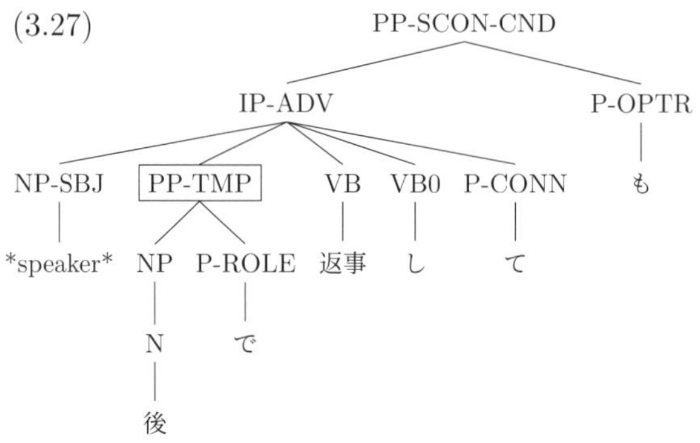

(56_spoken_jf4)

(3.28)

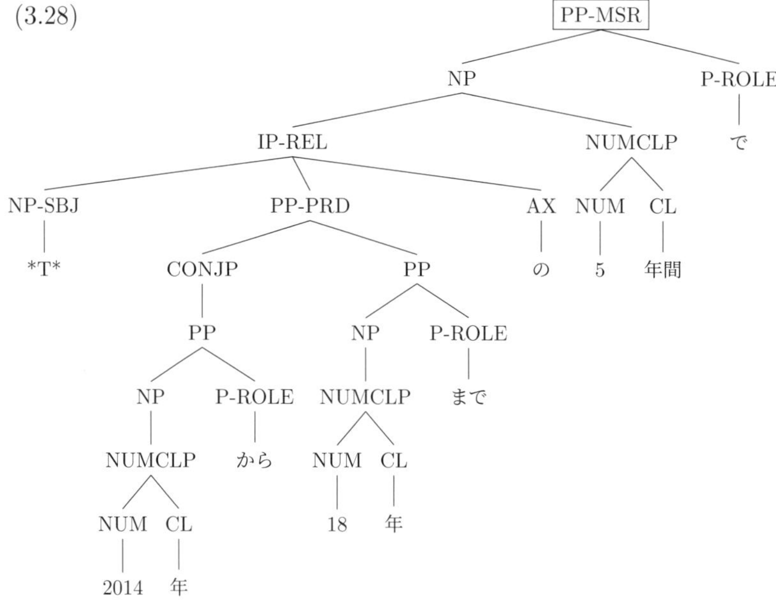

(162_whitepaper_gaiko14)

- 尺度の中での位置

(3.29) 天正 12 年（1584 年）10 月に 18 歳で家督を相続し、伊達家 17 代を継承する。

(12_wikipedia_datemasamune)

- 道具，原因または理由

(3.30) その中のどのわざのために、わたしを石で打ち殺そうとするのか」。

(911_bible_trans_nt)

(3.31) 太郎は風邪で学校を休んだ。

(232_x_textbook_kisonihongo)

- 材料

(3.32) この煙突はレンガで出来ている。

(366_x_tanaka)

3.1.2.7 格助詞を伴わない名詞句

文中の裸の名詞句（NP），つまり，助詞 (P) を伴わず節（IP）に直接支配される名詞句は，それが主要文法役割を担うものであっても，任意文法役割を担うものであっても，原則として必ず拡張タグが付加される。以下の例では，名詞句「なんか」，「美奈子」，および「掲示板のポスター」が助詞なしであらわれており，NP に対して -ADV（副詞的意味），-VOC（呼びかけ），-OB1（第一目的語）の拡張タグが付いている。

(3.33)

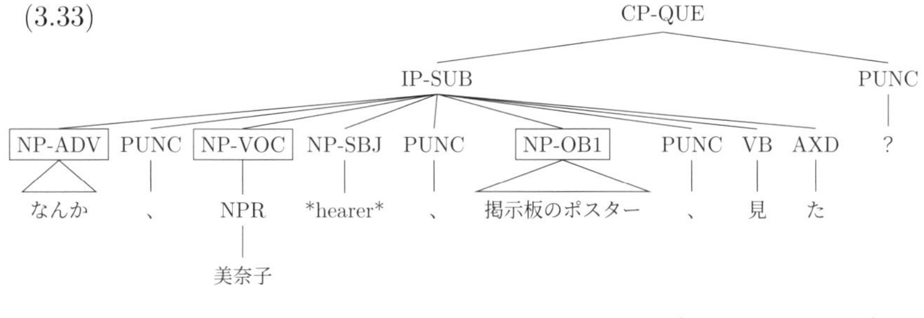

(28_spoken_jf6)

また，以下の例では代名詞「あちこち」の投射する NP に場所を表す拡張タグ -LOC が付いている。

(3.34)

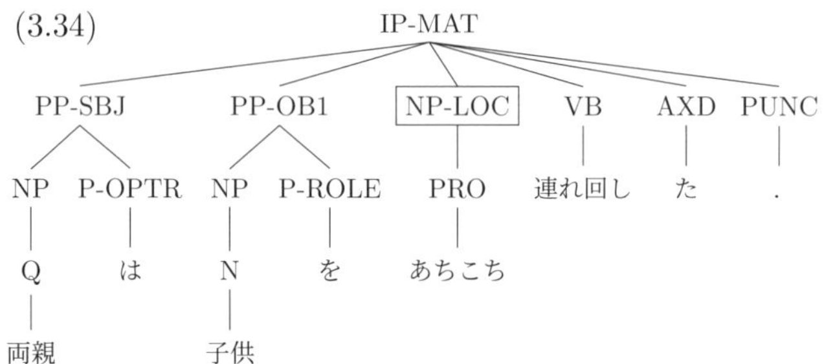

(1801_x_dict_vvlex)

任意文法役割を担う裸の名詞句の中には，格助詞が省略されていると考えられるものがある。このような省略現象は新聞の見出しに多いようである。その場合は，適切な格助詞を補った上で，それが PP を投射すると分析する。次の例では,「炊き出し準備」の後に「で」をアステリスクで挟んで終端ノードとして補い，これに P-ROLE の品詞タグを与えている。

(3.35)

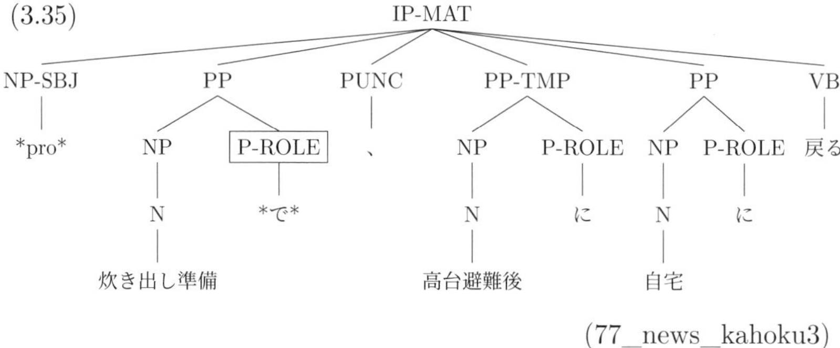

(77_news_kahoku3)

3.1.3 接続助詞（P-CONN）

接続助詞（P-CONN）は，句の並列構造（等位接続）にあらわれるものと副詞節を導入するものに大別される。句の並列構造にあらわれる主な接続助詞を以下に挙げる。

- 句の並列構造にあらわれる接続助詞
  と，や，か，も，に，やら，でも，だの，とか，ばかりか，をはじめ，に加え

句の並列構造のアノテーションについては，3.2.4 節を参照されたい。

副詞節を導入する接続助詞には，副詞節（IP-ADV）を補部としてとるものと，形態論的に接尾辞に近い性格を持ち，述語構成要素となるものとの2種類がある。以下に主なものを挙げる。

- 副詞節を補部としてとる接続助詞
  が，と，から，なら，ならば，ので，のに，けど，けれど，けれども，に，し，ものの，まで，とともに，にも関わらず，というより，といっても，と同時に，につれ，だけに，等
- 述語構成要素となる接続助詞
  て／で，ながら，ば，たら／だら，つつ，たって／だって，たり／だり，がてら，（形容詞の連用形に続く）て，等

副詞節（IP-ADV）を補部とする接続助詞は助詞句（PP）を投射する。

(3.36)

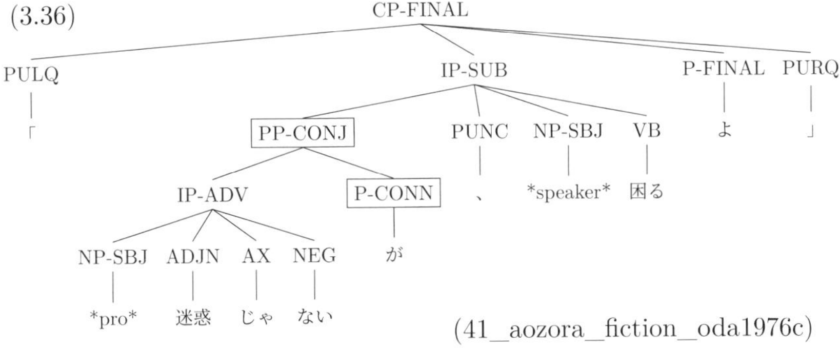

(41_aozora_fiction_oda1976c)

述語構成要素となる接続助詞は，述語の中核である動詞などの用言とともに副詞節（IP-ADV）の直下に置かれる。

(3.37)

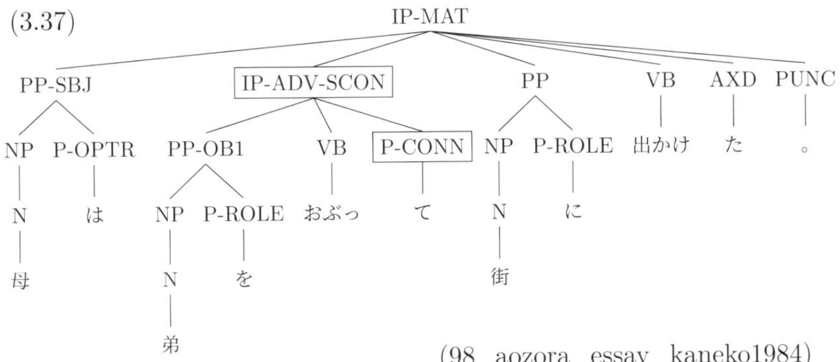

(98_aozora_essay_kaneko1984)

接続助詞により導入される副詞節には，従属節の働きをするものと，並列（等位接続）節を構成するものとがある。前者については 4.1.7 節を，後者については 4.1.14 節を参照されたい。

3.1.4 補文助詞 (P-COMP)

補文助詞（P-COMP）には以下のようなものが分類される。

と，って，との，という，といった，とかいう，なんていう

これらは典型的には伝達や認識の内容を表す準主節（IP-SUB）を補部としてとり，補部節（CP-THT）を投射する。補部節のアノテーションについては，4.1.12 節を参照のこと。

補文助詞は名詞句（NP）を補部としてとることもある。その場合は助詞句（PP）を投射するものとし，適切な文法役割の拡張タグを付与する。

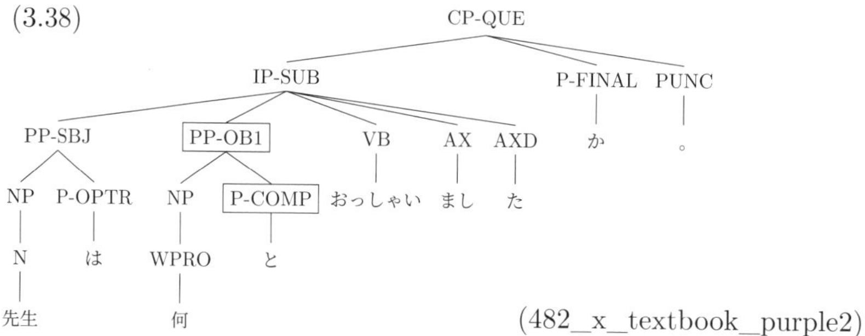

命名を表す動詞（呼ぶ，名付ける）の項を示す「と」や「って」等は，補語の文法役割を持つと見なし，-CMPL という拡張タグが付与される。

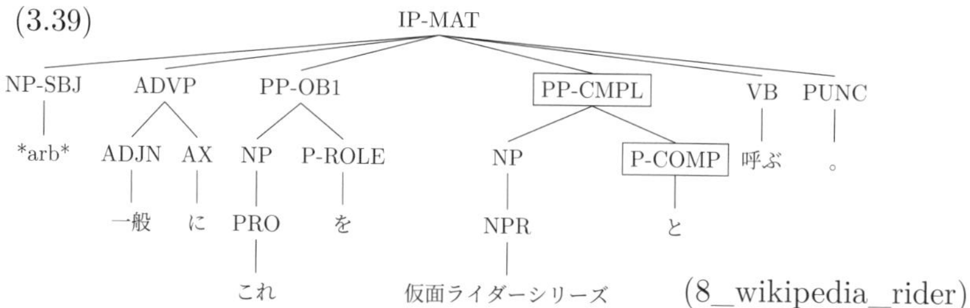

なお，「という」「って」等の投射する助詞句が名詞を修飾する場合，これらは補文助詞（P-COMP）ではなく，格助詞（P-ROLE）とタグ付けされる。

(3.40)

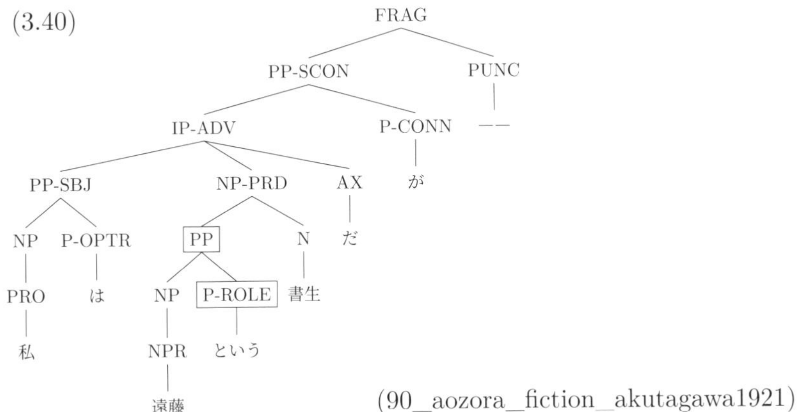

(90_aozora_fiction_akutagawa1921)

3.1.5 終助詞（P-FINAL）

終助詞（P-FINAL）は，文末にあらわれて発話行為に関わる意味を表す。以下のようなものが終助詞に分類される。

か，よ，ね，わ，な，ぞ，さ，かな，かどうか，かい，もの，かしら，や，ぜ，ように

終助詞（P-FINAL）は準主節（IP-SUB）を補部とし，疑問節（CP-QUE），感嘆節（CP-EXL），または終助詞節（CP-FINAL）を投射する。これらについては，4.1.8 節（終助詞節），4.1.10 節（感嘆節），4.1.11 節（疑問節）をそれぞれ参照のこと。

(3.41)

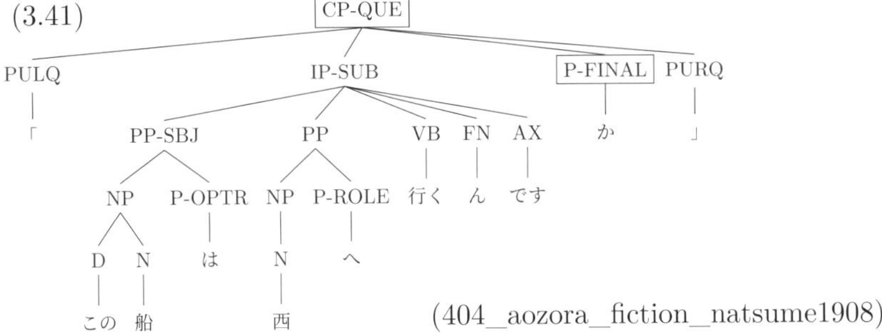

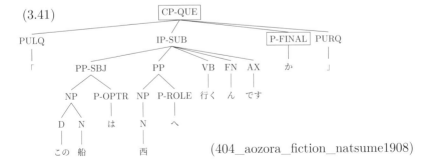

(404_aozora_fiction_natsume1908)

3.1.6 間投助詞（P-INTJ）

間投助詞（P-INTJ）のメンバーは終助詞（P-FINAL）のそれとかなり一致する。

ね，よ，さ，や，な，だね，かな

終助詞（P-FINAL）が文末にあらわれるのに対して，間投助詞（P-INTJ）は句や節に付加されて文中にあらわれる。間投助詞の投射する助詞句は，主要文法役割を担うこともあれば，呼びかけ等の任意文法役割を担うこともある。

(3.42)

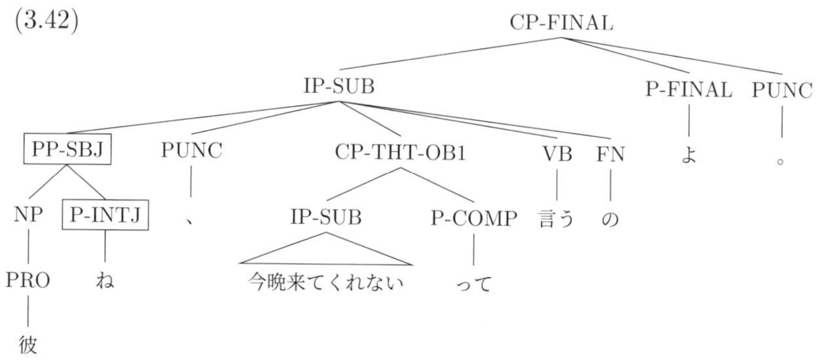

(1131_x_textbook_particles)

3.1.7 とりたて助詞（P-OPTR）

とりたて助詞（P-OPTR）は伝統的な日本語文法で係助詞や副助詞と呼ばれるものにほぼ相当し，構成素を談話領域に関係づける働きをする。以下に主要なとりたて助詞を挙げる。

は，も，など，か，だけ，でも，ほど，ばかり，くらい／ぐらい，さえ，しか，とは，なんて，なんか，ずつ，なら，ごと，こそ，のみ，きり，すら，とか，とも，だって，といえば，にしても

格助詞「が」「を」（さらに「に」）は，とりたて助詞の前で消えてしまうことが知られているが，このような場合，主要文法役割を表す拡張タグの付与は，格助詞があらわれている場合と同様に行われる。以下の例では，

「は」の投射する助詞句（PP）に主語（-SBJ）の拡張タグが，「ばかり」の投射する助詞句（PP）に第一目的語（-OB1）の拡張タグが付されている。

(3.43)

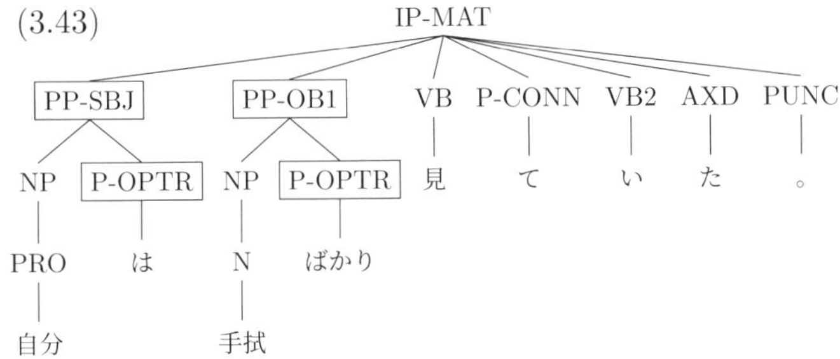

(265_aozora_fiction_natsume1908)

3.1.1 節の最後に述べたように，連続する複数の助詞は原則として姉妹位置に置かれる。次の例では，格助詞「について」ととりたて助詞「も」，さらにとりたて助詞「等」と格助詞「を通じて」がフラットに配置されている（ツリーの一部についてのみ示す）。

(3.44)

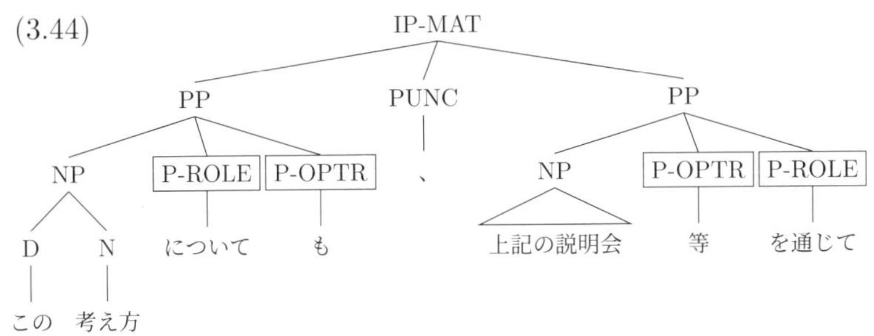

(287_whitepaper_shohi4)

なお，格助詞がなく，とりたて助詞「は」のみによって投射される助詞句に対しては，主要文法役割であれ任意文法役割であれ可能な限り何らかの拡張タグが付与されるが，もしそれが以下の例のように「主題」を表すとしか言えない場合には，-TPC という拡張タグが使用される。

(3.45) 帰りは私が先生をお送りします。

(773_x_textbook_purple2)

また，二重主語構文における最初の主語は，それが「は」を伴っていても主題（-TPC）ではなく，主語（-SBJ）として扱い，2つ目の主語は第二主語（-SBJ2）として扱われる（二重主語文については，4.2.2 節を参照のこと）。

3.2 句

句 (phrase) は語と節との間の中間的なレベルの構造である。この節では，句の形式，すなわち句がどのような構成素により形作られるかということを中心に説明を行う。しかし，句の機能，すなわちより上位の構造である節の中でどのような役割を果たすかについても，必要に応じて述べる。句は主要部とそれ以外の修飾部および補部とからなる。主要部は通常，当該の句が成立するために必須の構成素であり，句の名称は主要部の品詞に基づいて与えられることが多い（2.4 節を参照のこと）。以下，3.2.1 節で名詞句について，3.2.2 節で量化名詞句について，3.2.3 節で副詞句について，最後に，3.2.4 節で，句の並列構造について説明する。

3.2.1 名詞句（NP）

名詞句は名詞類，すなわち名詞（N），固有名詞（NPR），代名詞（PRO），疑問代名詞（WPRO），量化詞（Q）や数量詞句（NUMCLP）を主要部とする。

3.2.1.1 名詞句の拡張タグ

節（IP）に直接支配される名詞句（NP）はすべて主要文法役割あるいは任意文法役割を表す拡張タグを与えられる（主要文法役割および任意文法役割の拡張タグの一覧は 2.6 節の表 2.5 および 2.7 節の表 2.6 を参照のこと。また，いくつかの具体例については 3.1.2.7 節を見られたい）。述語として用いられる名詞句には拡張タグ -PRD が与えられる。これについては，3.3.6 節を参照のこと。ここでは，所有名詞句について触れておく。

所有名詞句（NP-POS）は，代名詞「わが／我が」を主要部とする投射によって得られる。この所有名詞句は助詞を介さずに，後続の名詞と直接結び付いて名詞句を成す。例えば，「我が子」は次のように分析される。

(3.46) (NP (NP-POS (PRO 我が)) (N 子))

3.2.1.2 名詞句の主要部

名詞句の主要部をなす品詞のうちで最も代表的なものは名詞（N）である。本コーパスでは，「こと」や「の」のようないわゆる形式名詞も，それが名詞句の主要部をなす限り N の品詞タグを与える（これらを形式名詞（FN）とする場合については，3.3.12 節を参照のこと）。固有名詞（NPR）は人名や地名等，ある事物に与えられた名称としての名詞である。名詞（N）と固有名詞（NPR）に加えて，名詞句の主要部をなす品詞には，代名詞（PRO）と疑問代名詞（WPRO），および量化詞（Q）があり，さらに数量詞句（NUMCLP）も名詞句主要部の働きをすることができる。

代名詞（PRO）および疑問代名詞（WPRO）に分類されるのは次のような語である（代名詞「わが／我が」のアノテーションについては前節を参照のこと）。

- 代名詞（PRO）
  これ／それ／あれ，これら／それら／あれら，こちら／そちら／あちら，こっち／そっち／あっち，ここ／そこ／あそこ，私，私たち，おれ，我々，僕，うち，あなた，君，おまえ，彼，彼ら，あいつ，わが／我が
- 疑問代名詞（WPRO）
  何，誰，どれ，どなた，どちら，どっち，どこ，いくつ，いくら，いつ

「己，自分，自身，自ら，自体，そのもの」等のいわゆる再帰代名詞も PRO の品詞タグを与えられる。再帰代名詞の中には，「彼ら<u>自身</u>」のように，名詞あるいは代名詞の直後に置かれ，それに対する同格的な意味を表す用法を持つものがある。このような再帰代名詞に対しては，それが投射する NP を括弧挿入句（PRN）の下に置き，それが直前の名詞や代名詞とともに名詞句を構成するようにアノテーションする。

(3.47)

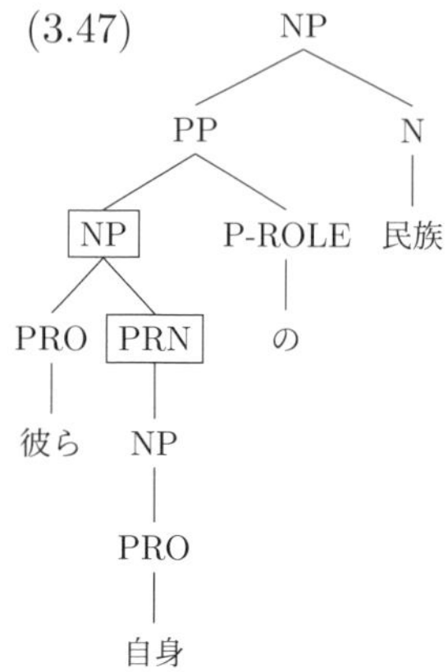

(415_general_fictiontrans_dick1952)

量化詞（Q）は，それ自体で量化の機能を果たす次のような語である。

- 全て，ことごとく，一同，皆，全部，全員，全額
- 各々，それぞれ，めいめい，各自，各位，各国
- 毎日，毎年，毎回，毎夜，毎年，毎試合
- 双方，両方，両人，両件，両側，同士，共
- 多く，多数，かなり，大半，たいてい，たくさん，たっぷり，もろもろ，数々
- 少し，多少，少数，幾分，一部，若干
- 半分，半数，倍量
- 誰一人，なに一つ，ほとんど

助数詞句（NUMCLP）は多くの場合，数詞（NUM）または疑問数詞（WNUM）に助数詞（CL）が後接した形をとる。本アノテーションでは，「三人」「四本」「何個」における「人（にん）」「本（ほん／ぼん／ぽん）」「個（こ）」等の一般的な助数詞に加え，例えば，「四特別委員会」における「特別委員会」のような通常は名詞とされるものも，柔軟に助数詞として扱う。

(3.48) (NP (NUMCLP (WNUM 何) (CL 個)))
(NP (NUMCLP (NUM 三) (CL 人)))
(NP (D この) (NUMCLP (NUM 四) (CL 特別委員会)))

助数詞の後接しない数詞および疑問数詞は単独で助数詞句の下に置かれ

る。また，助数詞が熟字訓で読まれる「一人（ひとり）」や「二十歳（はたち）」は，全体で NUM とラベル付けされ，助数詞句の下に置かれる。

(3.49) (NP (NUMCLP (NUM 十八)))
(NP (NUMCLP (WNUM いくら)))
(NP (D その) (NUMCLP (NUM 一人)))

「2 時 30 分」「1999 年 1 月 1 日」「一人一人」等，複数の助数詞句が連なった表現は，すべてをまとめて名詞句の下に置かれる。

(3.50) (NP (NUMCLP (NUM 1999) (CL 年)) (NUMCLP (NUM 1) (CL 月))
(NUMCLP (NUM 1 日)))
(NP (NUMCLP (NUM 一人)) (NUMCLP (NUM 一人)))

「半分以上」「午前 2 時」「八月末」等，量化詞あるいは助数詞句と名詞が連なった複合名詞的な表現も，すべてをまとめて名詞句の下に置かれる。

(3.51) (NP (Q 半分) (N 以上))
(NP (N 午前) (NUMCLP (NUM 2) (CL 時)))
(NP (NUMCLP (NUM 8) (CL 月)) (N 末))

疑問代名詞や疑問数詞は疑問節で用いられる他，とりたて助詞「か」を後接させて不定性を，また「も」「でも」を後接させて全称性を表す。このような疑問代名詞／疑問数詞ととりたて助詞の連続に対しては，両者を名詞句（NP）の下にフラットに配置する。

(3.52) (NP (WPRO だれ) (P-OPTR か))
(NP (WPRO どれ) (P-OPTR も))
(NP (WPRO いつ) (P-OPTR でも))
(NP (NUMCLP (WNUM いくつ)) (P-OPTR か))
(NP (NUMCLP (WNUM 何) (CL 人)) (P-OPTR か))

ただし，「何の問題もない」のように，疑問代名詞が格助詞「の」を介して名詞を修飾し，それに「も」等のとりたて助詞が続く場合は，全体として不定性を表すとしても，上記のような分析は行わず，「も」が名詞句（NP）「何の問題」を補部とし，助詞句（PP）を投射するものとする。

(3.53) (PP (NP (PP (NP (WPRO 何)) (P-ROLE の)) (N 問題)) (P-OPTR も))

量化詞や助数詞句を主要部とする名詞句と不定性を表す「疑問代名詞／疑問数詞＋とりたて助詞」を主要部とする名詞句が用いられる統語的な環境は部分的に重なっており，他の名詞句に比して特異な点もある（そのアノテーションについては 3.2.2 節を参照のこと）。

3.2.1.3 中間名詞句（NLYR）

本アノテーションでは，名詞句（NP）が名詞句を再帰的に埋め込む可能性をできるだけ排除している。しかしながら，名詞的な性質を持つ複数の語のまとまりでありながら，統語論的には句よりも下位レベルの存在として扱う必要の生じることが稀にあり，その場合には NLYR というタグを用いる。NLYR は，名称は「中間名詞句」であるが，厳密には名詞句（NP）の一種ではない。NLYR のタグ付けを必要とするのは，例えば，以下のような場合である（句の並列構造のアノテーションについては 3.2.4 節を参照のこと）。

- 名詞句の並列構造全体を修飾する語句が存在する場合

(3.54)

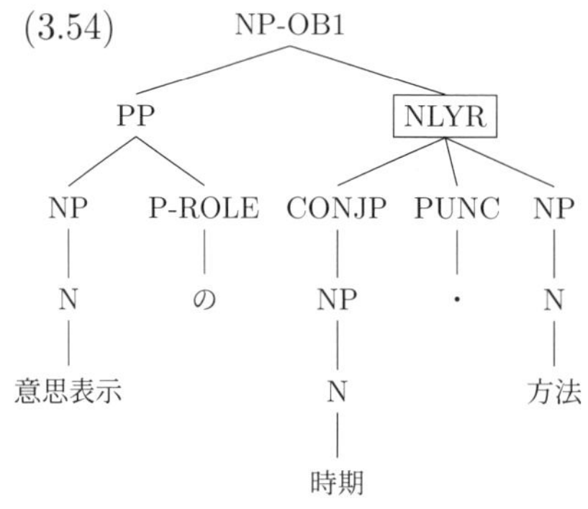

(11_news_kahoku29)

- 名詞句の直後に同格的な語句がある場合

(3.55)

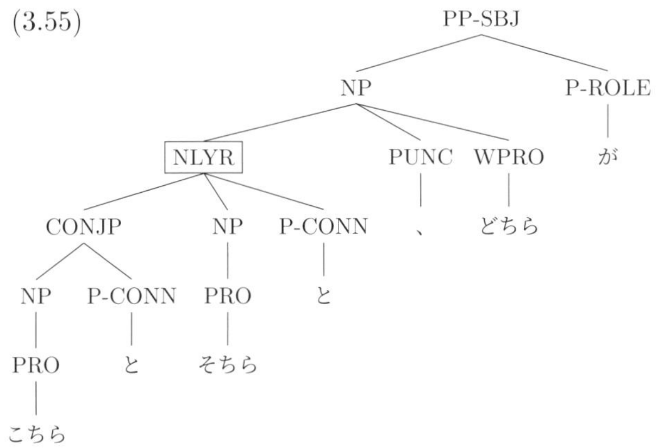

(175_x_textbook_purple1)

3.2.1.4 名詞句の修飾部

名詞句の修飾部となるのは，助詞句 (PP)，限定詞 (D)，疑問限定詞 (WD)，連体詞（PNL），連体詞句（PNLP），関係節（IP-REL），空所なし名詞修飾節（IP-EMB），補部節（CP-THT）である。このうちの後 3 者，つまり節による名詞修飾については 4.1.3 節，4.1.4 節，および 4.1.12 節で取り上げる。助詞句（PP）による名詞修飾の代表的なものは「の」等の格助詞を使うものである。これについては 3.1.2.5 節および 3.2.3 節で具体例を挙げている。以下では，限定詞（D）および疑問限定詞（WD），連体詞（PNL），連体詞句（PNLP）について説明する。

3.2.1.4.1 限定詞（D）と疑問限定詞（WD）

限定詞 (D) は，従属する名詞句を文脈に関係づけることによってその指示対象に対する規定を行う。疑問限定詞 (WD) は，指示対象の規定を疑問の焦点とする。以下のようなものを限定詞および疑問限定詞に分類する。

- この／その／あの，こんな／そんな／あんな，こういう／そういう／ああいう，こういった／そういった／ああいった，こうした／そうした／ああした，このような／そのような／あのような，ある，いわゆる，あらゆる，さらなる，例の
- どの，どんな，どういう，どういった，どのような，いかなる

限定詞と疑問限定詞は句を投射せず，それが修飾する名詞とともに名詞句（NP）の直下に置かれる。例えば，「この点」は次のようにアノテーションされる。

(3.56) (NP (D この) (N 点))

ただし，「このくらい」における「この」は例外的に NP の主要部と見なされ，後続のとりたて助詞（P-OPTR）「くらい」が助詞句（PP）を投射するという分析をする。つまり，「このくらい」は次のようにアノテーションされる。「その／あの／どのくらい」等も同じである。

(3.57) (PP (NP (D この)) (P-OPTR くらい))

また，文語表現においては，名詞修飾節の中の「その」が単独で主語名詞句（NP-SBJ）となることがある。

3.2.1.4.2 連体詞（PNL）

本アノテーションで連体詞（PNL）とするのは，伝統文法で連体詞とされる語のうち，限定詞（D）および疑問限定詞（WD）を除いたものである。以下のようなものが連体詞に分類される。これらのほとんどは名詞修飾（連体修飾）にのみ用いられ，節の中で述語として用いられることがなく，活用もしない。

> 大きな，小さな，元，大した，見知らぬ，いろんな，ちょっとした，おかしな，単なる，たいした，来る（きたる），去る，いたる，とんだ，あくる，思い切った，ろくな

連体詞のアノテーションは，前節で見た限定詞および疑問限定詞のそれと同じである。つまり，句を投射せず，それが修飾する名詞とともに名詞句（NP）の直下に置かれる。例えば，「大きなコウモリ」は次のようになる。

(3.58) (NP (PNL 大きな) (N コウモリ))

この点で，連体詞（および限定詞，疑問限定詞）による名詞修飾構造の分析は，名詞修飾節として分析されるイ形容詞やナ形容詞による名詞修飾構造の分析と大きく異なる。ただし，「大きな」「小さな」「おかしな」等の少数の連体詞は，「とても大きな木」のように副詞句による修飾を許す。こ

のような場合，連体詞は，イ形容詞やナ形容詞と同様に述語として節（IP）の直下に置かれる。

3.2.1.4.3 連体句（PNLP）

形容詞を含めた用言が名詞を修飾する場合は節による修飾として扱うのが本アノテーションの基本方針である。しかし，この方針が当てはまらない場合に連体句（PNLP）を用いる。例えば，イ形容詞による名詞修飾において，主名詞（被修飾名詞）をその形容詞の主語と見なすことができず，かと言って空所なし名詞修飾節としての用法とも考えられないことがある。一例を挙げれば，以下の「古い友人」は「（その）友人は／が古い」と言い換えることができない。このような場合は，イ形容詞「古い」が単独で連体句（PNLP）を投射して名詞修飾を行っていると分析する。なお，連体句（PNLP）は前節で見た連体詞（PNL）により投射される句ではないことに注意されたい。

(3.59)

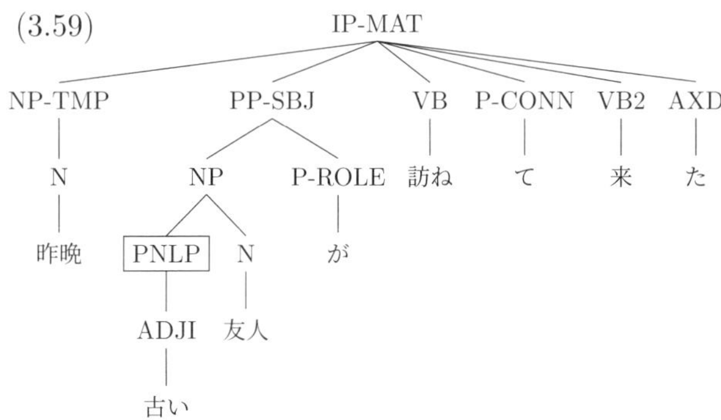

(2_x_misc_examples2)

他の例として，「遠い旅」や「痛い目」における「遠い」「痛い」が挙げられる。

3.2.1.4.4 複数の修飾句・修飾節

名詞修飾を行う句や節が 2 つ以上ある場合，統語分析には様々な可能性が生じる。いま「N_1+ の N_2+ の N_3」があるとすると，(i)「N_1+ の」が N_2を修飾するという場合と，(ii)「N_1+ の」が「N_2+ の」とともに N_3を修飾するという場合の 2 通りが考えられる。「日本語の勉強の時間」が (i)

のようなケースであり，以下のような PP を階層的に配置した構造として分析されることには異論がないであろう。

(3.60)
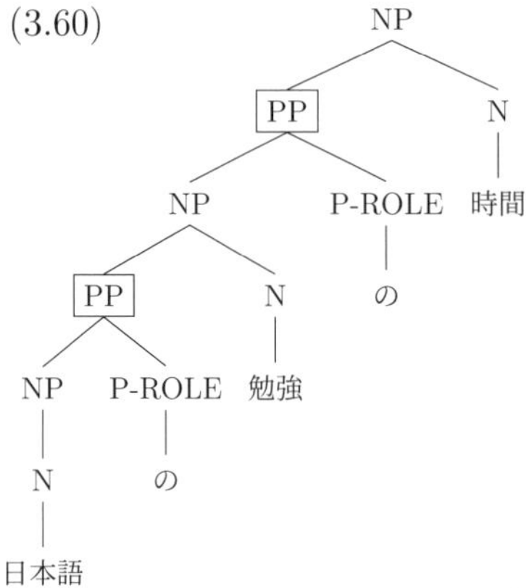

(4_x_misc_examples1)

(ii) のようなケースに対しては，多くの統語理論がまず「N_2+ の」と N_3をまとめ，それを「N_1+ の」が修飾するという分析をとるものと思われる。これに対し，本アノテーションでは，「N_1+ の」の PP，「N_2+ の」の PP，そして主要部である N_3がすべて NP の直下にフラットに並ぶものとして分析される。

(3.61)
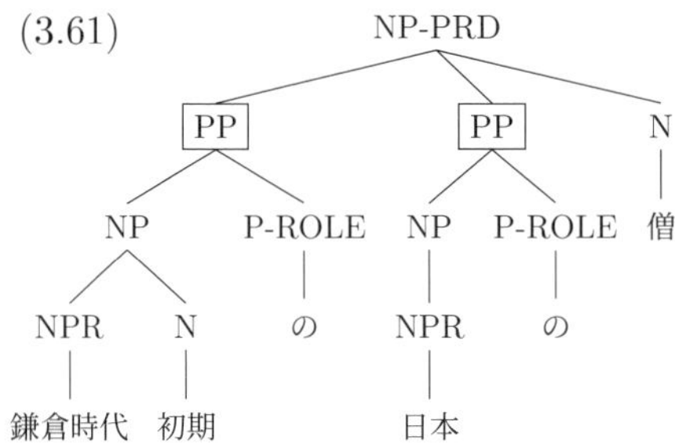

(2_wikipedia_kyoto7)

同じ分析は，格助詞「の」を用いた名詞修飾だけでなく，様々なタイプの修飾部を持つ名詞修飾構造に適用される。複数の名詞修飾節が同一の名詞を修飾する場合も，それぞれの節が主名詞とともにフラットに配置される（4.8 を参照のこと）。

3.2.2 量化名詞句

3.2.2.1 量化名詞句とホスト

ここで量化名詞句と呼ぶのは，量化詞（Q），助数詞句（NUMCLP），または「疑問代名詞（WPRO）＋とりたて助詞（P-OPTR）」（これらの品詞および句については，3.2.1.2 節を参照のこと）を主要部とする名詞句であり，他の名詞（句）との間に量化関係を有し，後者の数量や割合を表すものである。後者の名詞（句）はホストと呼ぶことにする。例えば，「多くの人」では「多く」が量化名詞句であり，ホスト「人」と量化関係にある。ただし，「二人の子供」の場合は助数詞句「二人」が「子供」の数量であるという量化関係が成立する読みもあるが，そうでない読みも可能である。例えば，「二人」が夫婦を指示する場合，それと「子供」は所有関係にあり，量化関係は成立しない。

量化名詞句とホストとが構成する構文には，以下の 4 種類のパターンがある。

(i) ホストが量化名詞句を修飾するパターン（「学生の全員（が）」「学生の 3 人（が）」「学生のだれも（が）」）
(ii) 量化名詞句がホストの直後に置かれるパターン（「学生全員（が）」「学生 3 人（が）」）
(iii) 量化名詞句がホストを修飾するパターン（「全員の学生（が）」「3 人の学生（が）」）
(iv) 遊離量化表現（「学生が全員（逮捕された）」「学生が 3 人（逮捕された）」「学生がだれも（逮捕されなかった）」）

3.2.2.2 ホストが量化名詞句を修飾するパターン

前節のリストにおける (i) のパターンに対しては，現在のところ特別なアノテーションはなされておらず，通常の格助詞「の」を介した名詞修飾構造と同様に分析されている。

(3.62)

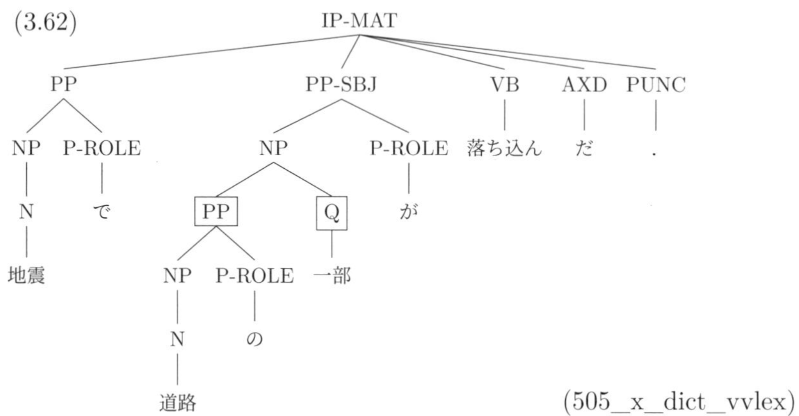

(505_x_dict_vvlex)

(3.63)　候補者の一人は山田氏だ。

(244_x_jsem)

(3.64)　知り合いの誰かが本人に教えてくれるだろう。

(237_aozora_fictiontrans_doyle1892)

3.2.2.3 ホストの直後に量化名詞句があらわれるパターン

(ii) のパターンでは，ホスト名詞の投射する名詞句の下に括弧挿入句（PRN）を置き，その下に量化名詞句を配置する。さらに，量化名詞句とホスト名詞が量化関係にあることを示すために，量化名詞句のラベル（NP）にソート情報 ;* を加える。

(3.65)

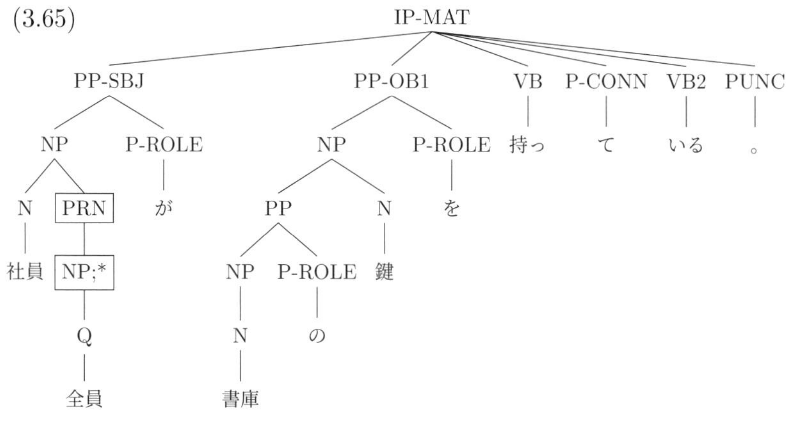

(320_x_jsem)

(3.66) 内谷氏は２００６年、新人４人による争いを制し初当選。
(204_news_kahoku1)

このような場合，ホスト名詞は通常，特定の指示対象を持ち，ホスト名詞と量化表現とを合わせた名詞句には助詞が接続したり，また名詞述語 (NP-PRD) になったりする。

3.2.2.4 量化名詞句がホストを修飾するパターン

(iii) のパターンに対しては，まず，量化名詞句が「の」（コピュラ（AX）「だ」連体形）を伴って，関係節（IP-REL）における述語（-PRD）となっており，関係節がホストを修飾しているという分析がなされる。さらに，量化名詞句とホスト間の量化関係を示すために，関係節のラベル（IP-REL）にソート情報 ;* を加える。

(3.67)

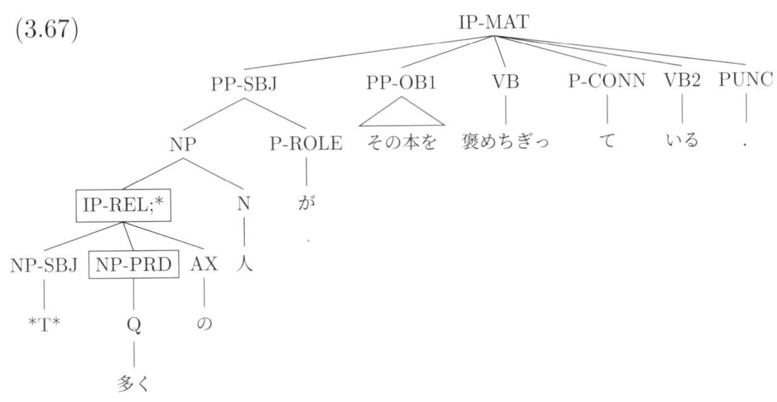

(2898_x_dict_vvlex)

(3.68) 秋のシーズン二つの世界記録にまた恵まれた。
(52_aozora_essay_hitomi1929)

前節で述べたように，助数詞句は指示表現であることもある。指示表現である助数詞句が他の名詞を修飾する場合は，格助詞「の」を介した名詞修飾構造としてアノテーションされる。

(3.69) 運命が 二人の仲 を引き裂いた。
(2537_x_dict_vvlex)

また，助数詞句は被修飾名詞の大きさや順序等，何らかの属性を表すことがある。この場合は，助数詞句の投射する名詞句がコピュラ（AX）「の」を伴い，関係節（IP-REL）または空所なし名詞修飾節（IP-EMB）を投射し，それが名詞を修飾するという分析がなされる。2つの要素は量化関係にないので，ソート情報 ;* を加えることはない。

(3.70)　私が一億円の家を買うなど、望むべくもない。

(24_x_textbook_djg3)

(3.71)　ハイ，あれが 二十五歳の時のお話でございますよ」

(146_aozora_fiction_edogawa1929)

「疑問詞＋とりたて助詞」も「の」を伴って名詞修飾を行うことができる。意味的には，被修飾名詞と量化関係を持つ場合（例えば「どこかの地域」）とそうでない場合（例えば「誰かの英語の授業」）とが区別される。しかし，この区別は現在のアノテーションには反映されておらず，どちらも格助詞「の」を介した名詞修飾構造として分析されている。

3.2.2.5 遊離量化表現

(iv) のパターンでは，量化名詞句とホストのそれぞれが節レベルの構成素を作る。両者が量化関係にあることを示すために，量化名詞句のラベル（NP）に対して，;*SBJ* や ;*OB1* のようにホストの担う文法役割と同じ文法役割のラベルを ;* と * で囲み，ソート情報として加える。

(3.72)

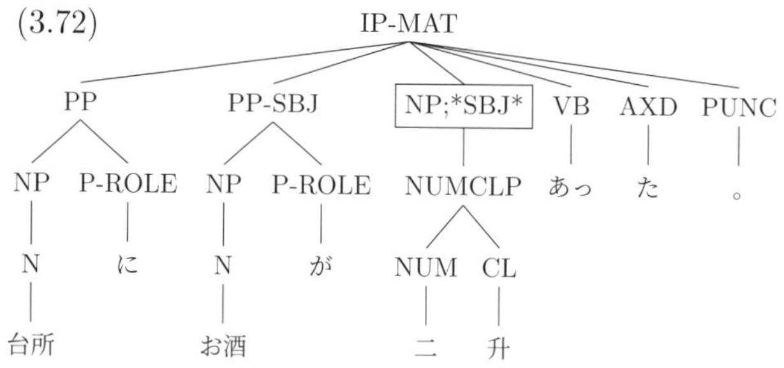

(103_aozora_essay_dazai1940a)

(3.73)　もうけた大金はどんどん減って、全部なくなった。

(276_webnovel_fiction_onnatosenso)

(3.74)　これで駄目なら、何か方法を考えよう。」
(221_aozora_fictiontrans_doyle1892)

量化名詞句が格助詞（P-ROLE）あるいはとりたて助詞（P-OPTR）を伴うこともある。この場合は，助詞の投射する助詞句のラベル（PP）に対して同様のソート情報を加える。

(3.75)
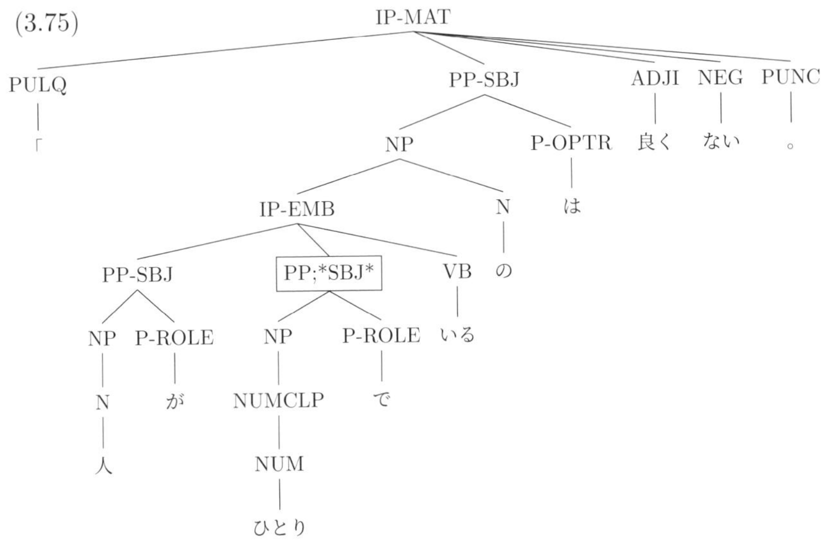

(96_bible_trans_ot)

(3.76)　どのクラスにも、学級委員が二人ずついます。
(1279_x_textbook_particles)

(3.77)　そこに多少は やりがいや自尊もあった。
(27_webnovel_fiction_sakuanobashode)

量化名詞句のみが文中に明示され，ホストが明示されていない場合は，それをゼロ代名詞として補う。このような量化名詞句に関しては，それ自体を項とする解釈も可能だが，本アノテーションではゼロ代名詞からの遊離という解釈を優先している。以下の例では，第一目的語（NP-OB1）がゼロ代名詞として補われている。

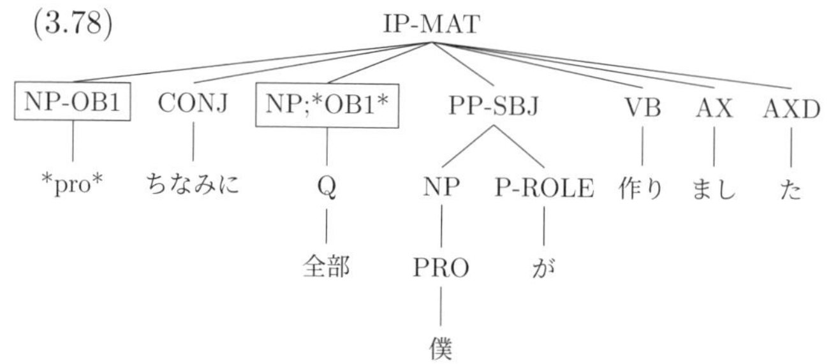

(54_spokentrans_ted8)

また，以下の例では，主語（NP-SBJ）がゼロ代名詞として補われている。

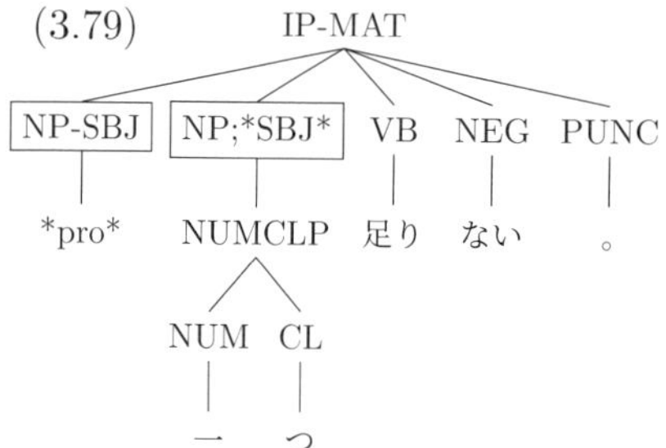

(91_aozora_fiction_hayakawa1983)

3.2.3 副詞句（ADVP）

副詞句（ADVP）は通常，述語に対する修飾を行って，量，度合，程度，様態等を表す。このような副詞句の中には，時間（-TMP），期間・頻度（-MSR）といった任意文法役割の拡張タグが付与されているものがあるが，網羅的ではない。

多くの場合，副詞句の主要部となるのは副詞（ADV）あるいは疑問副詞（WADV）である。副詞や疑問副詞が単独であらわれる場合も，副詞句を投射すると分析する。副詞句を投射するのは副詞だけではない。イ形容詞（ADJI）とナ形容詞（ADJN）も，連用形に活用したり，あるいはコピュラの活用形を伴う等により，述語に対する修飾を行って量，度合，程度，様態等を表すという意味的な観点から副詞句を投射すると分析できることがある。

本コーパスにおいて比較的頻度の高い副詞には以下のものがある。動詞のテ形から派生したものも多い。

> もう，まだ，また，すぐ，とても，まず，もし，やはり，なかなか，一番，ただ，あまり，特に，もっと，きわめて，次いで，追って，初めて，総じて，改めて，時として，こう／そう／ああ，こうして／そうして／ああして，このように／そのように／あのように，こんなに／そんなに／あんなに

疑問副詞 (WADV) には次のようなものがある。

> いかが，いかに，いくら，どう，どうして，どのように，どんなに，なぜ，なんで

副詞 (ADV) が単独で副詞句 (ADVP) を投射し述語を修飾している例を次に挙げる。

(3.80)

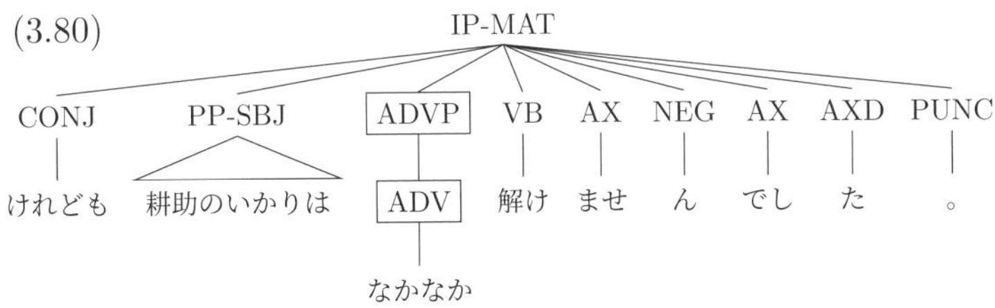

(673_aozora_fiction_miyazawa1934)

格助詞やとりたて助詞が副詞句を補部とすることがある。格助詞の中で代表的なものは「に」であるが，「で」等の例も見られる。例えば，「すぐに」と「まずは」は次のように分析される。

(3.81) (PP (ADVP (ADV すぐ) (P-ROLE に)))

(3.82) (PP (ADVP (ADV まず)) (P-OPTR は))

副詞句は「の」「という」等の格助詞を伴って名詞を修飾することがある。この場合，名詞句が格助詞を伴って名詞を修飾する場合と同じように分析される。

(3.83) (NP (PP (ADVP (ADV また)) (P-ROLE の)) (N 機会))

(3.84) (NP (PP (ADVP (ADV いざ)) (P-ROLE という)) (N 時))

副詞的表現の中には,「と」で終わるものが多いが, これらのうち,「と」を除外すると語として成立しないものは, 単独の副詞として扱われる（例: きっと, やっと, ちょっと, ずっと, じっと, そっと, とっとと, さっと, さっさと, ふわっと)。他方,「さっぱり」「ゆっくり」「はっきり」「ごろごろ」「ぐるぐる」等は,「と」の有無に関わらず副詞的表現として成立する。これらは「と」なしで単独の副詞と見なし,「と」があらわれた場合は, それをコピュラ（AX)「だ」の連用形と見なす。例えば,「ゆっくりと」は次のように分析される。

(3.85)　(ADVP (ADV ゆっくり) (AX と))

イ形容詞が副詞句を投射する際には連用形となる。例えば,「優しく（撫でる)」は次のように分析される。

(3.86)　(ADVP (ADJI 優しく))

副詞句を投射するナ形容詞は, 単独であったり,「に」か「と」のどちらかを伴ったりする（「結構」「絶対（に)」「いろいろ（と)」「きれいに」「しずかに」「やわらかに」「茫然と」「公然と」等)。この「に」と「と」はどちらもコピュラ（AX)「だ」の連用形と見なす。「結構（おいしい)」「きれいに（書く)」「いろいろと（工夫する)」は次のように分析される。

(3.87)　(ADVP (ADJN 結構))

(3.88)　(ADVP (ADJN きれい) (AX に))

(3.89)　(ADVP (ADJN いろいろ) (AX と))

副詞句は述語として用いられることもあり, この場合は述語の拡張タグ -PRD が与えられる（3.3.6 節を参照のこと)。

また, 副詞や疑問副詞が単独であらわれる場合も「副詞句 + する」および「副詞句 + なる」の補部となった副詞句の多くには拡張タグ -CMPL が与えられる。

(3.90)　(ADVP-CMPL (WADV どう)) (VB なる)
(ADVP-CMPL (ADV このように)) (VB なる)
(ADVP-CMPL (ADV さっぱり)) (VB する)

```
(ADVP-CMPL (ADV しょんぼり) (AX と)) (VB する)
(ADVP-CMPL (ADJN ばか) (AX に)) (VB する)
(ADVP-CMPL (ADJN べたべた)) (VB する)
```

疑問副詞（WADV）は疑問代名詞や疑問数詞と同様に，とりたて助詞「か」「も」「でも」等を後接させて不定性を表す。この場合，疑問副詞ととりたて助詞の連続を副詞句（ADVP）の下にフラットに配置する。

(3.91)
```
(ADVP (WADV なぜ) (P-OPTR か))
(ADVP (WADV いかに) (P-OPTR も))
(ADVP (WADV どう) (P-OPTR でも))
```

3.2.4 副詞節以外の構成素の並列構造

句の並列構造（等位接続）では，「X，Y，Z」「X，Y と Z」「X と Y と Z」「X と Y と Z と」等のように，接続助詞（P-CONN）が並列句の間および最後の並列句の後にあらわれたりあらわれなかったりする。また，「X，Y，および Z」のように並列句の間に接続助詞ではなく，接続詞（CONJ）があらわれることもある。これらのパターンを包括したアノテーションのスキーマは次のようになり，2 つ以上の副詞句 (ADVP)，助詞句 (PP)，名詞句 (NP)，疑問節 (CP-QUE) 等に適用される。接続助詞あるいは接続詞は任意であることに注意されたい。

(3.92)

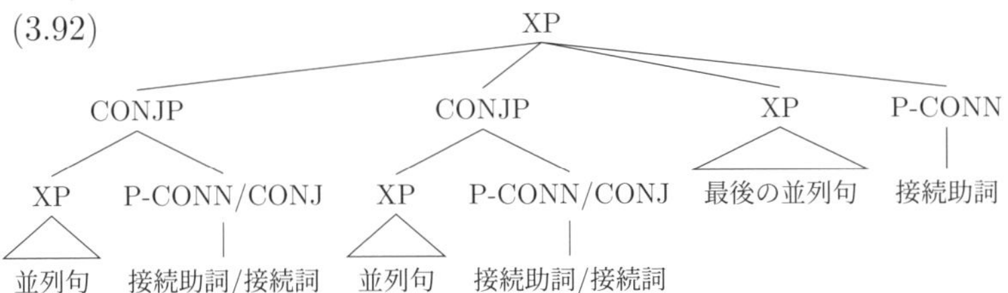

このスキーマに見るように，並列句は最後のものを除いて，接続助詞（P-CONN）または接続詞（CONJ）とともに CONJP（接続詞句）の下に置かれる。接続詞句が 2 つあれば，それらは同じレベルに並べられ，その上，それぞれの接続詞句が最後の並列句と結び付けられて全体としての句を作る。このスキーマでは並列句が 3 つあるが，並列句が 2 つあるいは 4 つ以上の場合，それに応じて，左側の 2 つの CONJP が増減することになる。

また，XP とは名詞句（NP），副詞句（ADVP），助詞句（PP）等のことである。

副詞節 (IP-ADV) の等位接続の場合は，このように並列節が横並びにならず，副詞節はそのすぐ上位の節に再帰的に埋め込まれる (4.1.14 節を参照のこと) ので，注意が必要である。

「と」「や」「か」「も」「に」「やら」等の接続助詞（P-CONN）は名詞句の並列構造にあらわれることが多い（3.1.3 節にもいくつかの例を示してある)。また，接続詞（CONJ）のうち頻度の高いものとしては，「および」「そして」「かつ」「また」「しかも」「あるいは」「もしくは」がある。

以下に，接続助詞「と」が 2 つの名詞句を結合し，全体として名詞句を形作っている例を示す。

(3.93)

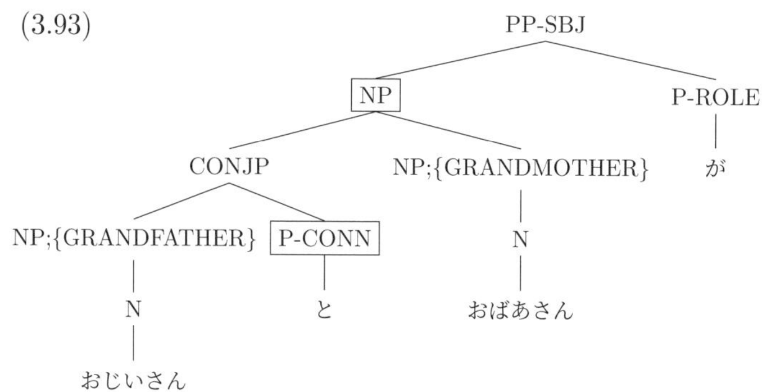

(2_general_fiction_momotaro)

次の例では，接続詞「及び」が 2 つの名詞句を結合している。

(3.94)

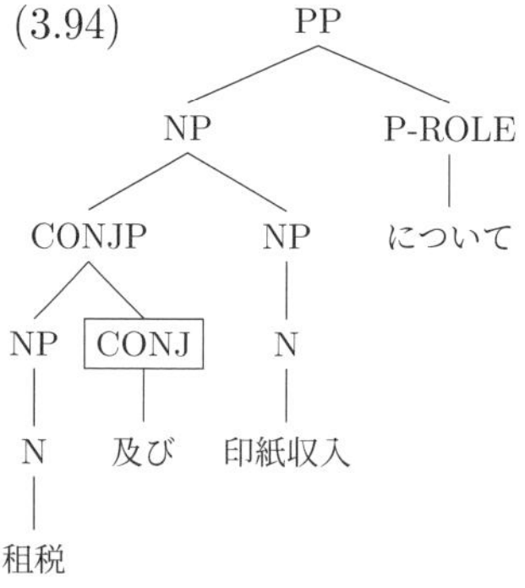

(38_diet_kaigiroku13)

次の例では，2 つの名詞句の結合に接続助詞「か」と接続詞「もしくは」の両方が用いられている。

(3.95)

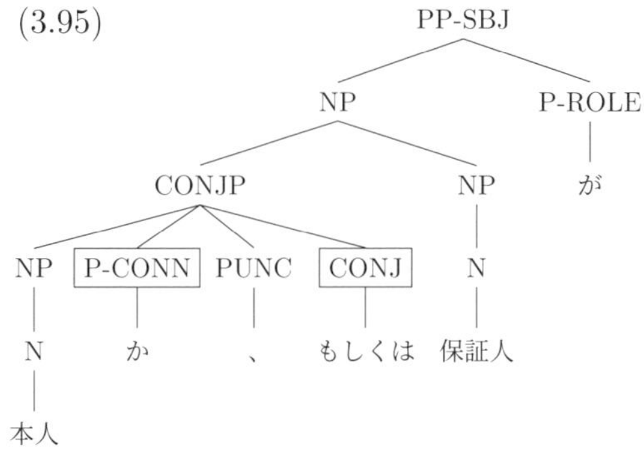

(249_x_textbook_djg3)

次の例では，接続助詞「と」が 3 つの名詞句を結合しており，加えて最後の名詞句の後にも「と」があらわれている。

(3.96)

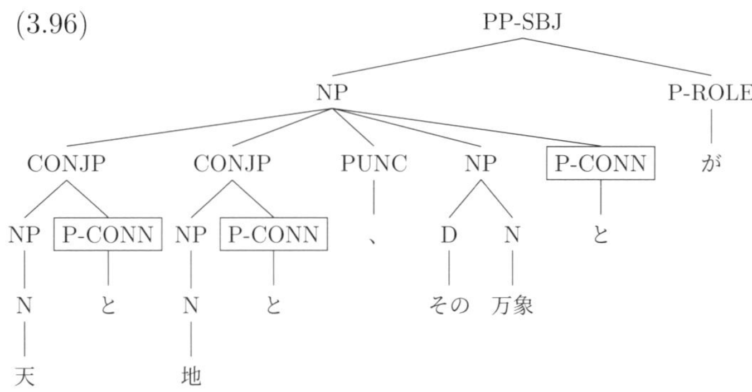

(72_bible_trans_ot)

このように，最後の名詞句の後に接続助詞があらわれるのは，「X と Y と」のように同じ接続助詞が繰り返される場合がほとんどである。「と」以外にも「X も Y も」「X か Y か」「X なり Y なり」「X とか Y とか」「X だの Y だの」等のパターンが見られる。

以上に挙げたのは名詞句の並列構造の例であるが，副詞句や助詞句の並列構造も同様にアノテーションされる。

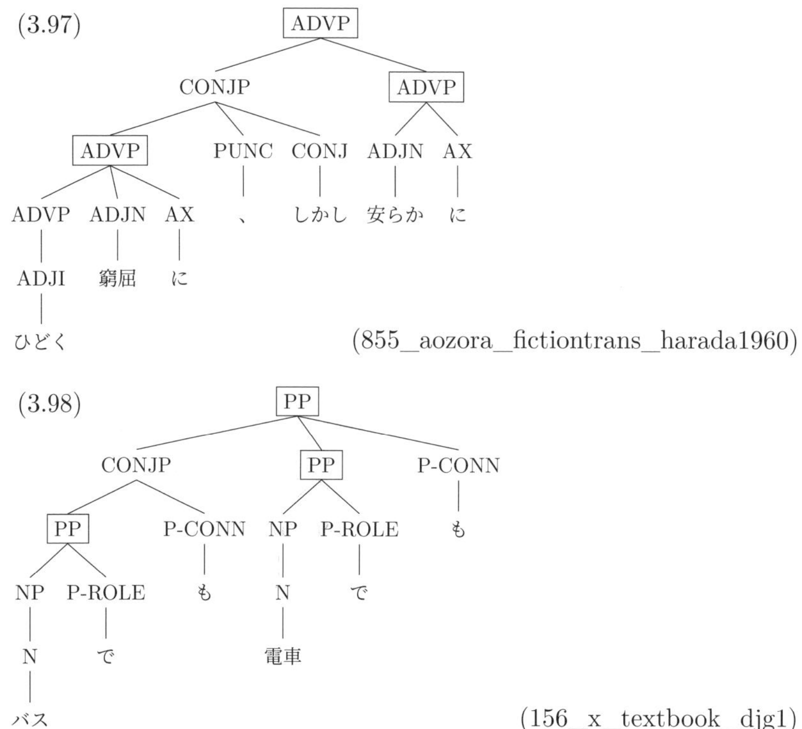

3.3 述語

3.3.1 はじめに

述語は動詞，イ形容詞，「ナ形容詞＋コピュラ」，「述語句＋コピュラ」を中核とし，必要に応じて様々な拡張要素を伴う。述語の拡張要素は，ヴォイス，アスペクト，テンス，極性（ポラリティ），モダリティ，証拠性等の意味を表す。

述語の拡張要素となるのは次のような品詞タグを与えられる語である。

> AXD（テンス標識），NEG（否定辞），AX（助動詞，コピュラ），MD（モーダル要素），FN（形式名詞），VB2（補助動詞），PASS/PASS2（受動補助動詞），P-CONN（接続助詞），P-OPTR（とりたて助詞），P-ROLE（格助詞）

これらは，2.5 節で述べたように，述語の中核とともに節（IP）の下にフラットに配置される。

以下では，まず述語の中核となる動詞，軽動詞，イ形容詞，ナ形容詞，述語句およびコピュラについて，次に，上記の拡張要素のうち，テンス標識，否定辞，助動詞，モーダル要素，形式名詞，補助動詞，受動補助動詞について説明する。接続助詞，とりたて助詞，格助詞の助詞類は，以上の拡張要素に付随してあらわれるため，必要に応じて言及あるいは例示することにし，まとめて取り上げることはしない。

3.3.2 動詞（VB）

多くの述語は動詞（VB）を中核とし，主語とともに節（IP）を投射する。VB の下に置かれるのは，学校文法で言う動詞の活用形（未然形，連用形，終止形，連体形，仮定形，命令形）である。BCCWJ 等では「結ぼう」のような形を意志推量形と呼び，短単位としても長単位としても 1 単位としているが，本アノテーションでは (VB 結ぼ) (AX う) のように分割される。このような扱いは，動詞的な活用をする述語拡張要素についても適用される。

本アノテーションでは，「かきわける」「そぎとる」「とりいれる」等の語彙的複合動詞（影山 1993）は単一の語として扱う。他方，統語的複合動詞は分割され，前部要素を（VB），後部要素を補助動詞（VB2）として扱う (3.3.13 節を参照のこと)。

3.3.3 軽動詞（VB0）

軽動詞（VB0）とするのは，「移動」「チェック」や動詞連用形由来の「居眠り」等，スル動詞（サ行変格動詞）の語幹に後続してあらわれる，「する」「いたす」「なさる」「申し上げる」「くださる」「できる」のような動詞である。動詞語幹の方は動詞（VB）の品詞タグを与えられる。「する」以下の語は拘束形式（bound form）だが，動詞語幹との間には，以下のようにとりたて助詞（P-OPTR）が挿入されることがあるため，本アノテーションでは独立した語として扱っている。

(3.99)　(VB 移動) (VB0 する)
(VB 移動) (P-OPTR は) (VB0 し) (AXD た)
(VB 移動) (P-OPTR など) (VB0 し) (NEG ない)

尊敬や謙譲を表す形式では，軽動詞に先行する動詞が接頭辞「お」または「ご（御）」を伴うが，このような接頭辞は動詞の一部として分析される。

(3.100) （VB ご報告）（VB0 なさる）
（VB ご報告）（P-OPTR も）（VB0 なさり）（AX ます）

「なさる」や「くださる」は，補助動詞（VB2）の「なさる」や「くださる」と同形なので注意が必要である。判断の基準として，動作名詞に「お」「ご（御）」が付いていれば，それを取り去った上でさらに「なさる」や「くださる」を「する」に置き換えることができれば軽動詞，そうでなければ補助動詞とする。例えば，「ご安心なさい」は「安心する」に置き換えが可能である。これに対して，「鉛筆を置きなさい！」のような文では「置きなさい」を「置きする」と言い換えることはできないので，「なさい」は補助動詞（VB2）である。

日本語では同一節に格助詞「を」が 2 度あらわれることはないとされる。しかし，現実のテクストには，稀ではあるもののそのような例がある。下の例文では，通常であれば動作名詞「供養」の後に軽動詞「する」をすぐ続けるところに，「を」が挿入されている。このような場合は，スル動詞語幹に続く「を」は P-ROLE とタグ付されるが，助詞句（PP）を投射するのではなく，節（IP）の直下に置かれる。

(3.101)
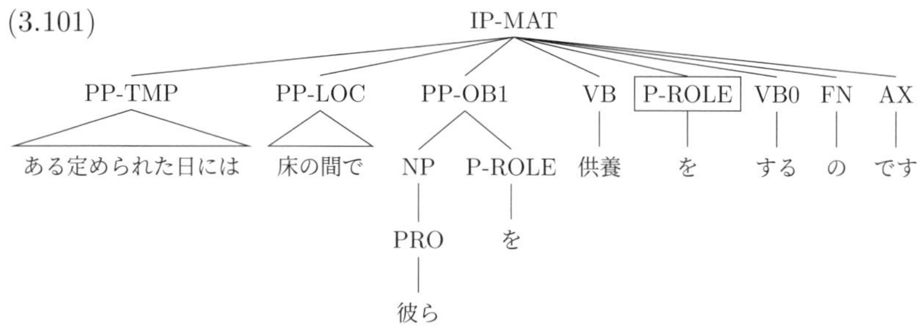

(259_aozora_fictiontrans_hayashida2015)

3.3.4 イ形容詞（ADJI）

イ形容詞（ADJI）は，述語の中核をなして節（IP）を投射するという点で，動詞と同様の働きをする。ADJI の下に置かれるのは，学校文法で言う形容詞の活用形（未然形，連用形，終止形，連体形，仮定形）または語幹の形である。これは形容詞的な活用をする述語拡張要素についても同じである。

本アノテーションでは，イ形容詞が単独で名詞を修飾する場合も，それが関係節（IP-REL）または空所なし名詞修飾節（IP-EMB）を投射するものとして扱う（4.1.3 および 4.1.4 節を参照のこと）。一方，イ形容詞の連用形が単独で，あるいは副詞を伴って述語を修飾する場合は，副詞句（ADVP）を投射すると分析する（3.2.3 節を参照のこと）。

イ形容詞のすべてが項を 1 つしか持たないわけではない。2 項述語となるイ形容詞もあり，2 つ目の項，つまり第一目的語（-OB1）は格助詞「が」「に」あるいは「と」によって表示される（3.1.2.1 節，3.1.2.3 節，3.1.2.4 節を参照のこと）。第一目的語を伴うものとしてアノテーションを受けている代表的なイ形容詞は以下の通りである。

(i)「が」による表示: ない／無い，欲しい，多い，楽しい，うれしい／嬉しい，恐い／怖い，恋しい，悲しい
(ii)「に」による表示: ない，ふさわしい，等しい
(iii)「と」による表示: 親しい

「に」による格表示を伴う第一目的語としてのアノテーションは，日本語記述文法研究会 (2009a) の分類による「基準明示型」の一部に限定されている。同書 p. 21 に挙げられている，「に」助詞句を伴う他の用例（の一部）を第一目的語として扱うという考え方もありうるが，現状ではこれらは任意文法役割を担う助詞句とされている。

第一目的語が格助詞「が」によって表示された文と二重主語文とは注意深く区別しなければならない。「が」で表示された項のうち片方のみを述語と組み合わせ，文脈を用いて適切な文の意味を得ることができるのであれば，その項は当該のイ形容詞の主語あるいは第一目的語である。例えば，「私がチョコレートがほしい」が成り立つ (真である) 文脈においては，「私がほしい」と「チョコレートがほしい」のどちらも適切である。この場合，「私が」は PP-SBJ，「チョコレートが」は PP-OB1 となる。

他方で，「象は鼻が長い」のような文は二重主語文であり，「象は」と「鼻

が」はそれぞれ PP-SBJ と PP-SBJ2 のタグを与えられる。その根拠は，「象が長い」という文が成り立つのは「象は鼻が長い」という文を念頭に置いた上でその省略が行われるという特殊な状況に限定され，通常は「象」は「長い」の主語として解釈できないからである。また，第一目的語を「が」で表示する用言は，数が限定されるのに対し，二重主語構文を構成する用言についての制限はほぼ存在しない。

以上に述べた，第一目的語を「が」で表示する文と二重主語文との区別についての説明は，ナ形容詞 (ADJN) についても当てはまる。また，二重主語文については，4.2.2 節を参照のこと。

3.3.5 ナ形容詞（ADJN）

本アノテーションで ADJN とされる語は，伝統文法で「形容動詞」，日本語学でしばしば「ナ形容詞」と呼ばれるものの他に，「タル・ト型活用の形容動詞」(「決然たる／と」「満々たる／と」「隆々たる／と」) および「文語形容動詞」(「速やかなる」「洋々たる」) を含む。これらを一括して，「ナ形容詞」と呼ぶことにする。ADJN の品詞タグを与えられるのは，いわゆる「語幹」の部分であり，それに続く「活用語尾」はコピュラ（AX）と分析されることに注意されたい。ナ形容詞／形容動詞の定義をめぐってはこれまで様々な議論があるが，後続するコピュラ「だ」の連体形が通常は「な」という独自の形式となること，また名詞句の主要部とならない等の点で名詞とは異なる働きをするという観察に基づき，用言に属する独立した品詞として認めるという多数派の意見に従う。

本アノテーションでは，イ形容詞の場合と同様に，ナ形容詞がコピュラ「だ」の連体形「な」あるいは「の」を後続させて名詞を修飾する場合は，それが関係節（IP-REL）または空所なし名詞修飾節（IP-EMB）を投射すると分析する（4.1.3 および 4.1.4 節を参照のこと）。ナ形容詞が単独で，あるいはコピュラ「だ」の連用形「に」あるいは「と」を伴って述語を修飾する場合は，副詞句（ADVP）を投射すると分析する（3.2.3 節を参照のこと）。

ナ形容詞にも 2 項述語となるものがあり，2 つ目の項は格助詞「が」「に」あるいは「と」によって表示される。2 つ目の項は，第一目的語 (-OB1) の拡張タグが与えられる（3.1.2.1 節，3.1.2.3 節，3.1.2.4 節を参照のこと）。

「が」表示の第一目的語を伴うというアノテーションを施されている代

表的なナ形容詞には，以下のものがある。

必要，可能，不可欠，好き，いや／嫌／厭，心配，嫌い，困難，楽しみ，上手，得意

イ形容詞と同様に，「に」や「と」が格表示する第一目的語を想定できるナ形容詞もあるが，現状ではそれらの多くは任意文法役割を表すただの助詞句として扱われている。

本アノテーションではナ形容詞が「の」を伴っていても，(i)「別の食べ物／別な食べ物」や「特別の措置／特別な措置」のように，意味を変えることなく「な」への置き換えが可能な場合，(ii)「普通の」や「大粒の」のように，「な」との置き換えがなくとも属性叙述を行っていると認められる場合には，ナ形容詞とコピュラ「だ」の連体形と見なす。これに対し，「元気の源」の「元気の」は，「元気な子供」と違って属性叙述を行っているわけではないので，名詞（N）と格助詞（P-ROLE）に分析される。

3.3.6 句や節が述語となる場合（-PRD）

名詞句（NP）がコピュラ（AX）を伴って述語となっている場合は，NP に拡張タグ -PRD を付加する。例えば，「（彼は）裏切り者だ」は次のように分析される。

(3.102) (NP-PRD (N 裏切り者)) (AX だ)

なお，コピュラは統語論的制約等によって省略されることもある。そのような場合でも，意味的な条件が充たされると認められるのであれば，述語名詞句として節を投射していると分析する（3.3.7.2 節を参照）。

名詞句のみならず，副詞句（ADVP）や助詞句（PP）もコピュラを伴って述語となることがある。この場合も，句のタグに対して拡張タグ -PRD が付加される。

(3.103) (ADVP-PRD (ADV そう)) (AX です)

助詞句が述語として用いられる典型的な例は擬似分裂文である。例えば，「（昨日来たのは）田中くんだけです」は次のように分析される。

(3.104) (PP-PRD (NP (NPR 田中くん)) (P-OPTR だけ)) (AX です)

副詞節（IP-ADV）がコピュラを伴って IP-ADV-PRD とタグ付けされたり，また少数ではあるが補部節（CP-THT）や疑問節（CP-QUE）がそれぞれ CP-THT-PRD, CP-QUE-PRD となった例もコーパスに見い出される。

(3.105)　重要なのはこれらのシンボルが何を意味しているかです

(69_spokentrans_ted1)

3.3.7 コピュラ（AX）

コピュラはナ形容詞（ADJN）や述語句（-PRD）に後続して述語の中核となる他，モーダル要素（3.3.11 節）の一部や，形式名詞（3.3.12 節）に後続することもある。コピュラは独自の活用形を持ち，方言形も含めるとその形式は多様である。また，ある特定の環境ではナ形容詞や述語句の後にコピュラがあらわれないこともある。以下，3.3.7.1 節でコピュラの形式について，3.3.7.2 節で特定の統語的環境においてコピュラがあらわれない場合のアノテーションについて説明する。

3.3.7.1 コピュラの形式

コピュラには AX という品詞タグが与えられる（この品詞タグは 3.3.10 で見る助動詞と同じである）。方言形を含めたコピュラをその活用形も合わせて以下に示す。なお，学校文法で言う「だ」の未然形「だろ」と助動詞「う」は，「だろう」とひとまとまりにし，モーダル要素（MD）の一つに分類される。「です」に対する「でしょう」，「である」に対する「であろう」も同様である（3.3.11 節を参照のこと）。また，学校文法における「だ」の仮定形「なら」は本アノテーションでは副詞節を導入する接続助詞（P-CONN）として扱われる（3.1.3 節を参照のこと）。

- だ，だっ（未然形），で／に／と（連用形），な／の（連体形）
- です，でし（未然形）
- なる，なら（未然形），なり（連用形）
- たる，たら（未然形），たり（連用形）
- や（やっ，やん），じゃ，だんし

コピュラ「だ」の複合形式「である」は，「で」（「だ」の連用形）と「ある」（補助動詞（VB2））に分解される。「でない」も「で」と「ない」に分解される。「でいる」「でござる」「でいらっしゃる」も同様である。

(3.106) (ADJN 簡単) (AX だ)
(ADJN 簡単) (AX で) (VB2 ある)
(ADJN 簡単) (AX で) (P-OPTR も) (VB2 ある)
(ADJN 簡単) (AX で) (NEG ない)
(ADJN 簡単) (AX で) (P-OPTR は) (NEG ない)

「だ」の連用形「で」は，コピュラの複合形式を作る他，単独で副詞節の終末部にあらわれる。このような「で」は「であって」や「であり」と置き換えが可能である。

(3.107)
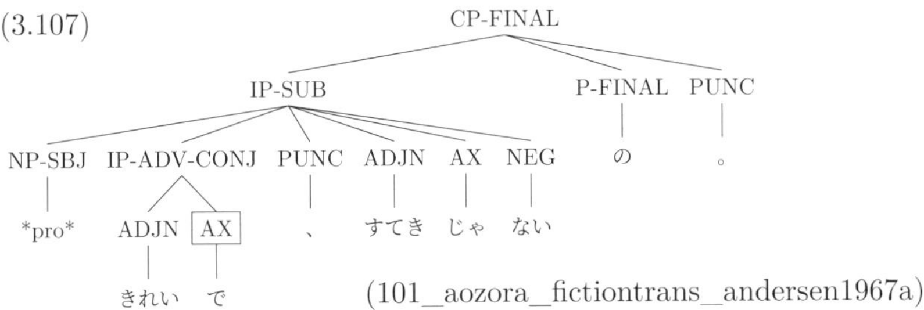

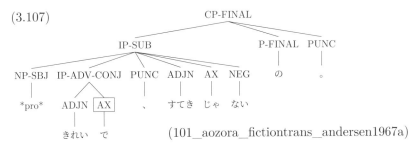

(101_aozora_fictiontrans_andersen1967a)

「だ」の連用形としては，「で」以外にも「に」と「と」を認めている。どちらも副詞句を投射するナ形容詞の後にあらわれる（3.2.3 節を参照のこと）。また，「に」も「と」も小節（IP-SMC）や副詞節（IP-ADV）の中でナ形容詞や述語句（-PRD）の後にあらわれる。

(3.108)
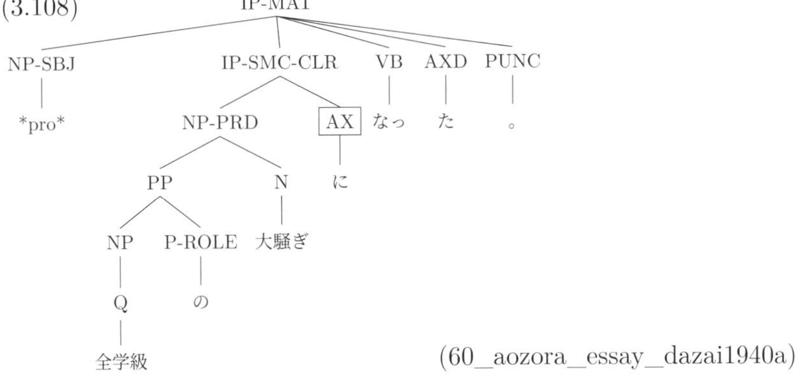

(60_aozora_essay_dazai1940a)

「だ」の連体形として，「な」と「の」を認めている。このうち，名詞修飾節にあらわれた「の」をコピュラ「だ」の連体形と見なすための大まかな原則は，「である」との置き換えが可能か否かというものである。この原則により，下の例の「弁護士」は述語名詞句 (NP-PRD) と認められ，修飾句全体は関係節 (IP-REL) を構成している。

(3.109)

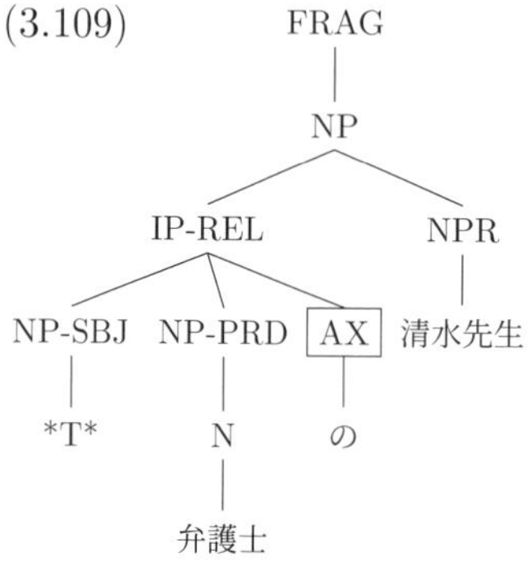

(749_x_textbook_particles)

「で」「に」「と」「の」は共に曖昧な語形であり，特に助詞としての用法とコピュラの活用形としてのそれとの判別が難しいことが少なくない。このような判別の手掛かりについては 3.4 節を参照のこと。

3.3.7.2 コピュラを補う場合

ナ形容詞や述語句の後に規則的にコピュラがあらわれないと考えられる統語的な環境がある。このような場合はゼロ形式のコピュラ (AX *) を挿入する。以下に代表的な例を示す。

- いわゆる「体言止め」の場合

(3.110)

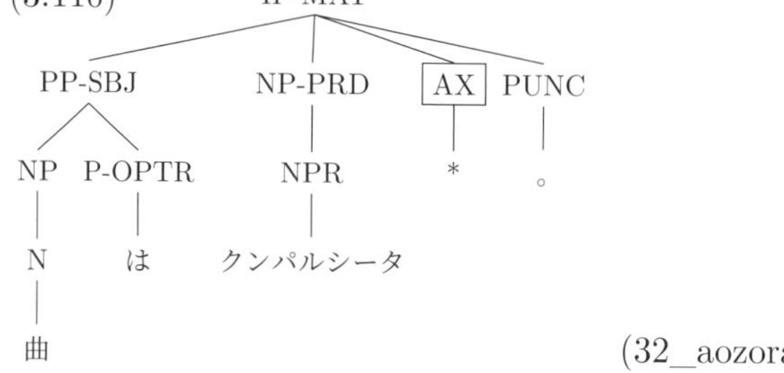

(32_aozora_fiction_oda1976a)

- 終助詞 (P-FINAL)「か」「かな」「かしら」「かどうか」「ね」「よ」「さ」

「とも」等の前

(3.111) 著作権とは何（AX *）か
(10_academic_ashidate2014)

- 接続助詞（P-CONN）「なら」「ながら」「だけに」「といっても」等の前

(3.112) どうせ年上（AX *）ならいっそ……」
(180_aozora_fiction_oda1976a)

- モーダル要素（MD）「だろう・でしょう・であろう」「かもしれない」「かもしれません」「らしい」の前

(3.113) 札は十円札（AX *）らしい。
(509_aozora_fiction_natsume1908)

体言止めの場合を除いて，以上の例では「だ」はあらわれないが，丁寧形の「です」や複合形式の「である」が出現可能なことが多い。

同じような環境で「だ」はあらわれず「です」や「である」はあらわれるという現象が，いわゆる「ノダ文」のような，形式名詞が述語構成要素となる構文でも観察される（例えば「罰があたったのさ」）。しかし，この場合はゼロ形式のコピュラを挿入することはしない（形式名詞については3.3.12 節を参照のこと）。

3.3.8 テンス標識（AXD）

過去テンスおよび完了アスペクトを表す「た／だ」は AXD（テンス標識）とタグ付けされる。古語の「き」「し」「たり」「り」も同様である。

(3.114) (VB 行っ) (AXD た)
(ADJI 楽しかっ) (AXD た)
(ADJN 簡単) (AX だっ) (AXD た)

「た／だ」には，テンス・アスペクト的意味を表示するのでなく，状態性を表す用法がある。これについては，3.3.10 節を参照のこと。

3.3.9 否定辞（NEG）

述語の打消しや禁止の発話行為を表す語を否定辞（NEG）とタグ付けする。これには，以下のような語がある。

ない，ず，ずに，ぬ／ん／ね，ざる，まい，なかれ，な

(3.115) (VB 行か) (NEG ない)
(VB 行く) (NEG まい)
(VB 行か) (NEG なかっ) (AXD た)
(ADJI 楽しく) (NEG ない)

これとは別に，存在動詞「ある」に対応して非存在を表す「ない」はイ形容詞（ADJI）として扱われるので注意が必要である。

3.3.10 助動詞（AX）

本アノテーションでは以下のような語を助動詞と呼び，AX とタグ付けしている。なお，コピュラとその活用形に対しても AX のタグを与えることを 3.3.7 で述べた。

- 動詞連用形に後続し，イ形容詞型の活用形を持つ接尾辞：たい，がたい，やすい，にくい

(3.116) (VB 食べ) (AX たい)
(VB 食べ) (AX たかっ) (AXD た)
(VB 食べ) (AX たく) (NEG なかっ) (AXD た)

イ形容詞型の活用形を持つ派生接尾辞の中でも，「づらい」については，先行する動詞と合わせて単一の形容詞（ADJI）として扱われる（例：「食べづらい」「付き合いづらい」等）。

- 動詞連用形に後続し，ナ形容詞と同じ働きをする接尾辞：がち，（っ）ぱなし

(3.117) (VB 思い) (AX がち) (AX だ)

- 動詞連用形に後続し，丁寧形を作る接尾辞：ます

(3.118) (VB 食べ) (AX ます)
(VB 食べ) (AX まし) (AXD た)
(VB 食べ) (AX ませ) (NEG ん)
(VB 食べ) (AX ませ) (NEG ん) (AX でし) (AXD た)

- 動詞未然形に後続し，意志・推量を表す接尾辞：う／よう，む／ん

(3.119) (VB 食べ) (AX よう)
(VB 食べ) (AX ましょ) (AX う)
(VB 言わ) (AX ん)

- 動詞連用形，イ形容詞（語幹），およびナ形容詞に後続し，推測を表す接尾辞：そう

(3.120) (VB 降り) (AX そう) (AX だ)
(ADJI 寒) (AX そう) (AX だ)
(ADJN 幸福) (AX そう) (AX だ)

- イ形容詞（語幹）またはナ形容詞に後続し，動詞型の活用形を持つ接尾辞：がる

(3.121) (ADJI 怖) (AX がる)
(VB 食べ) (AX た) (AX がっ) (AX た)
(ADJN 得意) (AX がら) (NEG ない)

- 比況・例示を表す助動詞：ごとし（ごとく・ごとき）

(3.122) (NP-PRD (N 夢)) (AX の) (AX ごとし)

- テンス・アスペクトを表示せず，状態性を表す：た／だ

「た／だ」は名詞修飾を行う際に，過去や完了でなく状態の意味を持ち，形容詞に近い役割を果たすことがある。その場合には，AXD でなく，AX とタグ付けされる。この用法は，名詞修飾構造を文の形に言い換えた時に，「動詞＋た」を終止形にすると不自然な文あるいは異なる状況を表す文になるが，「た」を「ている」に置き換えると自然な文になるという特徴を持

つ。例えば，「折れ曲がった道」を「道が折れ曲がっている」と言い換えることはできるが，「道が折れ曲がった」は不自然である。このような場合，テンス標識（AXD）とは区別して，「た／だ」を助動詞（AX）としてタグ付けする。以下に若干の代表的な例を挙げる。

落ち着いた，限られた，かぶった，かわいた，湿った，すぐれた，洗練された，たたえた，包まれた，つるした，ねじれた，ばかげた，伏せた，ふとった，平然とした，面した，やせた，汚れた

3.3.11 モーダル要素（MD，ADJI-MD，ADJN-MD）

モーダル要素は，文のモダリティを指定する語に与えられるカテゴリーであり，MD, ADJI-MD, または ADJN-MD とタグ付けされる。この中には，学校文法的観点では分割して扱われる連語をひとまとまりにしたものが含まれるが，いわゆる「文法化」の結果，全体で一つの意味を表すと認められるものはこのカテゴリーに入れる。他方，形態的・統語的なバリエーションがあったり，元の語の機能や意味（例えば，否定）が生きている場合には，語へと分割してそれらの組み合わせによる説明を図る。

MD とタグ付けされる要素の大部分は動詞あるいは形容詞の終止形あるいはテンス標識（AXD）の「た／だ」に接続する。

だろう・でしょう・であろう，かもしれない，かもしれません，らしい（推定），べき，みたい，よう（推量），そう（伝聞）

(3.123) (ADJI 楽しい) (MD だろう)
(VB 来る) (MD かもしれない)
(VB 来) (AXD た) (MD かもしれない)
(VB 来る) (MD かもしれなかっ) (AXD た)
(VB 来る) (MD よう) (AX だ)
(VB 来る) (MD そう) (AX だ)

モーダル要素の中には，助動詞（AX）とタグ付けされる要素と同形のものがいくつかある。これらは，先行する要素の活用形によって判別が可能である。例えば，モーダル要素とされる「そう」（伝聞）は終止形やテンス標識（AXD）「た／た」の後にあらわれるのに対し，助動詞とされる「そう」

（推測）は連用形の後にあらわれる。「よう」（推量）と助動詞の「う／よう」（意思・推量）も同様である（「よう」の様々な用法の区別については，4.5 節を参照のこと）。

「に違いない」は「に」と「違いない」に分割し，前者を格助詞（P-ROLE），後者を MD とタグ付けする。

(3.124)　(VB 来る) (P-ROLE に) (MD 違いない)
　　　　(ADJI 難しい) (P-ROLE に) (MD 違いなかっ) (AXD た)

3.3.7.2 節で述べたように，以上のモーダル要素の前にナ形容詞や述語句がコピュラなしであらわれた場合には，ゼロ形式のコピュラ（AX *）を補う。

ADJI-MD は，モダリティに関わる 2 種類の連語にあらわれるイ形容詞に与えられる。その一つは，許可または望ましさを表す「〜て（も）いい／よい」「〜たらいい／よい」「〜ばいい／よい」「〜といい／よい」「〜がいい／よい」の中の「いい・よい」である。「て／で」「たら」「ば」「と」は接続助詞（P-CONN）と，「が」は格助詞（P-ROLE）とタグ付けされる。

(3.125)　(VB 休ん) (P-CONN で) (P-OPTR も) (ADJI-MD いい)
　　　　(VB 来) (NEG なけれ) (P-CONN ば) (ADJI-MD よかっ) (AXD た)
　　　　(VB 眠る) (P-ROLE が) (ADJI-MD いい)

もう一つは，不必要を表す連語「〜までもない」の中の「ない」である。「までも」はとりたて助詞（P-OPTR）とタグ付けされる。

(3.126)　(VB 言う) (P-OPTR までも) (ADJI-MD ない)

ADJN-MD は，許可または禁止を表す「〜て結構（だ）」「〜ては駄目（だ）」「〜て大丈夫（だ）」等の中のナ形容詞「結構」「駄目」「大丈夫」に与えられる。

(3.127)　(VB 見) (P-CONN て) (P-OPTR は) (ADJN-MD 駄目) (AX だ)

モダリティを表す表現のすべてに MD というタグが与えられるとは限らない。例えば，「〜なければならない」や「〜てはならない」における「なる」は補助動詞（VB2）とタグ付けされる（3.3.13 節を参照のこと）。また，

「はず」もモダリティと関係する表現を作る語であるが，形式名詞（FN）として扱われる（3.3.12 節を参照のこと）。

3.3.12 形式名詞（FN）

本アノテーションで形式名詞（FN）とするのは，「〜のだ」「〜わけだ」のように，コピュラ（AX）を伴って節の終末部にあらわれ，情報構造やモダリティ等，様々な意味を表す構文を作る名詞である。現代日本語では，これらの形式名詞が用いられた構文のほとんどで，主語における「が・の交替」が許されない。たとえ FN と同一の形式の名詞であっても，他の用法であらわれた場合には N としてタグ付けされる。

形式名詞のうち最も頻出するのは，叙述の内容を文脈中の既知の事付と関連付ける働きをする「の」である。形式名詞「の」の前にあらわれるコピュラ「だ」の連体形はナ形容詞だけでなく述語句でも「な」である。述語句に続く「だ」の連体形が「な」になるという現象は，「の」以外の形式名詞のほとんどに見られる。

(3.128) (VB 来る) (FN の) (AX だ)
(VB 来る) (FN の) (AX だっ) (AXD た)
(VB 来) (AXD た) (FN の) (AX だ)
(ADJN 幸福) (AX な) (FN の) (AX だ)
(NP-PRD (N 子供)) (AX な) (FN の) (AX だ)

(3.129)
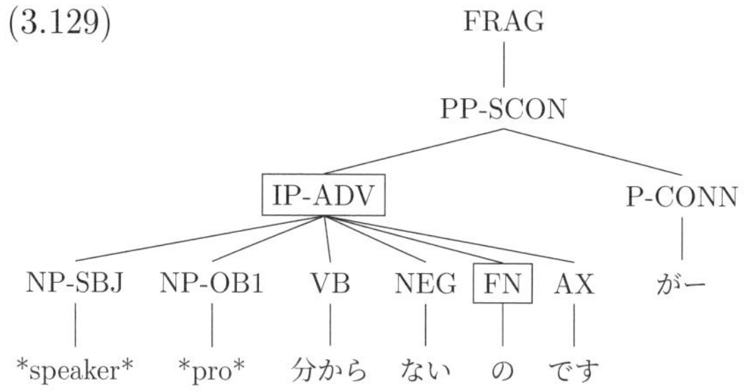

(12_spoken_jf2)

「の」の他に，以下の名詞を形式名詞として扱う。

はず（見込み），ところ（展望，完了，仮定），つもり（意図），わけ

（根拠，結論），もの（習慣，不可避性），一方（傾向，趨勢），こと（「ことか」で程度の甚だしさ）

3.3.13 補助動詞（VB2）

補助動詞（VB2）の多くは，統語的複合動詞（影山 1993）の後部要素すなわち，動詞連用形に後続する二次的な動詞か，あるいはいわゆるテ形動詞に後続する二次的動詞である（ここでの動詞とは，動詞的な活用形を持つ述語拡張要素を含む）。その他にも，モダリティを表す「文法化」した連語の中にあらわれる動詞を補助動詞に分類することがある。

補助動詞とする統語的複合動詞の後部要素には次のようなものがある。前部要素となるのは基本的には動詞（連用形）だが，「すぎる」はイ形容詞（語幹）やナ形容詞を前部要素とすることがある。

- アスペクトを表すもの
  始める，出す，かける，続ける，終える，終わる，止む，あげる
- 可能性を表すもの
  かねる，える，ぬく，そこなう，おおせる
- 程度を表すもの
  すぎる，つくす，はてる，きる，たりる
- 方向を表すもの
  こむ，回る，去る
- その他
  忘れる，間違える，直す，合う，慣れる，なさる，やがる

(3.130) （VB 消え）（VB2 始める）
（VB 置き）（VB2 なさい）
（ADJN 元気）（VB2 すぎる）

動詞連用形に後続する，可能・尊敬・自発を表す「れる／られる」，使役を表す「せる／させる」も補助動詞とする。

(3.131) （VB 来）（VB2 られる）
（VB 走ら）（VB2 せる）

テ形動詞に後続する補助動詞には，次のようなものがある。テ形動詞を

作る「て／で」は接続助詞（P-CONN）とタグ付けされる。

- いる，ある，おく，しまう，みる，みせる，あげる，やる，さしあげる，くれる，くださる，行く，来る，いらっしゃる，参る，お出で，ご覧，ちょうだい，やがる

(3.132) (VB 考え) (P-CONN て) (VB2 いる)
(VB 考え) (P-CONN て) (P-OPTR も) (VB2 い) (NEG ない)

尊敬語の形式として，接頭辞「お」または「ご（御)」を伴った動詞連用形に「に」が後続し，さらに「なる」が続く場合，「なる」を補助動詞とする。「に」はコピュラ（AX）「だ」の連用形と見なす。

(3.133) (VB お書き) (AX に) (VB2 なる)
(VB お書き) (AX に) (P-OPTR も) (VB2 なら) (NEG ない)

コピュラ（AX）の複合形式「である」における「ある」および，イ形容詞の連用形に続く「ある」も補助動詞とする。

(3.134) (ADJN 正確) (AX で) (VB2 ある)
(ADJI よく) (VB2 あり) (AX ませ) (NEG ん)
(ADJI よく) (P-OPTR は) (VB2 あり) (AX ませ) (NEG ん)

以下の連語的な表現にあらわれる動詞も補助動詞とする。

- 義務的なモダリティを表す「〜なければならない」「〜なければいけない」における「なる」「いく」

(3.135) (VB 食べ) (NEG なけれ) (P-CONN ば) (VB2 なら) (NEG ない)
(VB 食べ) (NEG なけれ) (P-CONN ば) (VB2 いけ) (NEG ない)

- 禁止を表す「〜てはならない」「〜てはいけない」における「なる」「いく」

(3.136) (VB 食べ) (P-CONN て) (P-OPTR は) (VB2 なら) (NEG ない)
(VB 食べ) (P-CONN て) (P-OPTR は) (VB2 いけ) (NEG ない)

- 「〜わけに（は）いかない」における「いく」

(3.137)　(VB 断 る) (FN わ け) (P-ROLE に) (P-OPTR は) (VB2 い か) (NEG ない)

- 「〜といけない」における「いく」

(3.138)　(VB 壊れる) (P-CONN と) (VB2 いけ) (NEG ない)

- 「〜たりする」における「する」

(3.139)　(VB 思っ) (P-CONN たり) (VB2 する)

- 「〜などする」「〜とかする」における「する」

(3.140)　(VB メモ) (VB0 する) (P-OPTR など) (VB2 し) (VB2 なさい)

- 「〜んとする」における「する」

(3.141)　(VB 言わ) (AX ん) (P-COMP と) (VB2 する)

- 「〜もする」「〜はする」「〜さえする」「〜でもする」における「する」

(3.142)　(VB 叱り) (P-OPTR も) (VB2 する)
(VB 分かり) (P-OPTR は) (VB2 し) (NEG ない)

- 「〜ざるを得ない」における「得る」

(3.143)　(VB 買わ) (NEG ざる) (P-ROLE を) (VB2 得) (NEG ない)

- 副詞節末の「なくして」および「〜ずして」における「する」

(3.144)　(ADJI なく) (VB2 し) (P-CONN て)
(VB 経) (NEG ず) (VB2 し) (P-CONN て)

- ナ形容詞に続く「でならない」とイ形容詞連用形に続く「てならない」における「なる」

(3.145)　(ADJN 心配) (AX で) (VB2 なら) (NEG ない)
(ADJI 恐ろしく) (P-CONN て) (VB2 なら) (NEG ない)

「ありがとう」や「おめでとう」はイ形容詞「ありがたい」「おめでたい」の活用形の一つとして ADJI とタグ付けされる。これに続く「ございます」「存じます」は次のように分析される。

(3.146) (ADJI ありがとう) (VB2 ござい) (AX ます)
(ADJI おめでとう) (VB2 存じ) (AX ます)

3.3.14 受動補助動詞 (PASS, PASS2)

動詞連用形に続く補助動詞のうち，受動を表す「れる／られる」は直接受動の場合は PASS と，間接受動の場合は PASS2 とタグ付けされる (受動文のアノテーションについては，4.2.3 節を参照のこと)。「れる／られる」が可能・尊敬・自発を表す場合は補助動詞 (VB2) とタグ付けされることに注意されたい。

3.4 曖昧な語形 (1)「に」「と」「の」「で」

機能語には同一の語形で複数の用法を持つものが少なくない。それらのうち，特に検索の際に迷いやすいものについて，本節および 4.4, 4.5 節で曖昧性解消のための手掛かりを与えることにする。ここでは「に」「と」「の」「で」を取り上げる。

3.4.1 に

「に」には格助詞 (P-ROLE)，接続助詞 (P-CONN) およびコピュラ (AX) の連用形としての用法がある。

格助詞としては，必須文法役割と任意文法役割の両方を表示することができる。前者については 3.1.2.3 節を参照のこと。ここでは要点のみを記す。

i. 所有，能力・知覚，必要，感情を表す動詞またはイ／ナ形容詞の主語を表示する。
ii. 2 項述語における第一目的語として，具体的な動作，認知，比較や適切さを含む判断の対象を表示する。
iii. 授受動詞等の 3 項述語の第二目的語を表示する。
iv. 「てもらう」構文や「てほしい」構文における派生第一目的語を表示

する。

v. 受動文の論理的主語を表示する。
vi. 使役文の被使役者を表示する。
vii. 動詞「する」「なる」の補語を表示する。

これに対し，任意文法役割としては以下の用法がある。

i. 時間
ii. 非動作的動詞に対する空間位置
iii. 移動動詞の着点（Goal）
iv.「つかまる」,「見つかる」,「教わる」,「弱る」等の非対格動詞における降格された動作主（Agent）
v.「満ちる」,「あふれる」,「まみれる」等の動作の参与者

移動の目的を表す句は，名詞句または名詞化節（IP-NMZ）を補部として，格助詞「に」が PP-PRP を投射しているものとして分析する（3.1.2.3 節および 4.1.5 節を参照のこと）。

接続助詞（P-CONN）としての「に」は，句の並列構造を形作るか，あるいは副詞節を補部としてとって助詞句を投射する（3.1.3 節を参照のこと）。

コピュラとして分析される場合には,「に」が副詞句（ADVP）を投射するのと小節（IP-SMC）を構成する場合の 2 通りがある。

第一の場合は，ナ形容詞（ADJN）の活用語尾としての「に」が副詞句（ADVP）を投射するものである。3.2.3 節を参照のこと。

また，小節（IP-SMC）における「に」も AX として分析される。これは，ナ形容詞（ADJN）等の活用語尾の場合はもちろんだが，名詞句（NP）に「に」が後接される場合でも，小節として認定される場合には常に名詞句は述語名詞句（NP-PRD）と,「に」はコピュラ（AX）と分析される。「する」や「なる」の補部となる IP-SMC にあらわれる「に」も AX と分析される。上と同じく，名詞句に後接する「に」も AX となる（4.1.6 節を参照のこと）。

「ご褒美に」,「担保に」,「しるしに」等の表現は，現状では格助詞（P-ROLE）としている。「〜に変わる」のように結果を表す語句は IP-SMC として分析し,「に」をコピュラとする考えがありうる。しかし，現状では名詞句プラス格助詞と解析している。ただし，直前の語がナ形容詞（ADJN）であれば

コピュラ（AX）である。

3.4.2 と

「と」にも，助詞—接続助詞（P-CONN），格助詞（P-ROLE），および補文助詞（P-COMP）—としての用法とコピュラ（AX）としての用法とがある。

接続助詞（P-CONN）として，「と」は名詞句の等位接続を行う。その構成については，3.2.4 節を参照のこと。また，副詞節（IP-ADV）に後接して，PP-SCON(-CND) を投射することができる（4.1.7 節を参照のこと）。

格助詞（P-ROLE）としての用法のうち，主要文法役割を表示するものとしては，第一に，相互動作を表す動詞や対称的関係を表す動詞およびイ／ナ形容詞の第一目的語（-OB1）を表示し，動作や関係の相手を表す。また，相互的な動作を表す三項動詞の第二目的語（-OB2）を表示する。また，動詞「なる」および「する」の変化の結果を表す項を表示し，しかもそれが述語とは認められない場合，助詞句 PP-CMPL を投射する格助詞（P-ROLE）として解析される（3.1.2.4 節を参照のこと）。さらに，任意役割の表示としては，共通で行う動作のパートナーを表示する（例えば，「友達と食事する」）。

3.2.3 節で述べたように，「と」を伴わずに単独で出現可能な副詞（ADV）に後接する「と」はコピュラ（AX）とする。これに対して，「と」のない形で使われることのできないものは全体で 1 語の副詞とする。

補文助詞（P-COMP）としては，思考，感覚，あるいは伝達を表す動詞の補部節を表示する（4.1.12 節を参照のこと）。

ADJN に属する語の一部で，伝統文法で「タル・ト型形容動詞」と呼ばれるものは，「と」を伴って副詞的な働きをする。この場合，「と」はコピュラとして，全体は副詞句として分析される。例えば，「公然と」は (ADVP (ADJN 公然) (AX と)) とタグ付けされる。ただし，普通名詞に後接する「と」は格助詞（P-ROLE）とされる（例えば，「順風満帆と行かない」）。

コピュラ（AX）としての「と」は，「に」と同様に，「する」や「なる」の補部である小節（IP-SMC）（下の例文では「諂（へつらい）と」）の内部にもあらわれる。

(3.147) 礼に過ぐれば諂（へつらい）となる。

(134_wikipedia_datemasamune)

ナ形容詞（ADJN）や述語名詞句（NP-PRD）と「と」の間にコピュラ「だ／である」を補っても意味が変わらない場合，そのような「と」は CP-THT を投射する補文助詞（P-COMP）であり，コピュラではないことに注意する必要がある（例えば，「当然と思う」）。

3.4.3 の

「の」には，格助詞（P-ROLE），名詞（N），形式名詞（FN）およびコピュラ（AX）としての用法がある。

格助詞（P-ROLE）としての「の」は，モノや事柄を意味する 2 つの名詞の間の名詞修飾関係を表示するか，あるいは動作名詞の補部を表示するか，または関係節内部の主語を表示する（詳しくは，3.1.2.5 節を参照のこと）。最初の用法は，典型的には，所有者／所有物，全体／部分，集合／メンバーの関係や属性を表す（例：日本語の本）。

二番目の用法は動作に関連する名詞について，その必須／任意文法役割を表示するものである。項が「が」，「を」，「に」に対応する場合を除けば，「格助詞 + の」の形式となる（例：仙台への出張，中国からの留学生）。

最後の関係節の主語の表示については，3.1.2.5 節を参照のこと。

「の」はまた名詞（N）として関係節や空所なし名詞修飾節（IP-EMB）を伴って名詞句（NP）を投射し，文の中で様々な機能を果たす。伝統文法ではこの働きをする「の」は形式名詞とするものが多いが，本アノテーションでは名詞（N）として，後で説明する形式名詞（FN）とは区別する。

(3.148) 私が大学に入学したのは一九七〇年でした。

(6_excerpt_nonfic_satou2005)

文末で使用される「のだ」の「の」は形式名詞（FN）としてラベル付けされ，コピュラ（AX）とともに節ノードの直下に置かれる。

(3.149) 分からないのですが—— (2_spoken_jf2)

「の」にはまた，コピュラ（AX）の連体形としての用法もある。ナ形容詞（ADJN）の中には「の」を連体形とするものがある（例：同様の，別の）。さらに，「の」が名詞句に付加される場合であっても，述語名詞句として使用されていると認められるものは「の」をコピュラ（AX）とし，修飾句全体は IP-REL または IP-EMB とされる。

本アノテーションにおける原則として，「NP1 の N2」を「 N2 は NP1 である」や「NP1 である N2」と言い換えることができるか，あるいは NP1 と N2 とが同格関係にある時は「の」をコピュラと見なし，AX とラベル付けする（3.3.7.1 節を参照のこと）。

3.4.4 で

機能語としての「で」は，第一に接続助詞（P-CONN）「て」の異形態と，格助詞（P-ROLE）またはコピュラ（AX）連用形としての「で」とに二分される。

前者は「泳ぐ」，「読む」等，語幹が -b, -g, -m, または -n で終わる五段動詞の音便連用形に接続助詞（P-CONN）「て」が後接する場合の異形態であり，「て」と全く同一の機能を果たす。主として，IP-ADV を主要部として投射するか，あるいは述語の構成素として補助動詞（VB2）を後続させる形で用いられる。

後者のうち，格助詞（P-ROLE）は名詞句を補部としてとり，投射する助詞句は任意文法役割を表す。コピュラ（AX）は述語名詞句（NP-PRD），ナ形容詞（ADJN），助動詞（AX），モーダル要素（MD）等に後接して述語を構成する。

任意文法役割を表示する格助詞（P-ROLE）としての用法は複数あり，それらのうち代表的なものを以下に挙げる（3.1.2.6 節を参照のこと）。これらを個々に拡張タグを付与して区別することはしない。PP への拡張タグの付与による任意文法役割の区別については 2.7 節を参照のこと。

(i) 場所や機会
(ii) 尺度の中での位置，例：18 歳で家督を相続する，後で返事する
(iii) 道具，原因，または理由
(iv) 材料

コピュラ（AX）連用形の「で」は IP-ADV を投射する位置にあらわれ，述語名詞句（NP-PRD），ナ形容詞（ADJN），助動詞（AX），モーダル要素（MD），または形式名詞（FN）に後接する。3.3.7.1 節を参照のこと。

第 4 章

複雑な構文

前章では基本的な文のアノテーションについて解説を行った。本章ではより複雑な構文のアノテーションを取り上げる。まず，4.1 節において節（clause）の分類と各々の節について述べる。次に，4.2 節において 4.1 節で扱いきれない多様な構文について述べる。さらに 4.3 節で，話し言葉に特有の様々な表現の取り扱いについて説明する。最後に 4.4 節において曖昧な動詞「れる／られる」形の，また 4.5 節において「よう」の多様な用法の区別について解説する。

4.1 節

4.1.1 はじめに

本コーパスでは，節を大きく IP 節と CP 節に分類する。IP 節は述語によって投射され，項，様々な助詞句，副詞句，および従属節を支配する節である。以下のように下位分類され，必ず固有の拡張タグを付与されるが，さらにその後に機能的分類に即した拡張タグが付与されることがある。

> 主節（IP-MAT），準主節（IP-SUB），関係節（IP-REL），空所なし名詞修飾節（IP-EMB），名詞化節（IP-NMZ），小節（IP-SMC），副詞節（IP-ADV）

CP 節は，終助詞を伴う文，および様々な発話行為を表す文や，伝達・認識動詞の内容を表すために設定された節である。以下のように下位分類され，IP 節と同様に固有の拡張タグを付与される。また，その後にさらに機能的分類に即した拡張タグが付与されることがある。

> 終助詞節（CP-FINAL），命令節（CP-IMP），感嘆節（CP-EXL），疑問節（CP-QUE），補部節（CP-THT）

1個の句あるいは複数の句の連なりが，全体で1つのIP節を構成しない場合，それを断片（FRAG）としてタグ付けする。断片（FRAG）は，CP節の下に置かれることもある。

以下，4.1.2〜4.1.12節において，上記のIP節とCP節のそれぞれについて説明する。次に4.1.13節では従属的な副詞節等に生じるコントロール現象のアノテーションについて，4.1.14節では等位節（並列された副詞節）およびその際に生じるATB抽出のアノテーションについて説明する。

4.1.2 主節（IP-MAT）と準主節（IP-SUB）

主節（IP-MAT）は，1つの文に対応する最上位レベルの節であり，他のIP節やCP節によって直接支配されることはなく，また等位接続することもない。ただし，発話動詞や認識動詞の伴う「引用句」が複数の文から成る場合は，次ページの(4.1)に見るように，主節（IP-MAT）やCP節をまとめてmulti-sentenceとし，補部節（CP-THT）の下に置く。

準主節（IP-SUB）は，主節（IP-MAT）と同様に，他のIP節によって直接支配されることのない節であるが，CP節のアノテーションのために用いられる（4.1.8〜4.1.12節を参照のこと）。

4.1.3 関係節（IP-REL）

本コーパスでは，被修飾名詞（主名詞）が修飾節において何らかの文法役割を果たしている時，その修飾節を関係節と見なす。この中には寺村(1977)の分類による「内の関係」の関係節が含まれる他，イ形容詞やナ形容詞による名詞修飾の多くも関係節による名詞修飾として分析される。形容詞による名詞修飾は，それが単独の形容詞によるものから，副詞句や項を伴う修飾に至るまで，節としての独立性（陳述度）の度合いに段階差の認められることが指摘されている（寺村1984)。しかし，客観的な根拠に基づいてこのような差異をアノテーションに反映させるのは非常に難しく，形容詞による名詞修飾を統一的に扱い，恣意性を避けるのがより適切である。結果として，本コーパスにおける関係節（IP-REL）は単独の形容詞による修飾を含む，広範な名詞修飾機能を指すラベルとなっている。便宜上ここでは「関係節」と呼んでいるが，むしろ「連体句」「連体節」の両者を包摂する概念と考えるのが適切である。

(4.1)

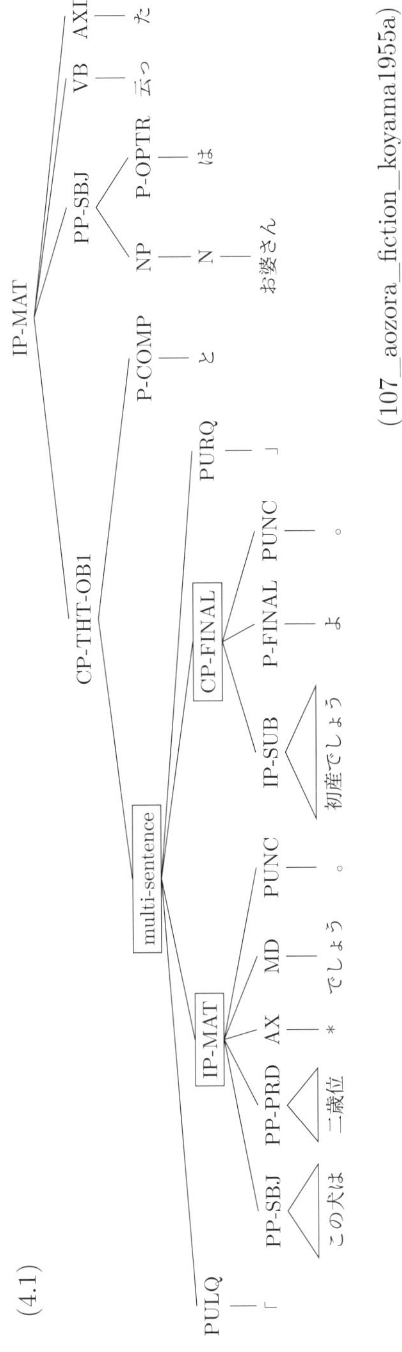

(107_aozora_fiction_koyama1955a)

関係節（IP-REL）のアノテーションでは，トレース（*T*）が，原則として関係節の先頭に置かれる。その上で，関係節の述語に対して主名詞が持つ文法役割（主要文法役割と任意文法役割の両方を含む）が拡張タグとして，多くの場合トレースを支配する名詞句（NP）のタグに付与される。次の (4.2) と (4.3) は拡張タグ -SBJ（主語）が，(4.4) は -OB1（第一目的語）が，(4.5) は -OB2（第二目的語）が付与された例である。

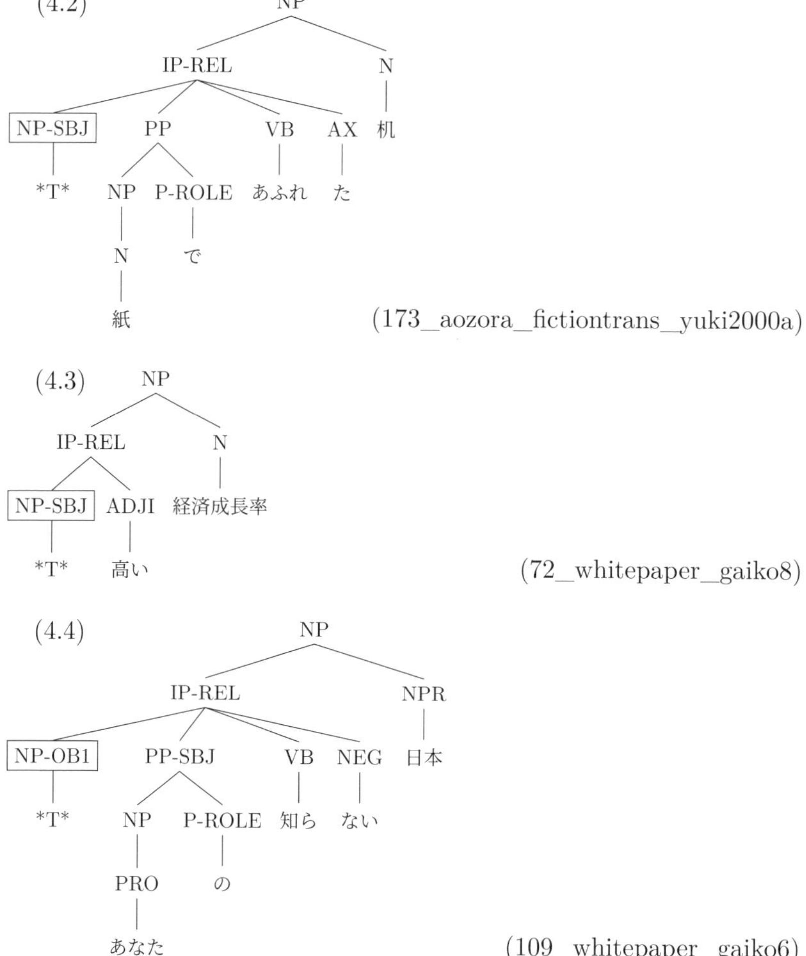

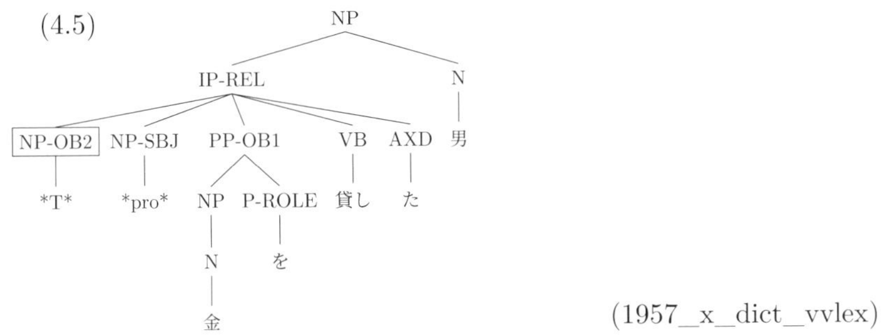

トレースは，その機能として，主要文法役割だけでなく任意文法役割も担うことができる。この点で，ゼロ代名詞が主要文法役割を持つ項のみに対応するのと対照をなしている (2.8 節を参照のこと)。(4.6) は，場所の拡張タグ -LOC がトレースを支配する名詞句のタグ（NP）に加えられた例である（任意文法役割の拡張タグについては 2.7 節を参照のこと）。

主名詞を関係節の中に置いた時に想定される格助詞を * で挟んで補った上で，トレースを支配する NP と補われた格助詞を支配する P-ROLE を PP（助詞句）の下に置く（必要により，PP に拡張タグを加える)。例えば，主名詞が関係節中の名詞句の所有者である場合の関係節のアノテーションは次のようになされる。

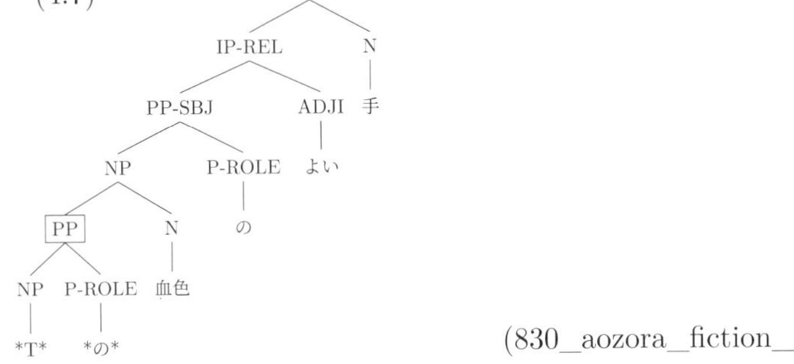

関係節と主名詞との統語的関係は，様々に複雑なものでありうる。以下では，複数の関係節が 1 つの主名詞を共有している。

(4.8)

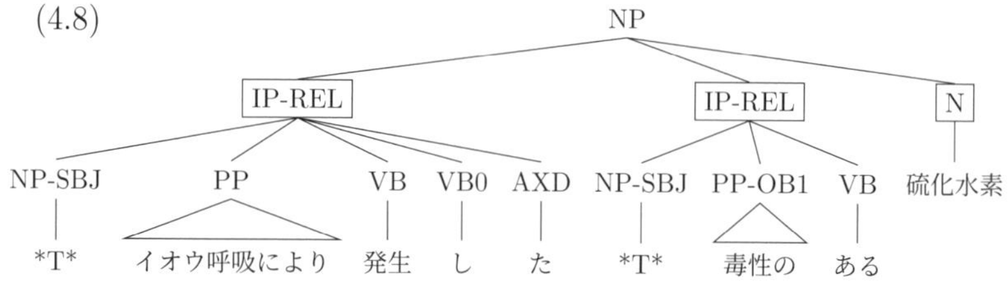

(38_academic_akaike2018)

以下は，主名詞が関係節中に埋め込まれた節の述語に対して文法役割を持つ，いわゆる長距離依存の例である。このような場合，トレース（*T*）は関係節の先頭ではなく，埋め込まれた節（この例では準主節（IP-SUB））の先頭に置かれる。

(4.9)

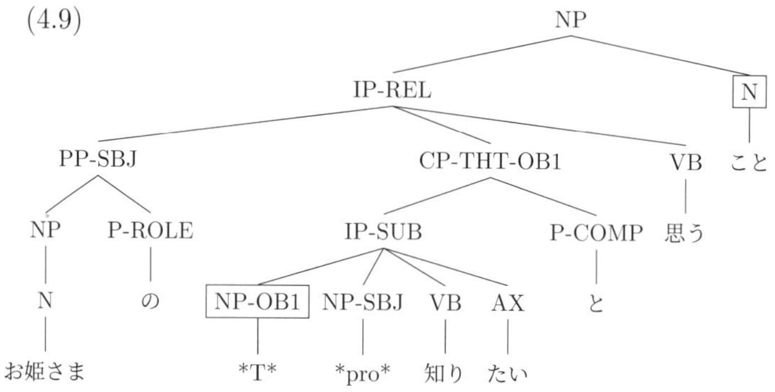

(328_aozora_fictiontrans_andersen1967b)

4.1.4 空所なし名詞修飾節（IP-EMB）

いわゆる「外の関係」の関係節（寺村 1977）に相当するものを空所なし名詞修飾節と呼び，IP-EMB のタグを与える。空所なし名詞修飾節による名詞修飾では，主名詞が節の中で文法役割を果たすことはない。したがって，関係節（IP-REL）とは異なり，トレース（*T*）が名詞修飾節の下に置かれることはない。空所なし名詞修飾節の主名詞には，次の 4 種類がある（日本語記述文法研究会（2008）を参考にまとめた）。

- 名詞化を行ういわゆる形式名詞。「こと」「の」が代表的だが，「よう」（直喩・比喩や命令・依頼・伝達の内容を表す）や「ため」（原因・理由や目的を表す）も含める。形式名詞（FN）ではなく，通常の名詞と同じく N とタグ付けされることに注意されたい。

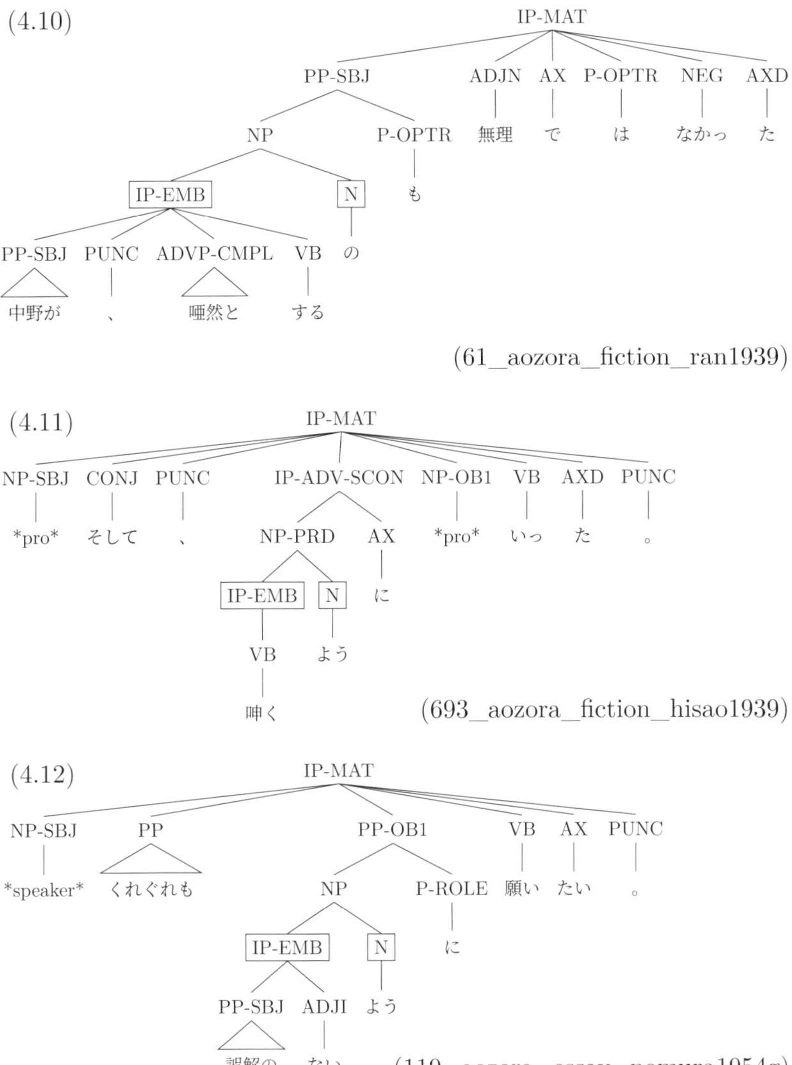

- 言語表現，思考，知覚，感覚，出来事，動作，性質，原因，結果，様態，描写等の命題的な内容を持つ名詞。それに対して名詞修飾節は内容を補充する。

(4.13)

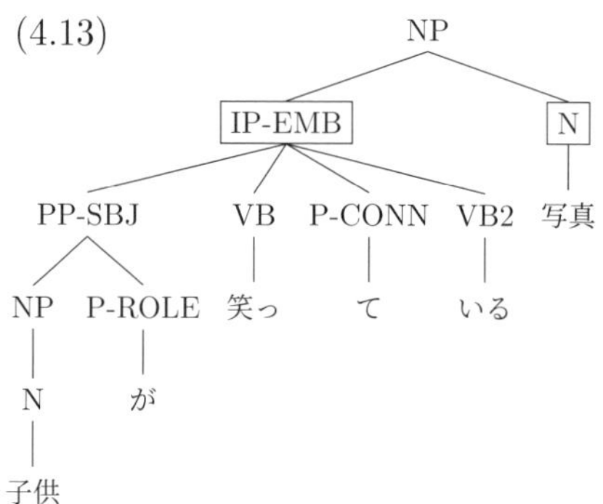

(1218_x_textbook_kisonihongo)

- 相対名詞。名詞修飾節が与える基準に基づき，相対的な時間や空間を表す。例えば，間，前，後，上，下，となり，そば，時，際，場合。

(4.14)

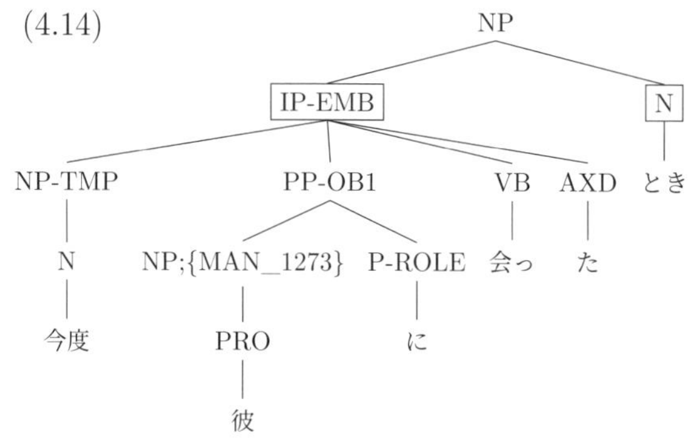

(1273_x_textbook_kisonihongo)

これらのうち，「時」「際」「場合」等は名詞修飾節中で時間の任意文法役割を持つと見なせるため，関係節（IP-REL）とする立場もある。しかし，本アノテーションでは「前」「後」等との連続を重視し，原則として IP-EMB として扱う。ただし，これはあくまで意味に基づく取り扱いであり，「意外な時」のように主名詞が名詞修飾節における主要文法役割を持つことが明確な場合は関係節（IP-REL）による名詞修飾とされる。

「以来」「以降」等を主名詞とする名詞修飾節では述語動詞が必ずテ形となるが，このような場合も IP-EMB として扱う。

(4.15)

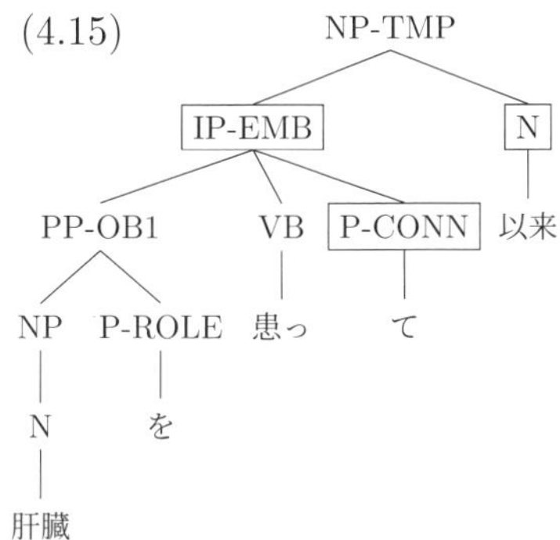

(142_x_textbook_djg3)

- 名詞修飾節が表す事態と，格関係とは言えないが，何らかの関係を持つものを表す名詞。例えば，喜び，におい，おつり，罰，お礼，準備，意図，意味，可能性。

(4.16)

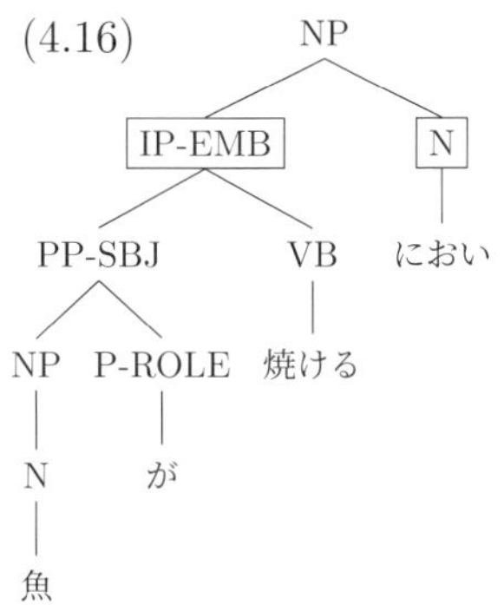

(1216_x_textbook_kisonihongo)

4.1.5 名詞化節（IP-NMZ）

節には，被修飾名詞がないにも関わらず，事態そのものを名詞として提示するものがある。このような節を名詞化節（IP-NMZ）とする。以下の例における述語「いい」の主語となった「ぽかっと男の子が出来る（なんて）」がその具体例である。

(4.17)

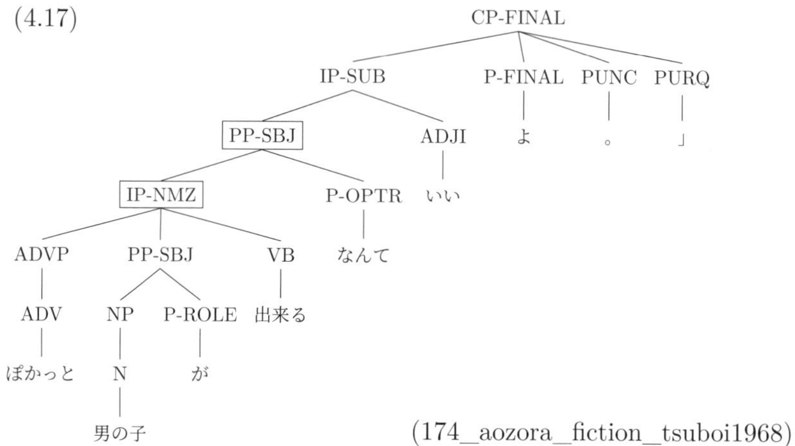

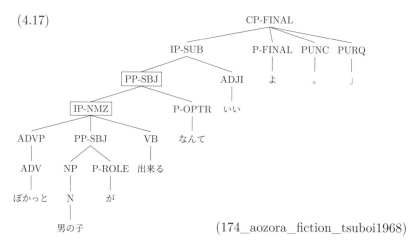

(174_aozora_fiction_tsuboi1968)

また，以下の例における「お茶を飲み（に）」のように，動詞連用形に格助詞（P-ROLE）「に」が後続して移動の目的を表す場合は，動詞連用形の投射する節を名詞化節（IP-NMZ）とし，格助詞「に」の投射する助詞句（PP）に拡張タグ -PRP を付与する。

(4.18)

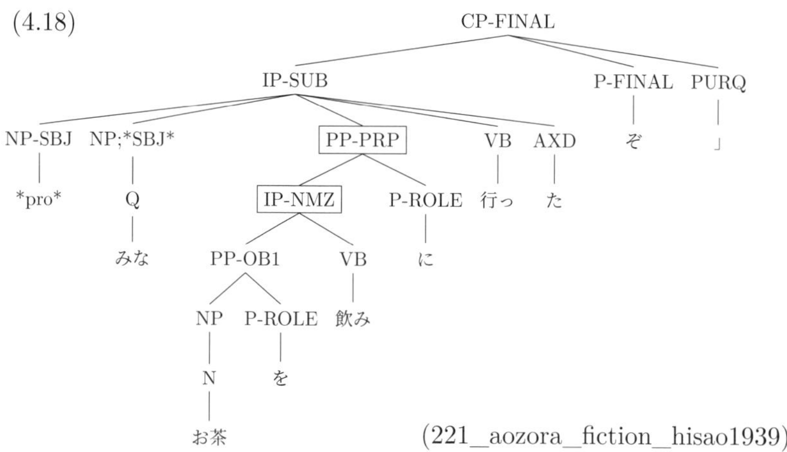

(221_aozora_fiction_hisao1939)

4.1.6 小節（IP-SMC）

本コーパスでは，小節という節タイプを一般的な言語学の用法よりも広い意味で用いている。小節（IP-SMC）の備える特徴として以下が挙げられる。

- 主要部である動詞（またはイ形容詞）の語彙特性として選ばれる（この点で，後述する副詞節（IP-ADV）とは異なる)。
- 格助詞が付与されない（この点で，名詞化節（IP-NMZ）とは異なる)。
- 時制または項について何らかの制限がある —例えば，主語が明示されない—（この点で，準主節（IP-SUB）とは異なる)。

小節をとる動詞としてまず，「する」（および「なす」「なさる」「いたす」「振る舞う」「できる」等）および「なる」（および「変わる」「化す」等）が挙げられる。小節の述語は，「述語句 + に」「述語句 + と」「ナ形容詞 + に」「ナ形容詞 + と」「イ形容詞の連用形」という形をとる。この場合の「に」と「と」はコピュラ（AX)「だ」の連用形と見なす。このような分析を行うのは，次の条件を充たす時である（「コントロール」については，4.1.13 節を参照のこと)。

- 小節を投射する上記の要素がイベントではなく，属性を表す。
- 小節における明示されない主語のコントロール元が「する」の第一目的語，または「なる」「する」の主語であると解釈できる。
- 「する」の第一目的語，または「なる」「する」の主語が小節に先行する（ただし，この条件を充たさない例もわずかに見られる)。

小節における主語のコントロール元が「する」の第一目的語であると解釈できる場合，拡張タグ -CLR が与えられる。例えば，(4.19) における「言語学者（だ)」は「息子」の属性であると解釈できる。(4.20) における「小さい」と「大きな一枚ガラス」についても同様である。-CLR は，IP-SMC が補語となる場合に拡張タグとして使用される。

(4.19)

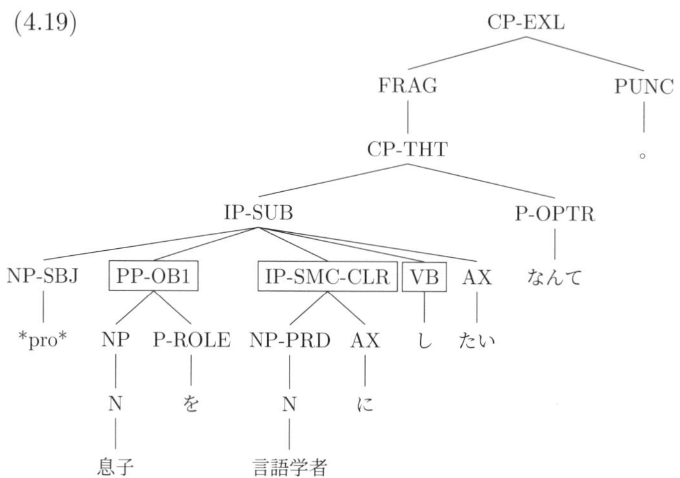

(349_x_textbook_kisonihongo)

(4.20) 大きな一枚ガラスをどうやって小さくするか？

(171_spokentrans_ted1)

小節における主語のコントロール元が「なる」「する」の主語であると解釈できる場合も，拡張タグ -CLR が与えられる。例えば，(4.21) における「元気（だ）」は「僕」の属性である。(4.22) における「おとなしい」と「花子」，(4.23) における「おかあさんが恋しい」と「なる」の省略された主語にも同様の関係があると解釈できる。

(4.21)

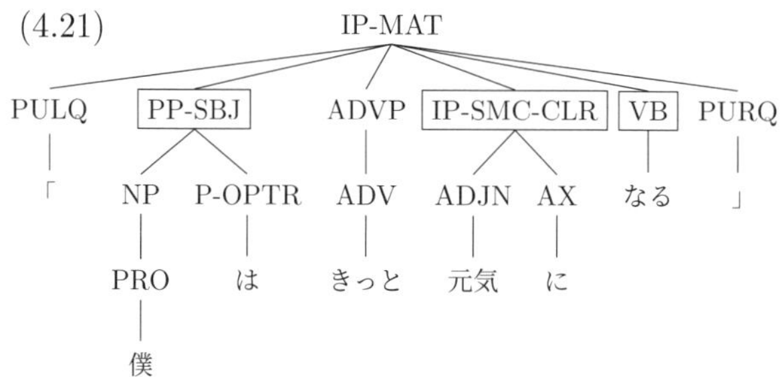

(141_aozora_fictiontrans_yuki2000a)

(4.22) 花子はその時おとなしくしていたらしい。

(356_x_textbook_kisonihongo)

(4.23) `*pro*` おかあさんが恋しくなったわけではない、
(7_excerpt_fiction_tsunoda2003)

「テホシイ構文」および「テモラウ構文」については,「ほしい」と「もらう」(およびその謙譲語の「いただく」) がテ形動詞の投射する小節をとるという分析を行う。テ形動詞, つまり小節における述語の意味上の主語は,「ほしい」および「もらう」の項として格助詞「に」を伴ってあらわれるが, それに対しては派生された第一目的語として `-DOB1` の拡張タグを与える。また, 小節のタグ `IP-SMC` には第一目的語の拡張タグ `-OB1` を与える。

(4.24)
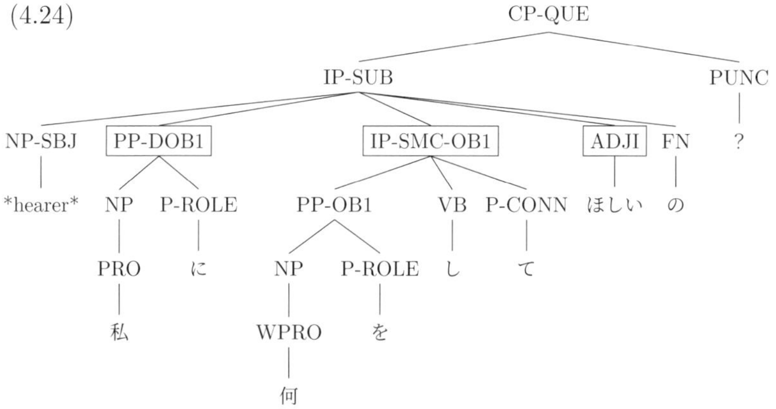

(329_x_textbook_purple2)

(4.25)
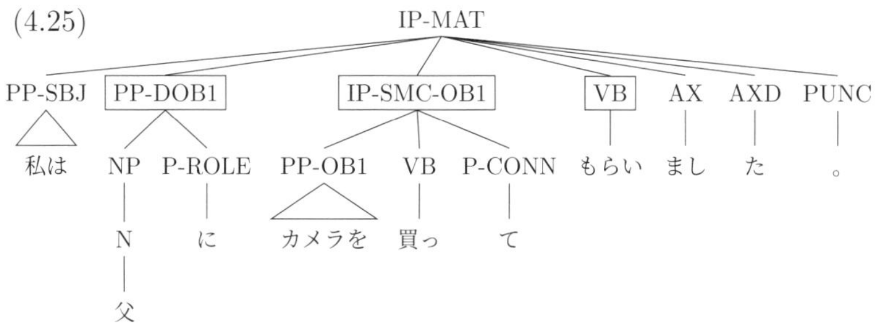

(166_x_textbook_djg1)

小節をとる動詞には, さらに,「思う」「思われる」「見える」「感じる」「感じられる」等の思考・認識を表す動詞がある。小節は思考・認識の内容を表し, その述語は「述語句 + に」「述語句 + と」「ナ形容詞 + に」「ナ

形容詞 + と」「イ形容詞の連用形」という形をとったり，テ形動詞であったりする。思考・認識動詞の項として小節の述語の意味上の主語が格助詞「を」あるいは「が」を伴ってあらわれることがあるが，このような項には，派生された第一目的語 -DOB1 の拡張タグを与える。また，小節のタグ IP-SMC には第一目的語のタグ -OB1 を与える。

(4.26)

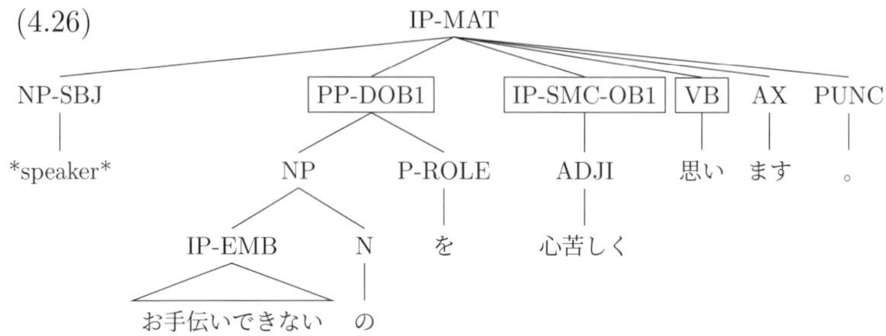

(697_x_textbook_purple1)

(4.27)

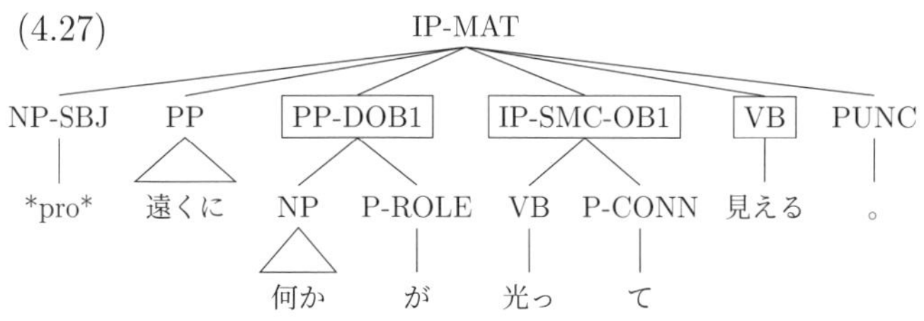

(383_x_textbook_kisonihongo)

4.1.7 副詞節（IP-ADV）

副詞節（IP-ADV）は，基本的には用言の連用形や接続助詞（P-CONN）によって節の区切りが表示される。接続助詞にはテ形動詞を作る「て／で」のように形態論的に接尾辞に近い性格を持ち，節の内部にあってその終結部を表示していると見なされるものと，語としての独立性が比較的高く，副詞節（IP-ADV）を補部とし，助詞句（PP）を投射するものとして分析されるものとがある（接続助詞の分類については，3.1.3 節も参照のこと）。

副詞節のアノテーションにおいては，従属節的なものと等位節的なものを区別し，前者に対しては -SCON，後者に対しては -CONJ の拡張タグを用

表 4.1　副詞節の分類

節の種類		IP-ADV	PP
従属節	条件節	IP-ADV-SCON-CND	PP-SCON-CND
	条件節以外	IP-ADV-SCON	PP-SCON
等位節		IP-ADV-CONJ	PP-CONJ

表 4.2　接続助詞と節に対するタグの対応

接続助詞	節に対するタグ
ながら，つつ，がてら	IP-ADV-SCON
から（理由），ので，とともに，と同時に，たら，やいなや，けど，けれど，けれども，のに，ものの，にも関わらず，からといって，だけに，（せず）に，（する）に（目的），ほど，より，につれて，というより，どころか，からには，（て）から，まで	PP-SCON
たら（仮定），れば，（た）って	IP-ADV-SCON-CND
なら，ならば，ものなら，と（条件），であれ，にしても，（て）こそ	PP-SCON-CND
たり，でも（最小），のみならず	IP-ADV-CONJ
が（順接・逆接），やら，とか，し（並列），にして，なり，か（選言）	PP-CONJ

いる。さらに，従属節的な副詞節が条件を表す場合には，-SCON と -CND を組み合わせた拡張タグを用いる。これらの拡張タグは，接続助詞が助詞句を投射する場合には，PP に，そうでない場合には，IP-ADV に加えられる。以上をまとめた副詞節に対するタグを表 4.1 に示す。

従属節（IP-ADV-SCON(-CND) および PP-SCON(-CND)）と等位節（IP-ADV-CONJ および PP-CONJ）とを区別するに当たっては，日本語記述文法研究会 (2008) の記述を参考にし，まず，述語が連用形およびテ形動詞である場合は，「並列」「対比」「継起」用法であるものを等位節（IP-ADV-CONJ/PP-CONJ），「順接条件」用法であるものを条件節の従属節（IP-ADV-SCON-CND/PP-SCON-CND），その他の用法を（条件節以外の）従属節（IP-ADV-SCON/PP-SCON）としている。また，その他の場合は，接続助詞によって決定している。主なものを表 4.2 に挙げる。

以下は，条件節（`IP-ADV-SCON-CND`）および（条件節以外の）従属節（`PP-SCON`）の例である。

(4.28)
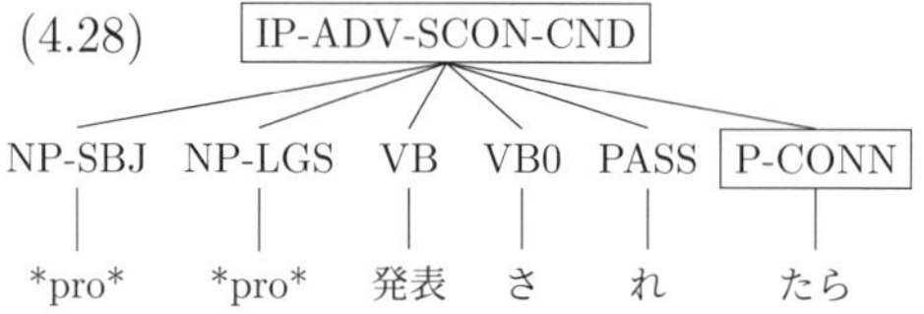

(399_aozora_fiction_oda1976a)

(4.29)
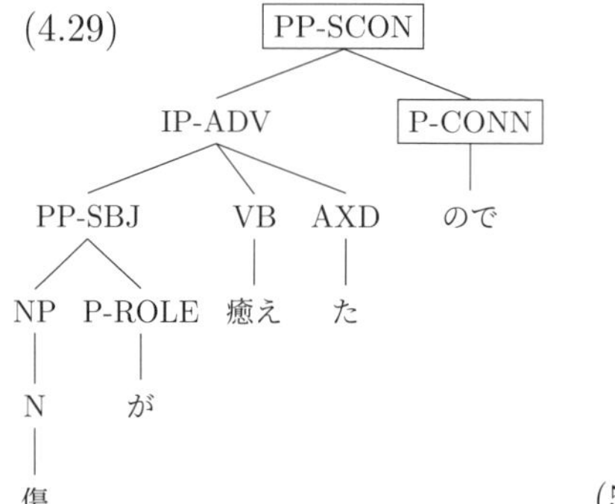

(5_excerpt_fiction_oshikawa2004)

等位節（`-CONJ`）の具体例は，4.1.14 節を参照されたい。

接続助詞（`P-CONN`）を伴わず，とりたて助詞（`P-OPTR`）のみを後接させた節についても，それが他の述語に対して副詞的な修飾を行っていれば，副詞節と見なす。このような副詞節に多く見られるのは，とりたて助詞「だけ」「ばかり」「くらい」である。

(4.30)
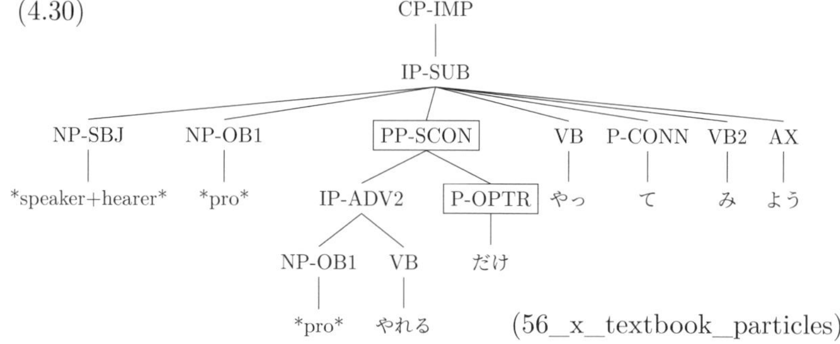

(56_x_textbook_particles)

また，テ形動詞を述語とする節に「の」が後接し，名詞を修飾する場合は，副詞節（IP-ADV）が格助詞（P-ROLE）「の」を介して名詞修飾を行った構造として扱う。

(4.31)
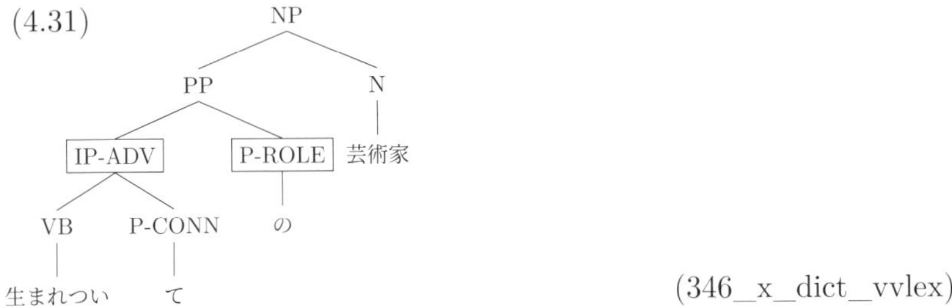

(346_x_dict_vvlex)

4.1.8 終助詞節（CP-FINAL）

文が終助詞（P-FINAL）を伴い，それが命令，感嘆，疑問という特定の発話行為の表現ではない場合に，終助詞節（CP-FINAL）のタグを用いる。終助詞（P-FINAL）はそれに先行する準主節（IP-SUB）とともに CP-FINAL の下に置かれる。

(4.32)
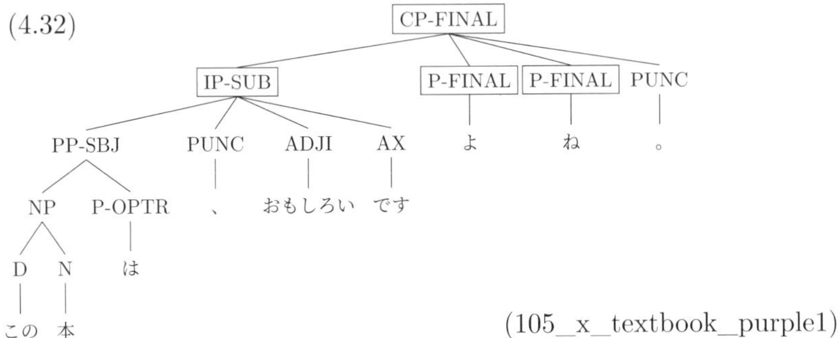

(105_x_textbook_purple1)

また，主節述語を持たない断片（FRAG）に終助詞が続くこともある。

(4.33)
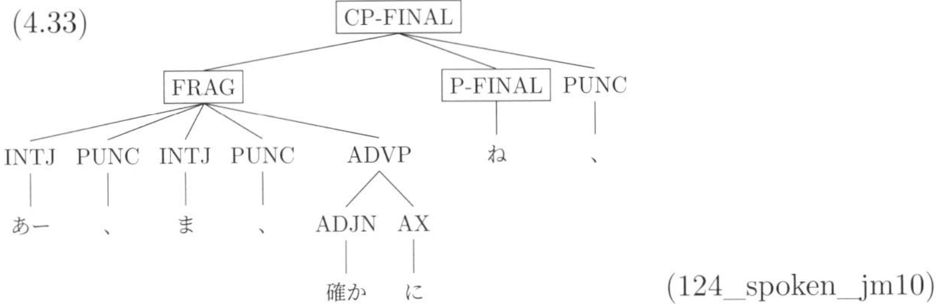

(124_spoken_jm10)

CP-FINAL（および他の CP 節）は，構成素の文末への倒置をアノテーションする際にも用いられ，その際に，倒置された構成素は IP の外側，つまり，CP の直下に置かれる。このような CP 節の利用は，(4.34) のように終助詞がある場合も，(4.35) のように終助詞がない場合にも行われることに注意されたい。

(4.34)

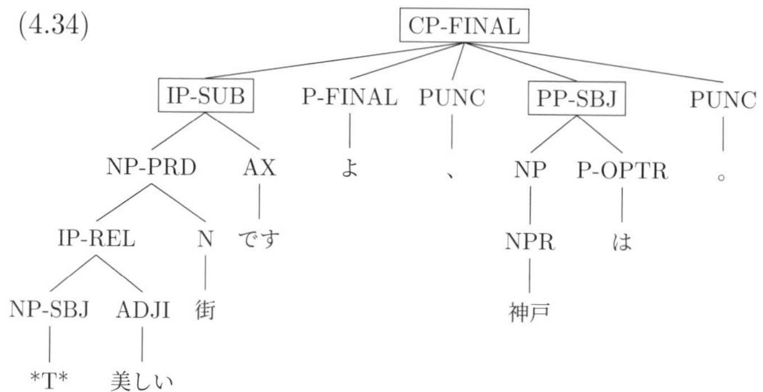

(989_x_textbook_kisonihongo)

(4.35)

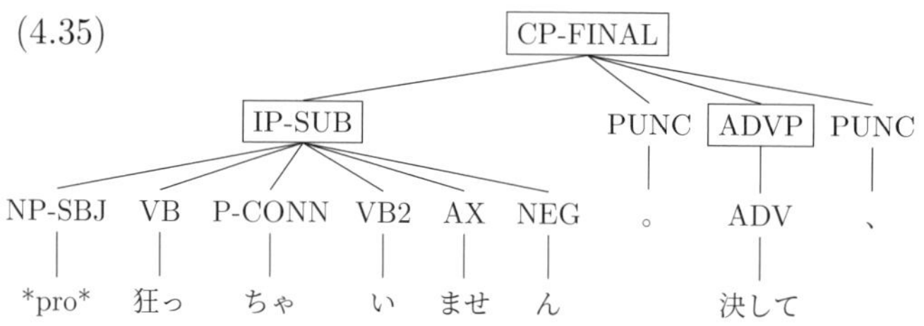

(21_aozora_fiction_kusaka1953)

4.1.9 命令節（CP-IMP）

命令文は，準主節（IP-SUB）または断片（FRAG）を命令節（CP-IMP）が直接支配する形でアノテーションされる。終助詞（P-FINAL）があれば，それは，IP-SUB や FRAG の外に置かれる。

本アノテーションでは以下のような特徴を持つ文を命令文として扱っている。

- 動詞の命令形が述語となった文

(4.36)

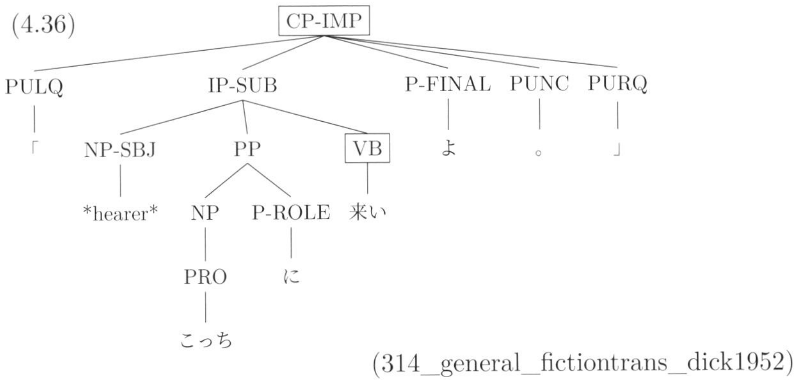

(314_general_fictiontrans_dick1952)

- 助動詞（AX）「う／よう」を後続させた動詞が述語となった文で，勧誘の意を持つもの。

(4.37)

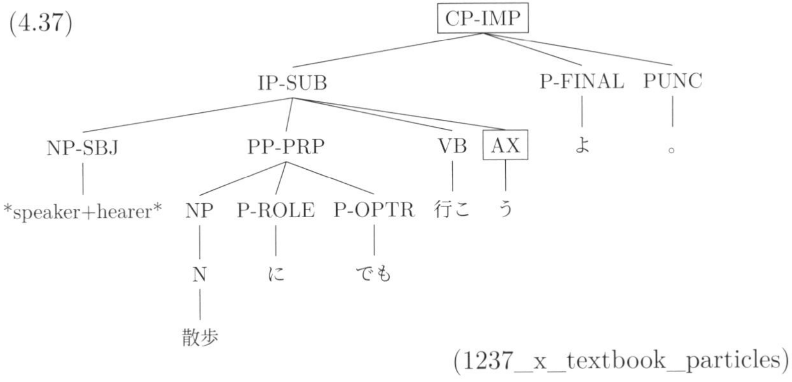

(1237_x_textbook_particles)

- 動作名詞に軽動詞（VB0）「願います」や補助動詞（VB2）の命令形「ください」が続き，述語となった文 。

(4.38) これにお名前をご記入の上ご提出ください

(19_x_misc_examples2)

- 動作名詞が軽動詞（VB0）や補助動詞（VB2）なしで述語となった文

(4.39) 投票箱閉鎖。

(14_diet_kaigiroku10)

- テ形動詞に補助動詞（VB2）の命令形「ください」「くれ」「ごらん」「ちょうだい」等が続き，述語となった文。

(4.40)　「わたしをみてください」

(530_aozora_fiction_hisao1939)

- テ形動詞が述語となった文で，命令の意を持つもの

(4.41)　「ねえ、帰ってよ」

(858_aozora_fiction_oda1976c)

- 動詞の終止形 + 否定辞「な」が述語となった文。

(4.42)　こら、笑うな。

(282_x_textbook_purple2)

- テンス標識（AXD）「た／だ」を後続させた動詞が述語となった文で，命令の意を持つもの。

(4.43)　さっさと行った。

(532_x_textbook_kisonihongo)

- 「ように」で終わり，その後に動詞の命令形（例えば，「しろ」「しなさい」「なれ」「あれ」等）が省略されていると考えられる文。このような「ように」は終助詞（P-FINAL）として扱われる。

(4.44)

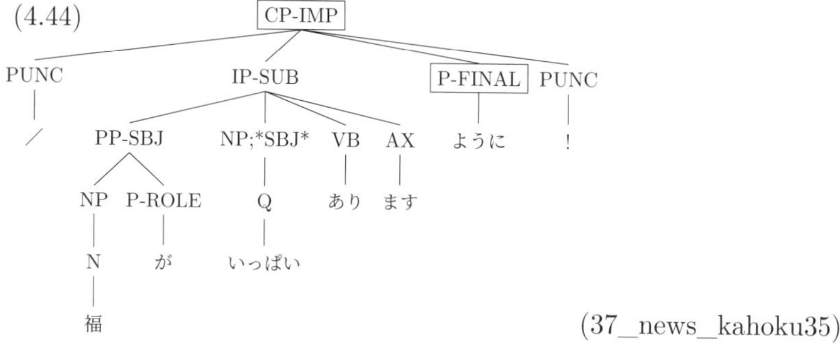

(37_news_kahoku35)

- 「〜のこと」や「〜すること」で終わる文で，命令の意を持つもの。

このような文に対しては，名詞（N）「こと」を主要部とする名詞句（NP）を断片（FRAG）の下に置き，それが CP-IMP の下に置かれるという分析を行う。

(4.45)

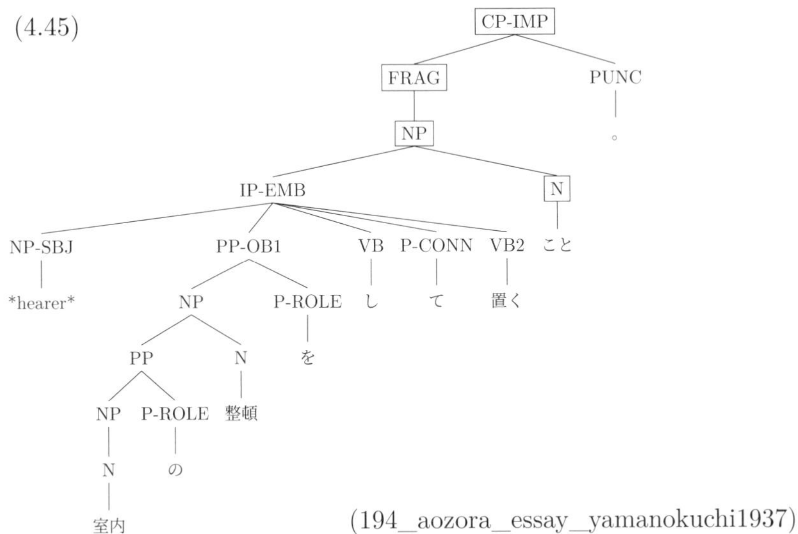

(194_aozora_essay_yamanokuchi1937)

命令文には主語が明示されないのが普通だが，その場合は，(4.36)，(4.37)，および (4.45) に見るように，ゼロ代名詞が主語として補われる。

命令文において聞き手を指す名詞句が助詞を伴わずにあらわれている場合は，呼びかけの名詞句（NP-VOC）とする解釈を優先させ，主語としては扱わない。そして，その直後に主語（NP-SBJ）としてゼロ代名詞を補い，両者に共通のソート情報を付加する。

(4.46)

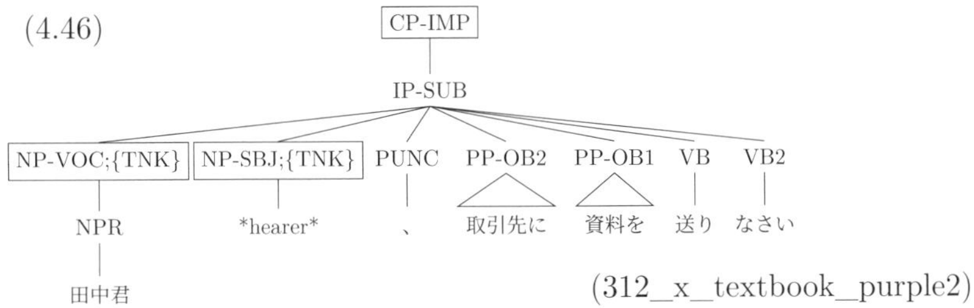

(312_x_textbook_purple2)

命令文において呼びかけの名詞句（NP-VOC）を主語として補われたゼロ代名詞の前に置くことは，インデックスを使用しない空要素は節の先頭に置くという原則（2.8 節）に従わない，例外的なアノテーションである。

4.1.10 感嘆節（CP-EXL）

感嘆文は，準主節（`IP-SUB`）または断片（`FRAG`）を感嘆節（`CP-EXL`）が直接支配するようにアノテーションされる。終助詞（`P-FINAL`）があれば，それは `CP-EXL` のアノテーションと同様に，`IP-SUB` や `FRAG` の外に置かれる。

以下のような特徴を持つ文を感嘆文として扱っている。

- 「なんて／なんと／なんていう／なんという」を含み，「の」「こと」「だろう」，コピュラ，あるいは「か」で終わる文

(4.47)

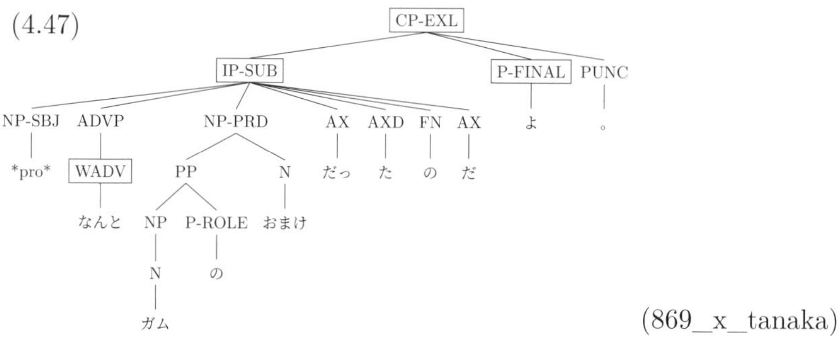

(869_x_tanaka)

- とりたて助詞「なんて」または「とは」で終わる文

(4.48)

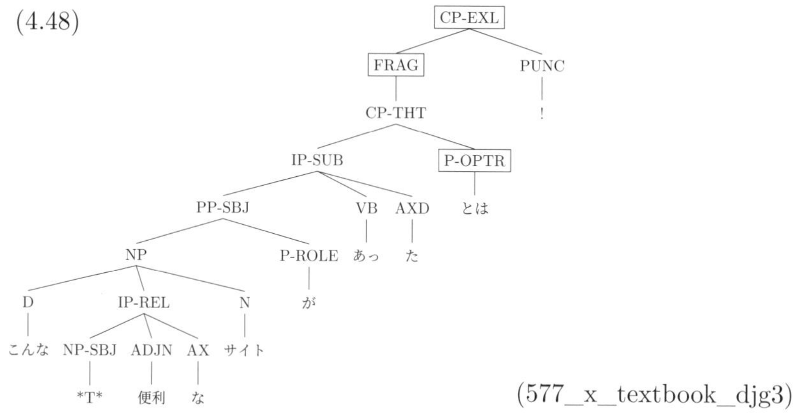

(577_x_textbook_djg3)

この場合，とりたて助詞（`P-OPTR`）「なんて」「とは」と，それによって導

かれる節とが補部節（CP-THT）とされ，さらにそれが断片（FRAG）として扱われることに注意されたい。

4.1.11 疑問節（CP-QUE）

疑問文は，準主節（IP-SUB）を疑問節（CP-QUE）が直接支配する形でアノテーションされる。

(4.49)

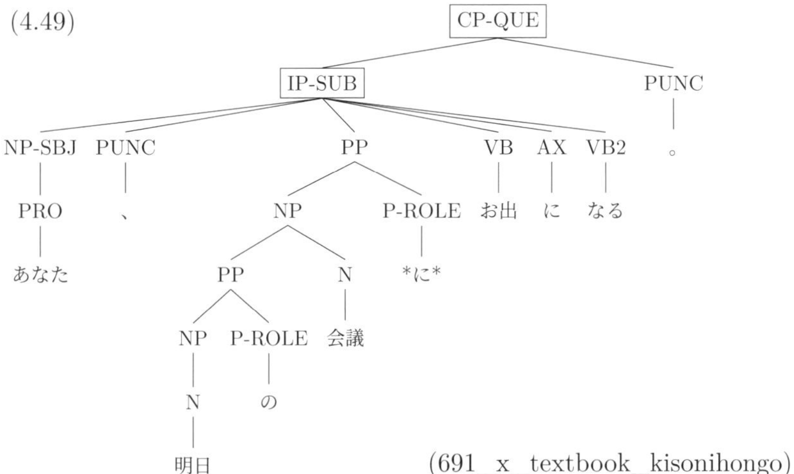

(691_x_textbook_kisonihongo)

疑問文はしばしば「か」等の終助詞を伴うが，その場合は，準主節（IP-SUB）と終助詞（P-FINAL）のそれぞれを疑問節（CP-QUE）が直接支配するようにアノテーションされる。

(4.50)

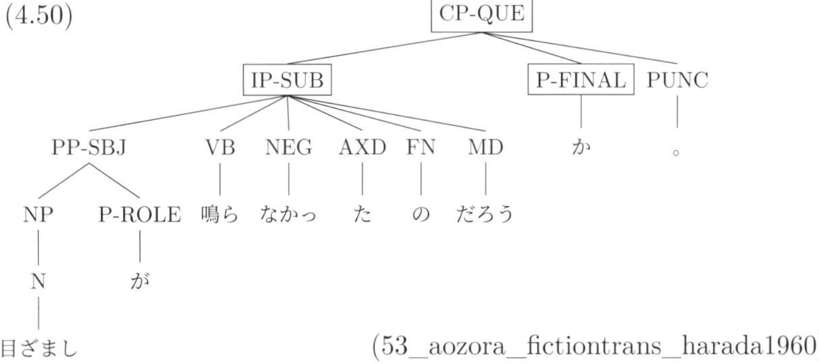

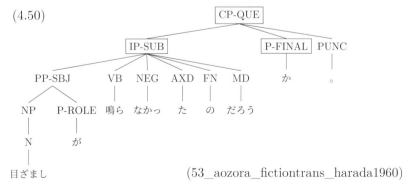

(53_aozora_fictiontrans_harada1960)

主節述語のない疑問文は，断片（FRAG）を疑問節（CP-QUE）が直接支配するようにアノテーションされる。

(4.51)

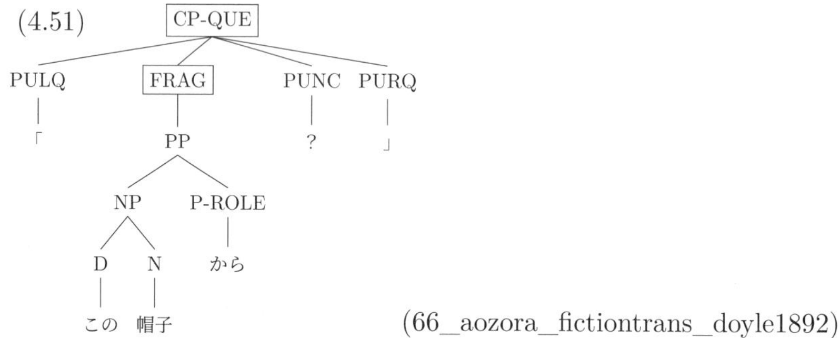

(66_aozora_fictiontrans_doyle1892)

間接疑問文として疑問節（CP-QUE）が文に埋め込まれる場合，それが「と」等の補文助詞（P-COMP）を伴っていれば，CP-QUE を補部節（CP-THT）が支配するというアノテーションを行う（4.1.12 節を参照）。一方，格助詞（P-ROLE）あるいはとりたて助詞（P-OPTR）を伴った疑問節（CP-QUE）が上位節の述語の項となる場合は，格助詞あるいはとりたて助詞が投射する助詞句（PP）に適切な拡張タグを付与する。

(4.52)

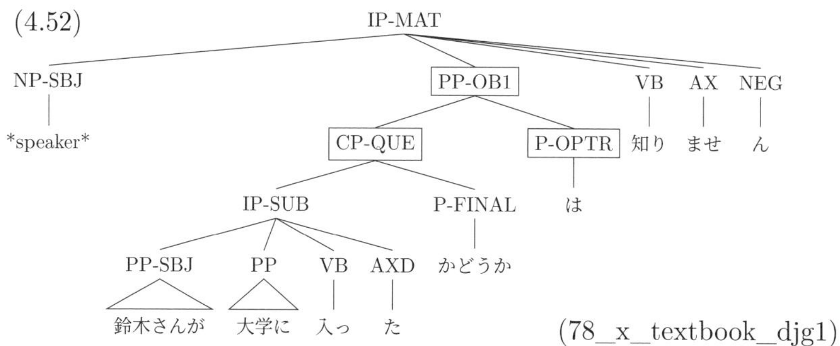

(78_x_textbook_djg1)

また，文に埋め込まれ，格助詞もとりたて助詞も伴わない裸の疑問節（CP-QUE）の中には，「が」や「を」等を補っても自然な文になるものがある。その場合，適切な拡張タグを CP-QUE に直接付与する。下の例の下線部は，CP-QUE-SBJ となる。

(4.53) 自分が何を求めているのか頭の中ではっきりしたのです

(22_spokentrans_ted8)

埋め込まれた裸の疑問節は，他の名詞句と意味的に結び付くことがある。例えば，「どういう人たちであったか それはもう覚えていない」(79_aozora_essay_terada1921）における「どういう人たちであったか」は「それ」の内容を示していると言える。このような場合，疑問節と当該の名詞句が同格関係にあると解釈し，インデックスを使用したアノテーションを行う。具体的には，CP-QUE を括弧挿入句（PRN）の下に置き，適切な番号をハイフンを介して与える。さらに，同格関係にある名詞句の主要部の直後にも PRN を加え，その下に同じ番号を与えたトレース（*ICH*）を置く。以下にこの文のツリーから問題となる部分のみを示す。

(4.54)

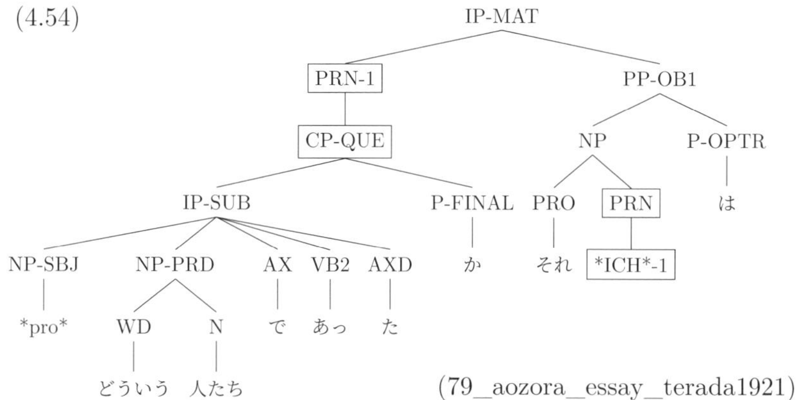

(79_aozora_essay_terada1921)

また，埋め込まれた裸の疑問節が，述語の項でなく，また他の名詞句との意味的な結び付きもない場合は，CP-QUE には拡張タグ ADV を付与する。下の例の下線部は，CP-QUE-ADV となる。このような疑問節の多くは，話し手あるいは書き手による自問を表す。

(4.55)　一昨年の秋だったか、池畔に雨情を偲ぶ碑が建てられた。

(341_aozora_fiction_koyama1955a)

疑問節（CP-QUE）はコピュラ（AX）を伴って述語となることがある。この場合は，CP-QUE に拡張タグ PRD を付与する。下の例の下線部は，CP-QUE-PRD となる。

(4.56)　重要なのはこれらのシンボルが何を意味しているかです

(69_spokentrans_ted1)

4.1.12 補部節（CP-THT）

補部節（CP-THT）の典型的な用法は，「と」等の補文助詞（P-COMP）を伴って，伝達や思考・認識を表す動詞の補部としてその内容を示すものである。このような補部節には第一目的語（-OB1）の拡張タグが付与される。伝達や思考・認識の内容を表す節は，通常，準主節（IP-SUB）だが，小節（IP-SMC），命令節（CP-IMP），感嘆節（CP-EXL），疑問節（CP-QUE），間投詞句（INTJP），あるいは断片（FRAG）もありうる。以下は，発話の直接引用の例であるが，間接引用と考えられる場合も同様のアノテーションを行う。

(4.57)

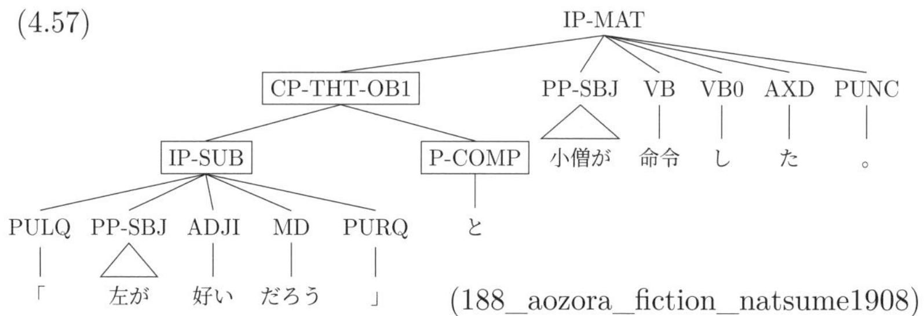

(188_aozora_fiction_natsume1908)

補部節（CP-THT）が主語となる場合は，主語の拡張タグ（-SBJ）が付与される。このような補部節は補文助詞（P-COMP）「って」やとりたて助詞（P-OPTR）「なんて」を伴うことが多い。

(4.58)

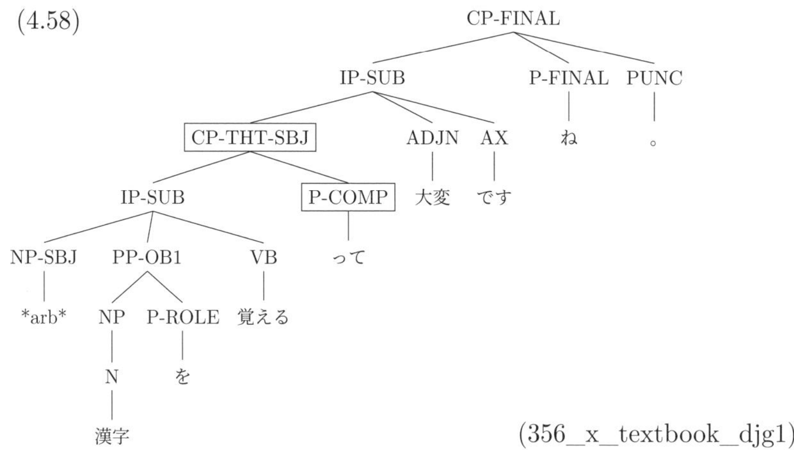

(356_x_textbook_djg1)

伝達動詞や認識動詞に受動補助動詞（PASS）「れる／られる」が後続する場合，何を文の主語と考えるべきか判断に迷うことがある。まず，伝達内容の受け手が明示されていないが，その存在が明らかな場合は，ゼロ代名詞を補ってそれを主語とする。この場合，補部節は第一目的語（CP-THT-OB1）とされる。

(4.59)

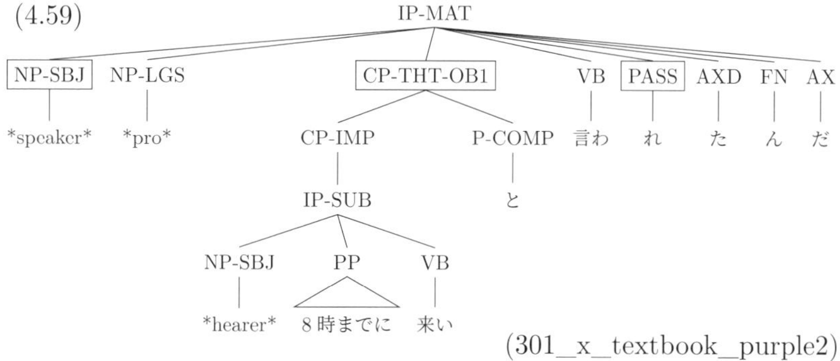

(301_x_textbook_purple2)

これに対し，伝達内容の受け手がいるとは考えられず，また他に主語と見なすべき名詞句も存在しない場合には，補部節（CP-THT）を主語とする分析を行う。

(4.60)

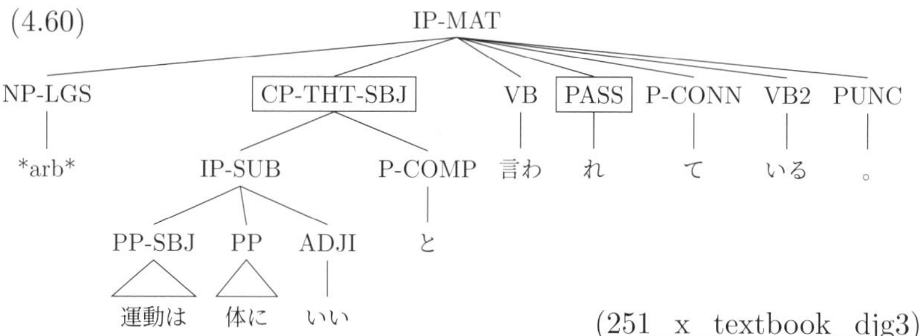

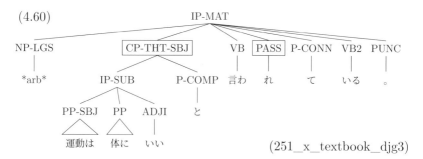

(251_x_textbook_djg3)

補部節は，以下の例における「えい、えい」と「大声」に見るように，他の名詞句と意味的に結び付くことがある。このような意味的な結び付きは埋め込まれた疑問節と他の名詞句との間にも見られ，その場合，疑問節と名詞句が同格関係にあると解釈し，インデックスを使用したアノテーションを行うことを前節で述べた（前節の (4.54) を参照のこと）。補部節についても同じアノテーションを行う。つまり，まず，CP-THT を括弧挿入句（PRN）の下に置いて適切な番号を与え，さらに，同格関係にある名詞句の主要部名詞の直後にも PRN を置き，その下に同じ番号を付けたトレース（*ICH*）を置く。

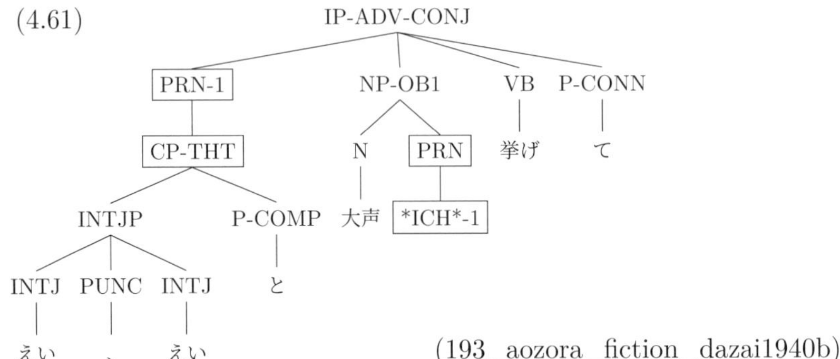

(193_aozora_fiction_dazai1940b)

補部節（CP-THT）が述語の項でなく，また他の名詞句との意味的な結び付きもない場合，副詞的な働きをしていると見なし，-ADV の拡張タグを付与する。

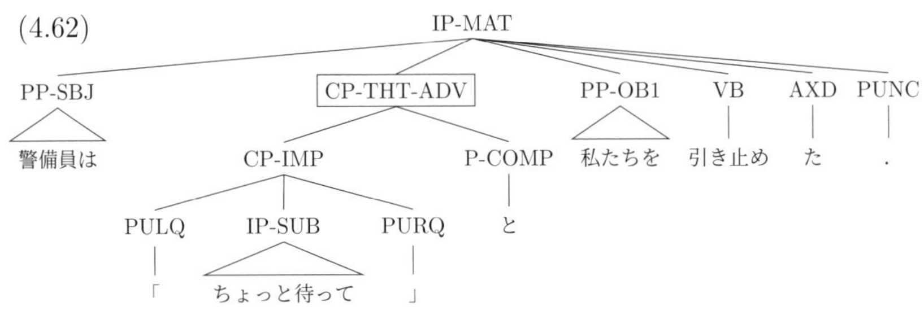

(2586_x_dict_vvlex)

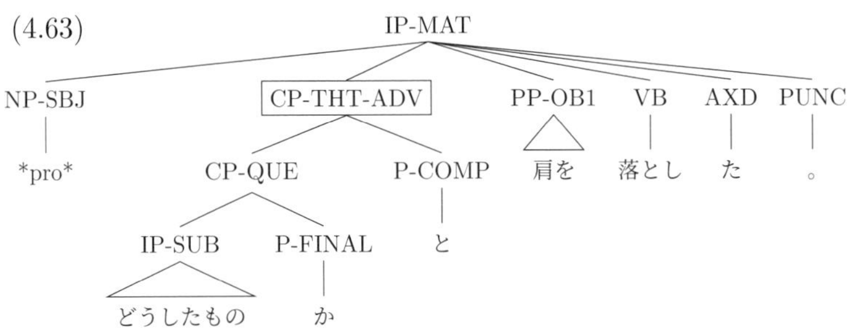

(571_webnovel_fiction_sakuanobashode)

上記の副詞的な用法のうちで，補部節の述語に意志・推量を表す助動詞（AX）「う／よう」または否定辞（NEG）「まい」が後接し，しかも補部節が述語の表す動作の目的を表すものには，`CP-THT` に拡張タグ `-PRP` を加え，`CP-THT-PRP` とする。

(4.64)

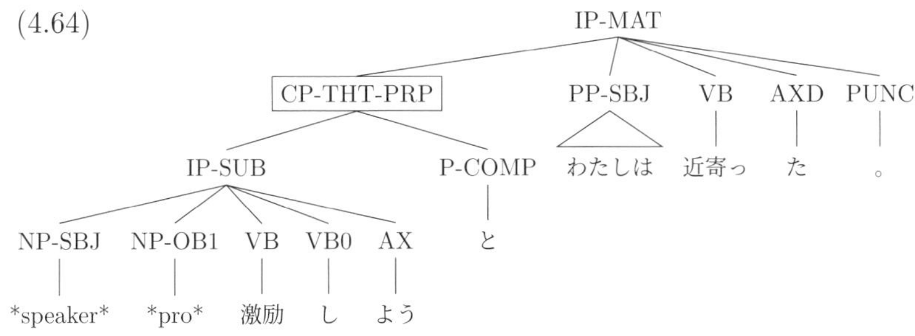

(1092_webnovel_fiction_onnatosenso)

言語表現，思考，知覚等を表す名詞を修飾しその内容を示す節は，しばしば補文助詞「という」や「との」を伴う。この場合，その名詞が主要部となり，補部節を修飾部として名詞句が作られると分析する。このタイプの名詞と修飾節との間に補文助詞が介在しない場合，後者は空所なし名詞修飾節（IP-EMB）とタグ付けされることに注意されたい（4.1.4 節を参照のこと）。

(4.65)

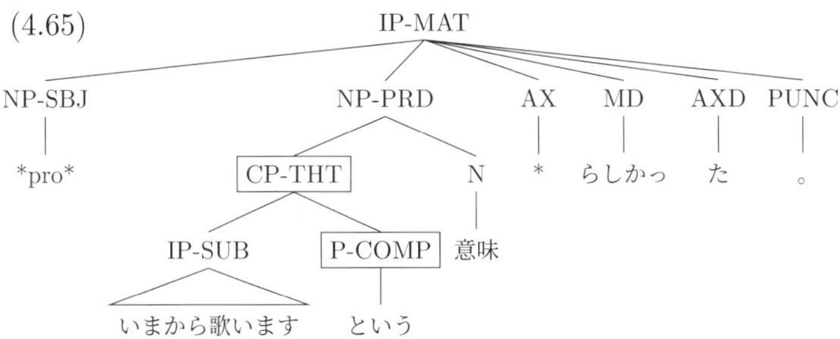

(498_aozora_fiction_umezaki1966)

最後に，補部節（`CP-THT`）にコピュラ（`AX`）が続き，述語となることがある。この場合は，`CP-THT` に拡張タグ `-PRD` を付与する。

(4.66) 彼女とはただお茶を飲んで話をしたというだけだ。

(399_x_textbook_djg2)

4.1.13 コントロール

「太郎は，風邪気味だったので，学校を休んだ」という文において，「太郎は」は一度しかあらわれていないにも関わらず，2つの述語「風邪気味だった」と「休んだ」の主語であると理解される。しかし，「太郎は」は，統語的には主節の主語なのであって，それが埋め込まれた節「風邪気味だった」に影響を及ぼしてその主語として理解されると考えることができる。このように，埋め込まれた節において明示されていない主語が何を指示するかが上位の節の項によって決定されることをコントロール（control）と呼ぶ。また，埋め込まれた節における明示されない主語を「コントロールの受け手」（多くの統語理論において big PRO と呼ばれる），その指示対象を決定する上位の節における項を「コントロール元」と呼ぶ。コントロール現象のアノテーションに際しては，これが，表4.3に見るように，特定の IP 節にのみ生じるものと想定する。なお，IP-ADV に接続助詞（P-CONN）やとりたて助詞（P-OPTR）が後続する場合，従属節の拡張タグ（-SCON(-CND)）や等位節の拡張タグ（-CONJ）は，助詞の投射する PP に付与されるが，その場合は，IP-ADV に拡張タグが付与された場合に準じた扱いを受ける。

表4.3に見るように，準主節（IP-SUB），関係節（IP-REL），および等位節（IP-ADV-CONJ）はコントロール現象を生じない IP 節である。これらのうち，準主節（IP-SUB）と関係節（IP-REL）において主語が明示されていなければ，それは必ずゼロ代名詞によって補われる（4.1.3 節の (4.5)，(4.6)，4.1.12 節の (4.58)，(4.59) 等を参照せよ)。等位節（IP-ADV-CONJ）に関し

表4.3 IP 節とコントロール現象

IP 節	コントロール現象
IP-MAT（主節）	×
IP-SUB（準主節）	×
IP-REL（関係節）	×
IP-ADV-CONJ（等位節）	×
IP-ADV-SCON(-CND)（従属節）	○
IP-EMB（空所なし名詞修飾節）	○
IP-NMZ（名詞化節）	○
IP-SMC（小節）	○

では，上位の節の項や付加句が先行詞として等位節に継承される ATB 抽出を想定したアノテーションを行う（4.1.14 節を参照のこと）。一方，コントロール現象を生じる IP 節において主語が明示されておらず，かつそれがコントロールの受け手と考えられれば，ゼロ代名詞を補うことはしない。

コントロール現象では，コントロール元である項がどのような文法役割を持つかということに複数の可能性がある。4.1.6 節で説明した IP-SMC 以外のコントロール現象を生じる IP 節に対しては，3 つの想定の元にアノテーションが行われる。これは，構文の意味解析（Butler 2015）を自動的に行うことを可能にするための想定でもある。以下，従属節（IP-ADV-SCON(-CND) または PP-SCON(-CND)）の例を示しながら 3 つの想定について述べるが，同じことが空所なし名詞修飾節（IP-EMB）と名詞化節（IP-NMZ）にも適用される。

第 1 の想定は，もし項がコントロール現象を生じる IP 節に先行する場合には，以下のような優先順位の階層に従ってコントロール元が決まるというものである。

-OB2 > -OB1 > -SBJ2 > -SBJ

以下は，従属節（IP-ADV-SCON(-CND) または PP-SCON(-CND)）の明示されていない主語に対して，上位の節の第一目的語（-OB1）がコントロール元となっている例である。

(4.67)

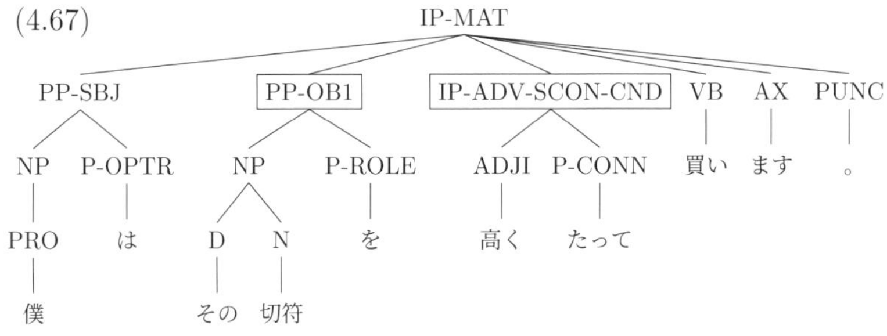

(316_x_textbook_djg1)

(4.68)

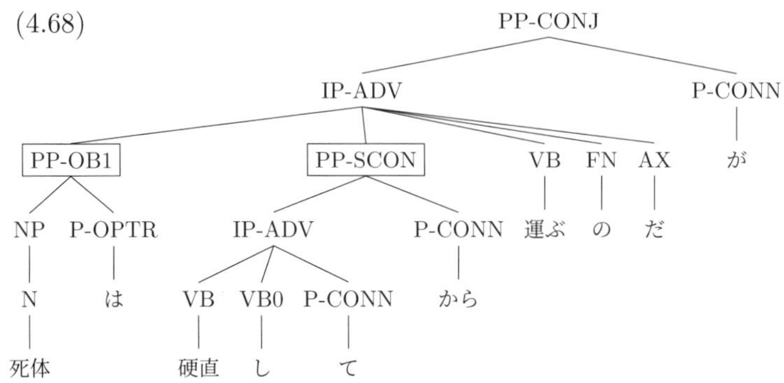

(893_webnovel_fiction_onnatosenso)

また，以下は，従属節（IP-ADV-SCON(-CND) または PP-SCON(-CND)）の明示されていない主語に対して，上位の節の主語（-SBJ）がコントロール元となっている例である。

(4.69)

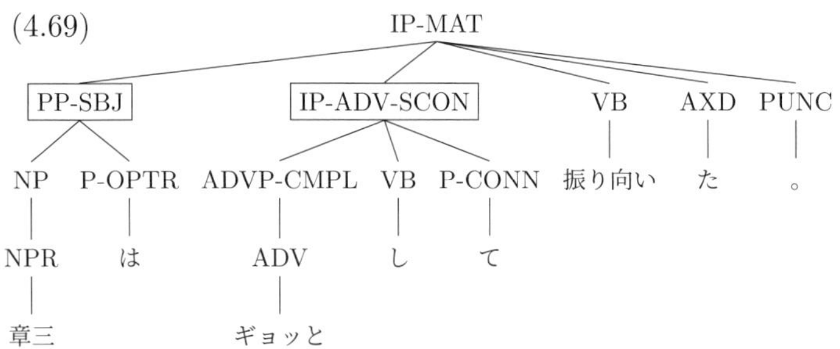

(501_aozora_fiction_oda1976c)

(4.70)

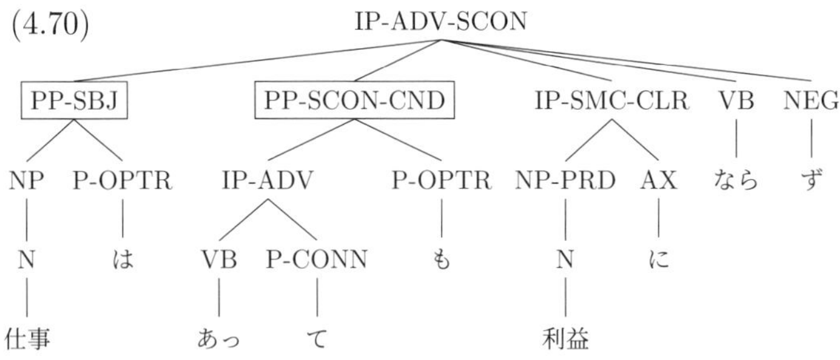

(53_news_kahoku38)

第 2 の想定は，上位の節の主語（-SBJ）は，コントロール現象を生じる

IP 節に後続していてもコントロール元となりうるというものである。具体例として以下が挙げられる。この例では，従属節（IP-ADV-SCON）に後続する上位の節の主語（-SBJ）がコントロール元となっている。

(4.71)

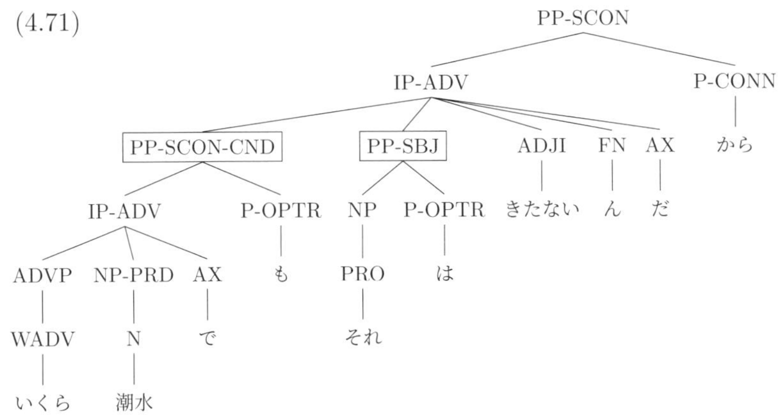

(132_aozora_essay_yamanokuchi1937)

第 3 の想定は，上で述べた IP 節に先行する項に関する「-OB2 > -OB1 > -SBJ2 > -SBJ」という階層に従わず，階層上で上位に位置する項が存在するにも関わらず，主語（-SBJ）が優先的にコントロール元となる場合があるというものである。このような優先的にコントロール元となる主語（-SBJ）がある場合は，IP-ADV2，IP-EMB2 等のように，節のラベルに 2 を加える。

(4.72)

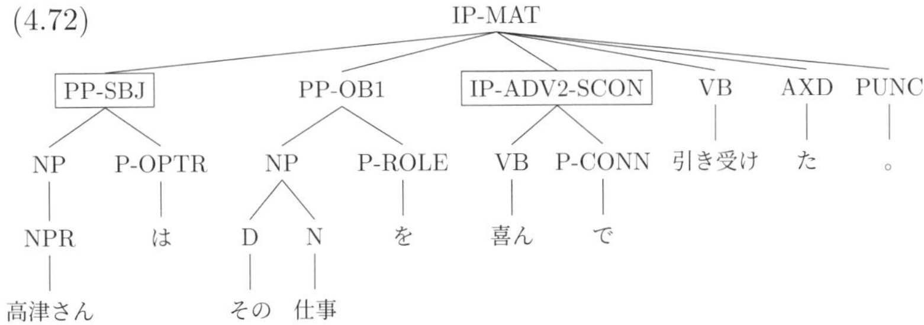

(379_x_textbook_kisonihongo)

コントロール元となる上位の節の項は明示されないこともある。上位の節がコントロールを生じない IP 節（つまり，主節（IP-MAT），準主節

（IP-SUB），および関係節（IP-REL)）であれば，それをゼロ代名詞によって補うことになるが，その際には上に挙げた 3 つの想定のうち，第一の想定が優先的に働くものとして，ゼロ代名詞を補う位置を調整する。例えば，以下の例では上位の節の述語「御見せ致します」の主語，第一目的語，および第二目的語がどれも明示されていないが，従属節（IP-ADV-SMC）の主語に対するコントロール元となっているのは主語だと解釈できる。ゼロ代名詞は原則として節の先頭に置くことになっているが（2.8 節を参照のこと），従属節（IP-ADV-SMC）の前に主語（NP-SBJ），第一目的語（NP-OB1），第二目的語（NP-OB2）のノードを置いてゼロ代名詞を補うと，NP-SBJ がコントロール元ではなくなってしまうので，NP-OB1 と NP-OB2 を従属節の後に置いて，それを回避している。

(4.73)

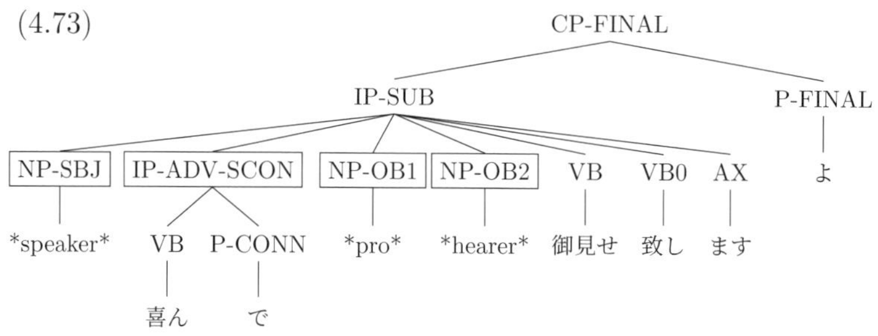

(71_aozora_fiction_edogawa1929)

以上の 3 つの想定が不可能な場合，コントロール現象が生じる IP 節であっても，明示されていない主語をゼロ代名詞で補う。例えば，以下の例の従属節（IP-ADV-SCON）における明示されていない主語は，コントロール元を持たない（上位の節の主語である「魚」をコントロール元とする解釈は成り立たない)。よって，ゼロ代名詞 *pro* を主語のノード（NP-SBJ）の下に補っている。このように主語等に関する情報を例外的に補わなければならない場合はあるが，大部分のデータ文についてはコントロールや ATB により上位の節の項が下位の節に継承されることから，アノテーターの労力を大幅に節減することができる。

(4.74)

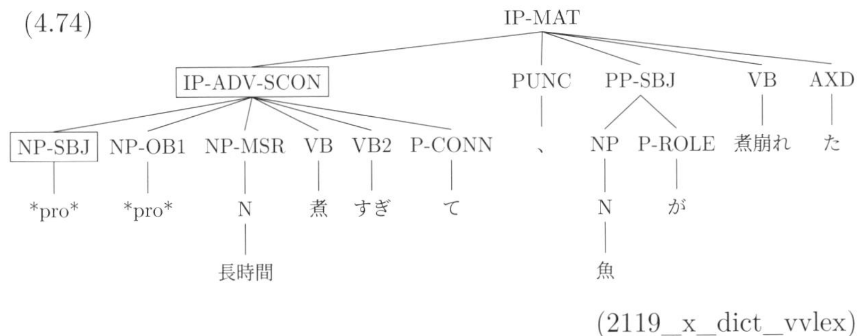

(2119_x_dict_vvlex)

4.1.14 等位節と ATB 抽出

等位的な副詞節（IP-ADV-CONJ および PP-CONJ，以下，等位節と呼ぶ）は上位の節の下に埋め込まれるが，主節に対して，2 つ以上の等位節が存在する場合は，1 つ目の節が 2 つ目の節の下に埋め込まれ，その 2 つ目の節が主節の下に埋め込まれるという風に順に埋め込みが行われているようにアノテーションされる。等位節のアノテーションはこの点で，意味を考慮して埋め込みの位置を決める従属節（IP-ADV-SCON(-CND) および PP-SCON(-CND)）のアノテーションと異なる。

(4.75)

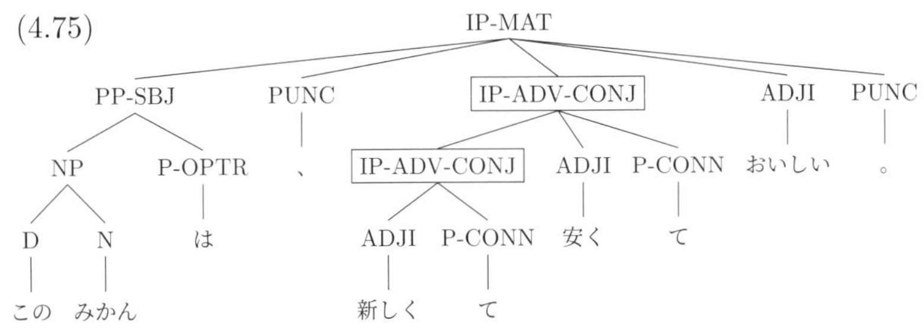

(951_x_textbook_particles)

等位節のアノテーションに際しては，上位の節の項や付加詞が先行詞として等位節に継承されるという想定を行う。これを ATB（Across the Board）抽出と呼ぶ。前節で見たコントロール現象ではコントロールの受け手が主語に限られるのに対し，ATB 抽出で継承されるのは主語を含むすべての項，さらに付加詞であり，また継承に際してその文法役割が変更されることはない。

以下の (4.76) は主節の主語（SBJ）と第一目的語（OB1）が，(4.77) は場所句（NP-LOC）が等位節（IP-ADV-CONJ）に継承されている例である。

(4.76)

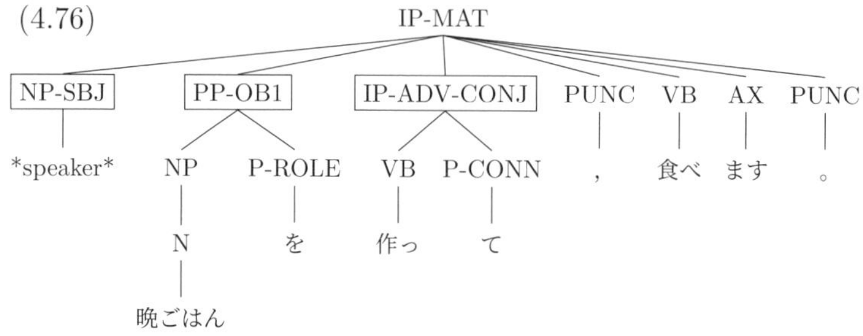

(11_x_misc_examples1)

(4.77)

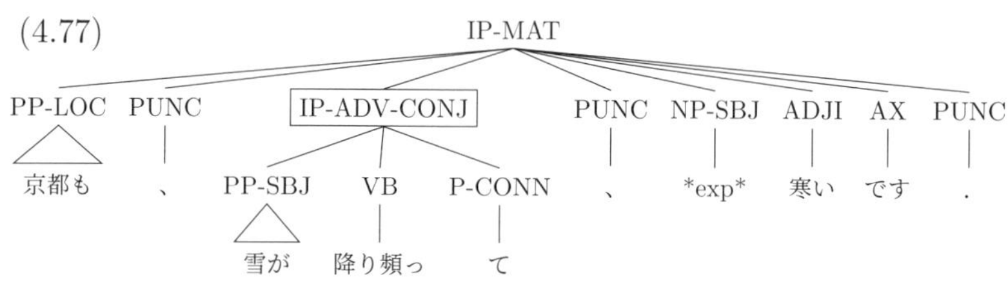

(2826_x_dict_vvlex)

ATB抽出を想定することにより，明示されていない項をゼロ代名詞によって補う際に，それを節の先頭以外の位置に置くことがある。例えば，以下の例では「続ける」の第一目的語が明示されておらず，IP-ADV-CONJに後続してノードNP-OB1を置いてその下にゼロ代名詞を補っている。節の先頭にゼロ代名詞を補わないのは，そのようにすることによって生じうる「項がその文法役割を変えずに等位節に継承される」というATB抽出の想定に対する矛盾を避けるためである。

(4.78)

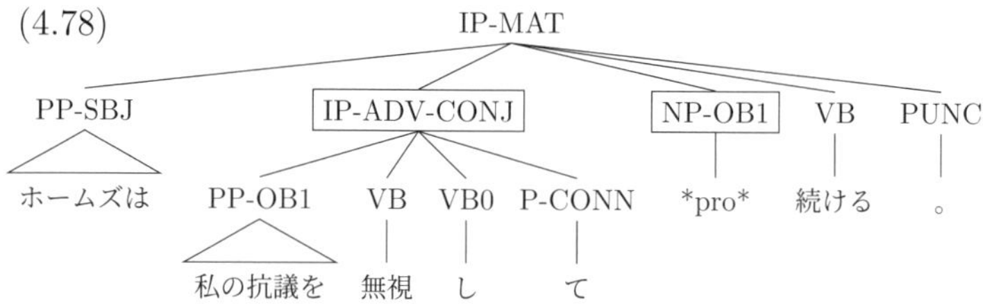

(98_aozora_fictiontrans_doyle1892)

4.2 様々な構文

4.2.1 はじめに

前節では，節のタグを取り上げ，どのような構文に対しその節が用いられ，節内部がどのようにアノテーションされるかを説明した。本節では，二重主語構文，受動文，使役文，テアル構文，テアゲル／テクレル構文，目的語繰り上げ構文，主語繰り上げ構文，N-bar 削除，右方節点繰り上げ，動詞なしの付帯状況構文，移動の目的を表す節，括弧挿入句，主要部内在型関係節，代名詞残留型関係節という構文を取り上げて，前節では触れることのできなかった事項を含めて説明を行う。

4.2.2 二重主語文

日本語には 2 つの「主語」を持つ構文があり，頻繁に使用される。

(4.79)

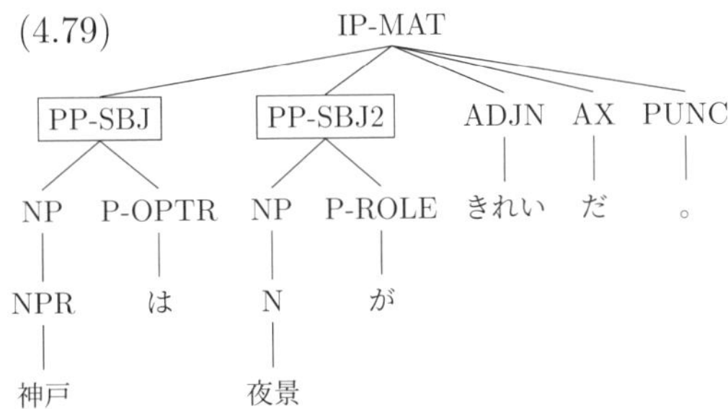

(762_x_textbook_kisonihongo)

上の例文において，2 番目の主語「夜景が」は述語「きれいだ」の主語としての役割を果たしている。同時に，最初の主語「神戸は」は主題を兼ね，これに対して文の残りの部分である「夜景がきれいだ」が関係づけられている（以下，最初の主語を「第一主語」と呼ぶことにする)。本コーパスでは，第一主語は `-SBJ` と，2 番目の主語は `-SBJ2` とラベル付けされる。第一主語は「は」等のとりたて助詞を伴うことが多いが，格助詞「が」を伴うこともある。

二重主語文は，2 つの主語および述語の間にどのような関係が成り立つかによって，以下のように 3 つのタイプに分けられる。この 3 区分と説明とは，基本的には日本語記述文法研究会（2009b）によっているが，同書における 4 区分の 1 つ「被修飾名詞型」を，ここでは (i) に含めている。これらの区別はアノテーションには反映されないが，その知識はこの構文を認識するに際して有用である。

(i)「A は B が C」の文において，A が B を修飾する関係にあり，「A の B が C」と言い換えることができるもの。例えば，上に示した (4.79) は「神戸の夜景がきれいだ」と言い換えることができる。

(ii)「A は B が C」の文において，C が名詞句であり，また，「B が A の C」と言い換えられるもの。C は A の重要または不可欠な側面を表す。例えば，「カキ料理は広島が本場だ」は「広島がカキ料理の本場だ」と言い換えられる。

(iii)「A は B が C」の文において，2 つの主語（A と B）と述語（C）との間に特定の関係が成り立たず，A が B と C の構成する叙述と関係づけられているもの。「このにおいは，ガスが漏れているな」の文において，「このにおい」は「ガスが漏れている」という叙述と関連付けられている。

二重主語文と第一目的語が「が」によって表示される文との区別については，注意が必要である。後者において，主語，第一目的語の両方が述語と直接関係しているのと異なり，二重主語文の述語は第一主語の属性を述べているわけではない。例えば，「象は鼻が長い」において，「長い」は直接「象」の属性を表してはいない（3.3.4 節を参照のこと）。

二重主語構文は 2 つの主語が明示されている文に限らず，第一主語が関係節のトレースや，省略によるゼロ代名詞，あるいは上位の節からのコントロールという形で，音形を持たない空要素として解釈されることがある。言い換えれば，本コーパスでは，そのような場合についても積極的に二重主語構文を見出すというアプローチを採っている。下の (4.80) では，主節の主語が省略されているが，これは二重主語文である従属節（PP-SCON）「のどが痛いので」における明示されていない主語のコントロール元となっており，「のどが」は-SBJ2 であると分析される。

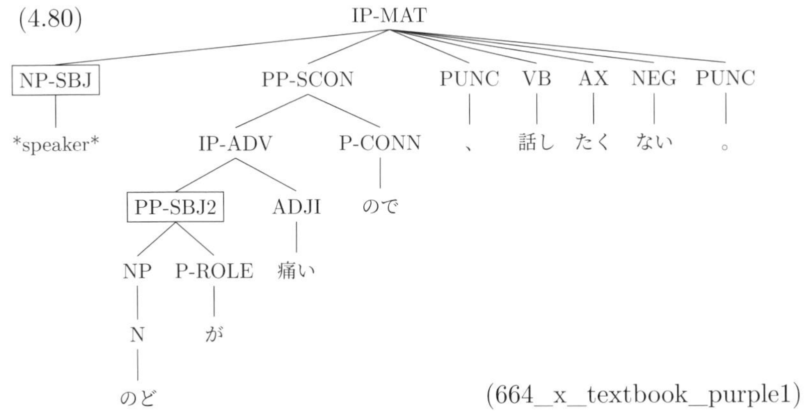

(664_x_textbook_purple1)

三重主語文や四重主語文も可能だが，本コーパスでは，-SBJ と -SBJ2 以外に主語のための拡張タグを用いない。

4.2.3 受動文

受動文はしばしば直接受動文と間接受動文とに分けられる。本コーパスでは，「れる／られる」を直接受動の場合には PASS，間接受動の場合には PASS2 とタグ付けすることでこの区別を示す。

直接受動文は，対応する能動文における第一目的語（-OB1）または第二目的語（-OB2）であったものが主語（-SBJ）の位置に昇格し，能動文における主語（-SBJ）であったものが斜格に降格した構文と見なすことができる。降格した能動文における主語には，論理的主語（-LGS）の拡張タグが与えられる。論理的主語（-LGS）は，「に／によって／から」等で表示される。受動を表す補助動詞「れる／られる」は PASS とラベル付けされ，主動詞と並んで IP の直下に置かれる。

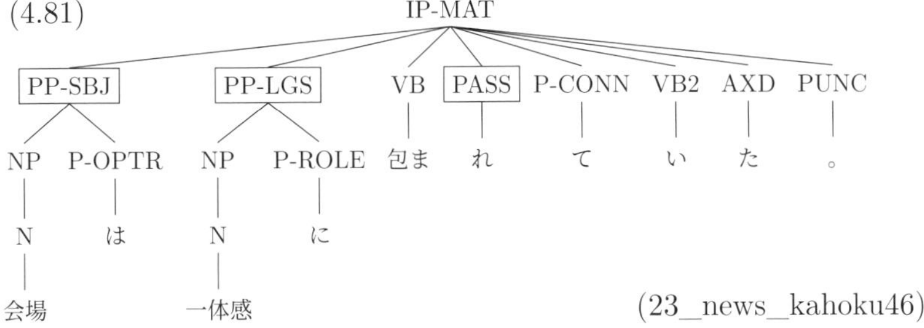

(23_news_kahoku46)

(4.82)

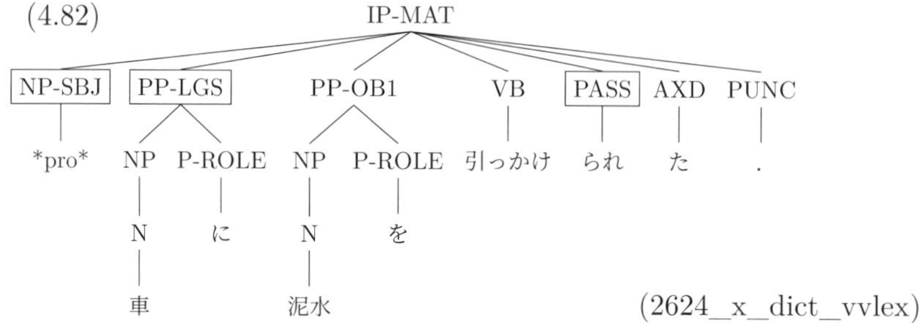

(2624_x_dict_vvlex)

論理的主語が明示されない場合は，次の例に見るように，ゼロ代名詞を NP-LGS の下に置く。

(4.83)

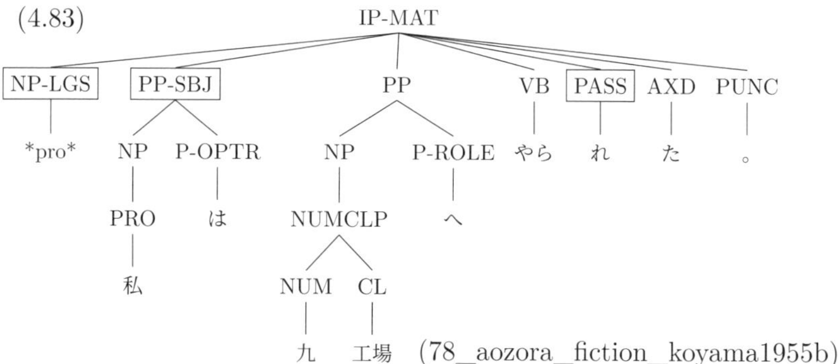

(78_aozora_fiction_koyama1955b)

間接受動文は，自動詞または他動詞を主動詞とする文（下の例では「花子が泣く」や「先生が太郎の絵をほめた」）の表す事態によって影響を受ける者を主語（-SBJ）とし，その文の主語であったものが斜格をとってあらわれた構文と見なすことができる。項の数が 1 つ増えるという点に，直接受動文との大きな違いがある。受動補助動詞「れる／られる」は PASS2 とラベル付けされ，やはり主動詞とともに IP の真下に置かれる。

(4.84)

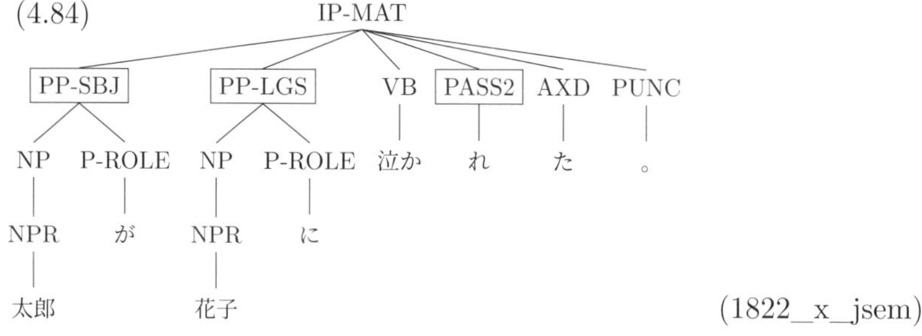

(1822_x_jsem)

(4.85)

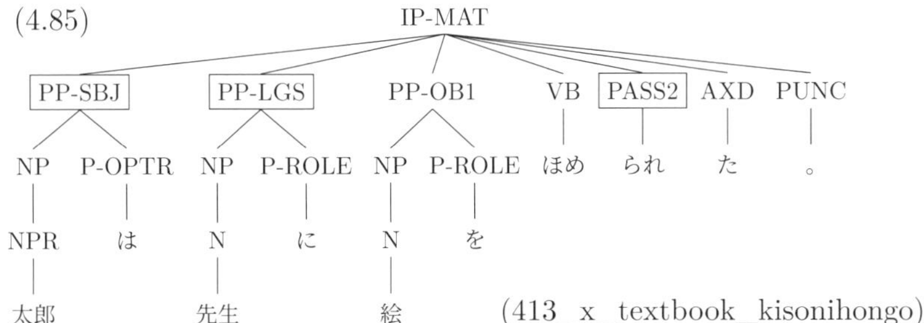

(413_x_textbook_kisonihongo)

上の (4.85) のような，対応する文の目的語の表す人や物の所有者を主語とするものを「持ち主の受身文」等と呼んで，そうでないものと区別した分類をすることがある（例えば，日本語記述文法研究会 2009a）。また，この他にも，「迷惑」の意味を伴うか否かという基準に従うこともある。本コーパスでは，意味解釈上の必要から，項の数の増加という統語論的基準による直接受動文／間接受動文の区別のみを行っている。

動詞「れる／られる」形は，直接受動，間接受動，自発，可能，尊敬の 5 種類に曖昧だが，それらの間の区別については，4.4 節を参照のこと。

4.2.4 使役文

使役文は，述語の中核をなす動詞の項に使役者の項を新しく付け加えるという点で，前節で見た間接受動文と同様に，項の数を増やす構文である。使役文のアノテーションでは，統語上の主語（使役者），主動詞の意味上の主語（被使役者），それ以外の項，動詞（`VB`），使役を表す補助動詞（`VB2`）「せる／させる」が，全て `IP` の下にフラットに置かれる。被使役者は「に」や「を」等の格助詞を伴うことが多いが，その投射する助詞句（`PP`）には，拡張タグ `-CZZ` が付与される。

(4.86)

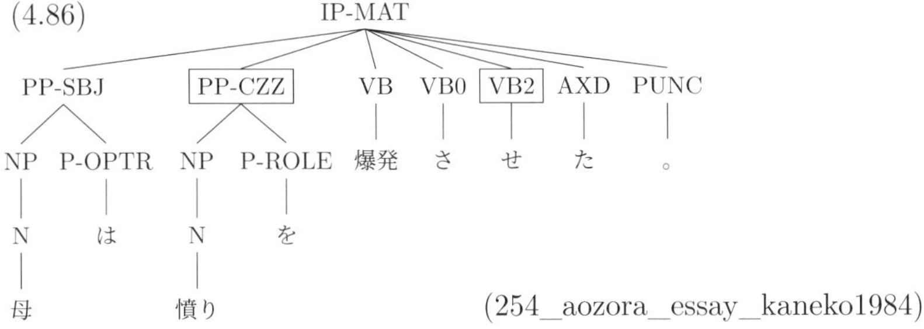

(254_aozora_essay_kaneko1984)

(4.87)

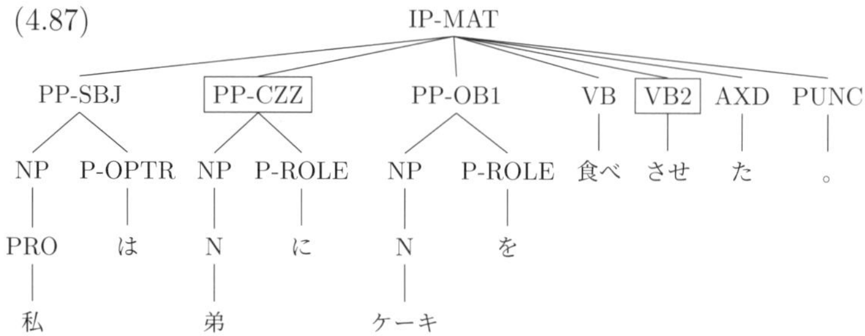

(15_x_misc_examples1)

使役受動文は使役を表す VB2「せ／させ」に対し受動を表す PASS「られる」が加えられたものであり，その主語は主動詞の主体を表す。また，拡張タグ -LGS を付与された項は，主動詞と VB2「せ／させ」とが表す使役的事象の主体に当たる。-LGS, -SBJ, -OB1 の拡張タグを持つ助詞句/名詞句，VB，VB2「(さ) せ」，および PASS「られ」はすべて IP の真下にフラットに置かれる。「高津さんがその事件を調べる」は，使役文「(誰かが) 高津さんにその事件を調べさせる」を経て，次の使役受動文を生じる。

(4.88)

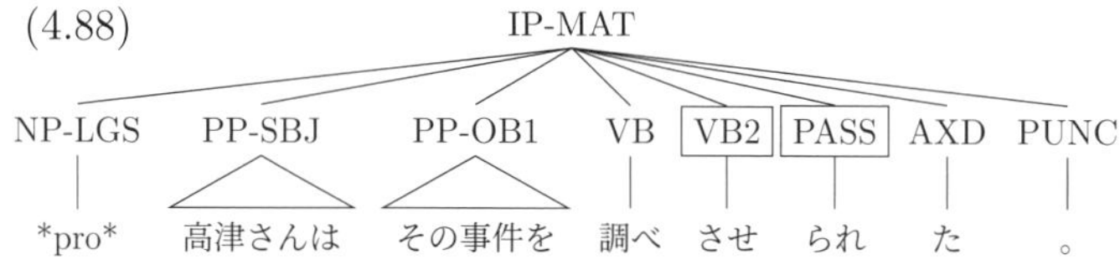

(435_x_textbook_kisonihongo)

4.2.5 テアル構文

テ形動詞に補助動詞（VB2）「ある」が続き述語となったテアル構文に対しては，テアル構文のタイプに応じた2種類のアノテーションを行う。なお，テアル構文におけるテ形動詞は基本的には他動詞であり，自動詞の例は非常に稀である。

まず，テ形動詞の目的語に相当する名詞句が格助詞「が」を伴う場合（名詞修飾節内部では「の」を伴うこともある），目的語であったものが主語の位置に昇格した構文，つまり，一種の受動文であると見なすことができる。このことを示すために，補助動詞「ある」のノード（VB2 ある）の直前にノード（PASS *）を付け加える。また，このようなテアル構文でテ形動詞の主語に相当する名詞句が明示されることはないようであるが，ゼロ代名詞を論理的主語（NP-LGS）のノードの下に置いて補う。

(4.89)
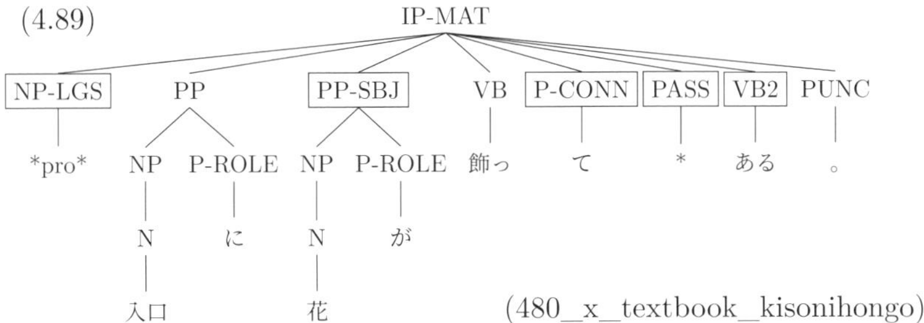

(480_x_textbook_kisonihongo)

次に，目的語が主語の位置に昇格したと考えられない場合，すなわちテ形動詞の目的語に相当する名詞句が格助詞「を」を伴っていたり，とりたて助詞を伴っていたり，あるいは助詞を伴わない場合は，テアル構文を受動文の一種と見なすことができないので，（PASS *）を付け加えることはしない。このようなテアル構文では，主語が明示されず，また，明確な先行詞を持つ主語が省略されていると考えられないことも多い。その場合は，虚辞（*exp*）を主語（NP-SBJ）のノードの下に置く。

(4.90)
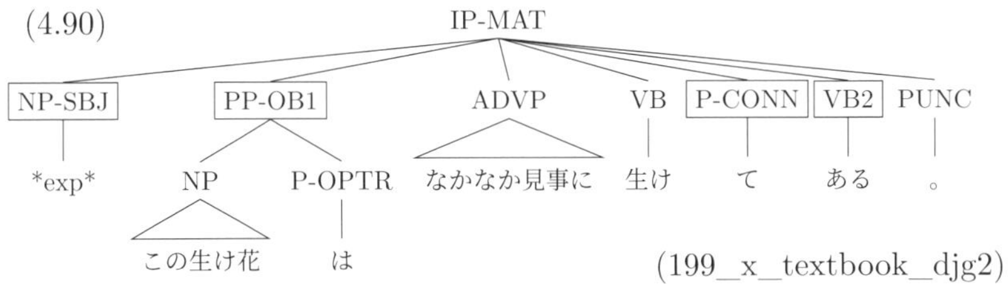

(199_x_textbook_djg2)

稀ではあるが，テアル構文において自動詞のテ形や，他動詞に後続した受動補助動詞（PASS）のテ形が用いられることがある。

(4.91)　台所に，まだ酒が<u>残って在る</u>筈だ。
(131_aozora_essay_dazai1940a)

(4.92)　地階の部屋には、全部冷光電燈が<u>つけられてあった</u>。
(307_aozora_fiction_ran1939)

このような例におけるテアル構文も受動文に類するものと見なすことがで

きないので，(PASS *) を付け加えることはしない。

4.2.6 テアゲル／テクレル構文

テ形動詞に「もらう」「あげる」「くれる」を後続させたテモラウ構文，テアゲル構文，テクレル構文は，授受を表す動詞が用いられる点で共通するが，本コーパスでは，テモラウ構文とテアゲル／テクレル構文が異なる構造を持つという分析を行う。

テモラウ構文は，動詞 (VB)「もらう」(およびその謙譲語の「いただく」) がテ形動詞の投射する小節 (IP-SMC) をとるという分析，つまり節の埋め込みがあるという分析を行う (4.1.6 節における (4.25) を参照のこと)。

これに対して，テアゲル構文とテクレル構文では節の埋め込みがあるという分析は行わない。「あげる」と「くれる」は補助動詞 (VB2) として，テ形動詞とともにフラットに配置される。

(4.93)

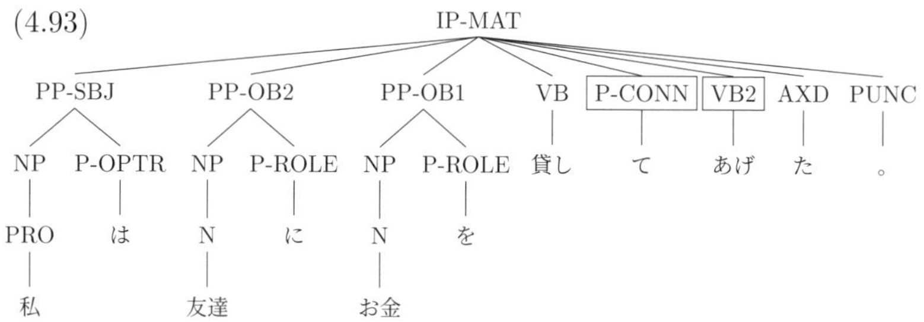

(15_x_textbook_djg4)

(4.94)

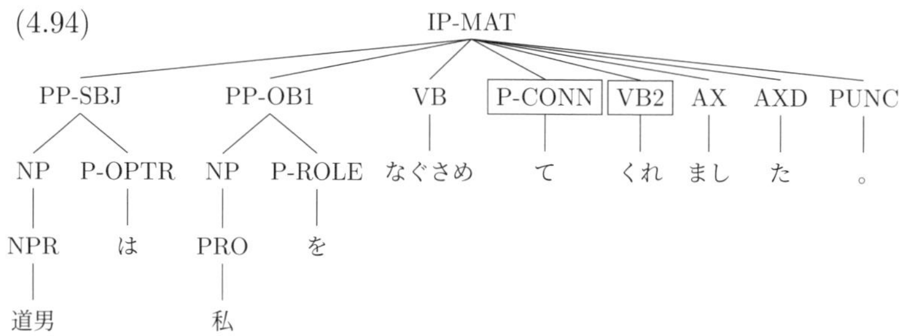

(114_x_textbook_djg1)

テ形動詞に後続した補助動詞 (VB2)「やる」「さしあげる」(「あげる」の類義語と謙譲語)，および「くださる」(「くれる」の尊敬語) も同様に扱う。

4.2.7 目的語繰り上げ構文

「思う」「考える」「感じる」「見える」等の思考・認識を表す動詞の補部となった節（小節（IP-SMC-OB1）または補部節（CP-THT-OB1））の内部に主語が明示されず，それと同一指示の名詞句が上位の節の述語の項として格助詞「を」あるいは「が」を伴ってあらわれることがある。このような項に対しては，それが埋め込まれた節から繰り上げられたものと見なし，派生された第一目的語 -DOB1 の拡張タグを付与する。埋め込まれた節は，これによりコントロールを受ける。

思考・認識動詞が小節（IP-SMC-OB1）をとる場合のアノテーションについては，4.1.6 節における説明を参照されたい。

思考・認識動詞が補部節（CP-THT-OB1）をとる場合は，繰り上げ後の CP-THT-OB1 が準主節（IP-SUB）ではなく，小節（IP-SMC）を支配するものとする（繰り上げのない補部節（CP-THT）のアノテーションについては，4.1.12 節を参照のこと）。

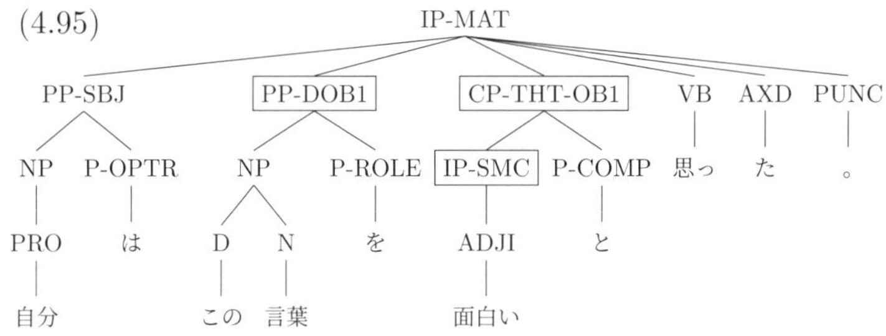

(374_aozora_fiction_natsume1908)

なお，動詞「する」のとる補部節からその主語が繰り上がり，「する」の項となったと考えられる例もあり，上記と同様の構造が与えられる。

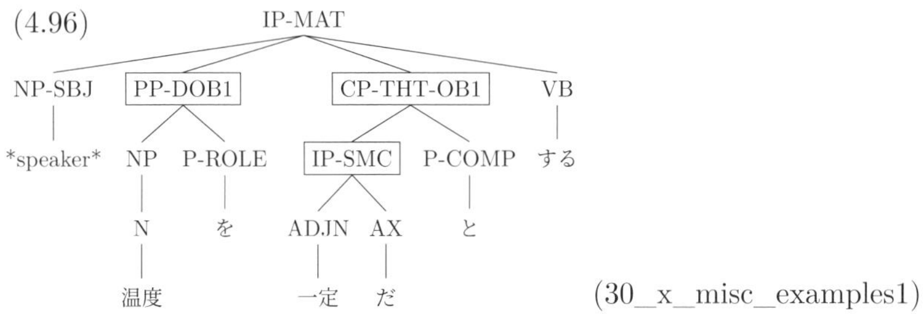

4.2.8 主語繰り上げ構文

主語繰り上げ構文は，目的語繰り上げ構文を受動化した文である。繰り上げられた項は派生された主語 -DSBJ の拡張タグを付与され，埋め込まれた節に対してコントロールを行う。思考・認識動詞のとる補部節（CP-THT-SBJ）は，前節で見た目的語繰り上げ構文と同様に，準主節（IP-SUB）ではなく，小節（IP-SMC）を支配するものとする。

(4.97)

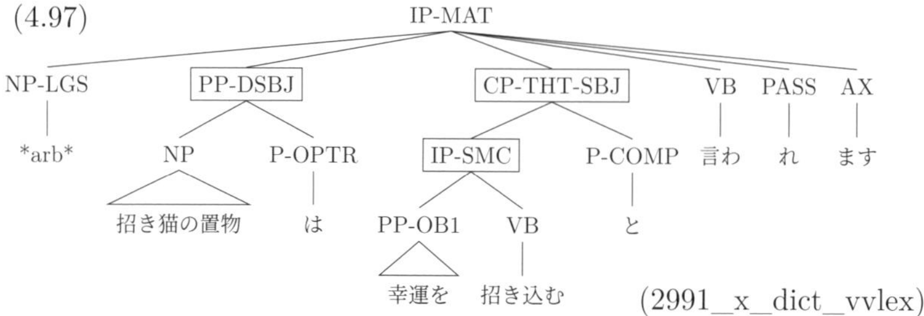

(2991_x_dict_vvlex)

4.2.9 N-bar 削除

属格の「の」の投射する助詞句（PP）に被修飾名詞が続かず，それだけで名詞句相当の働きをする，いわゆる「N-bar 削除」の例に対しては，空要素等を補うことはせず，助詞句が主要部なしで名詞句（NP）となるものとする。

(4.98)

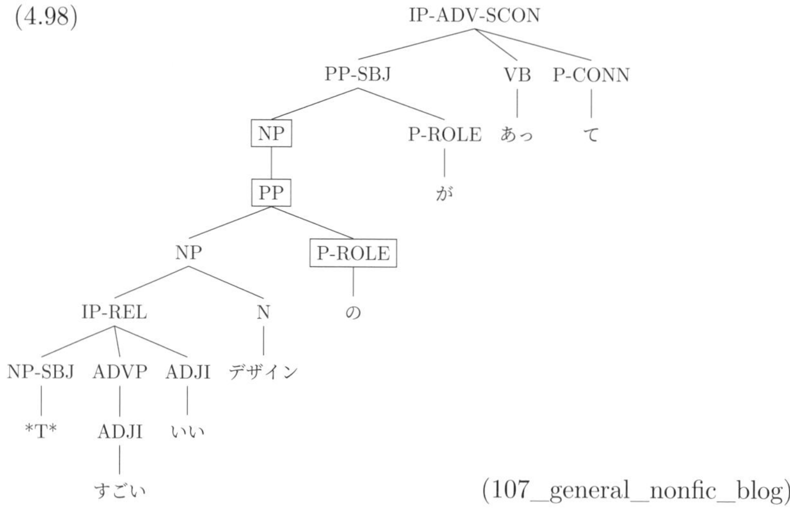

(107_general_nonfic_blog)

4.2.10 右方節点繰り上げ

等位接続された節を持つ文は，節の右側にある要素が各々の節で共有されており，それが最後の節にのみあらわれる，いわゆる「右方節点繰り上げ」(Right-node raising) と呼ばれる現象を伴うことがある。以下の例に見るように，述語が共有され，それが等位節（IP-ADV-CONJ）にはあらわれていないという場合は，それを補うことはしない。

(4.99)

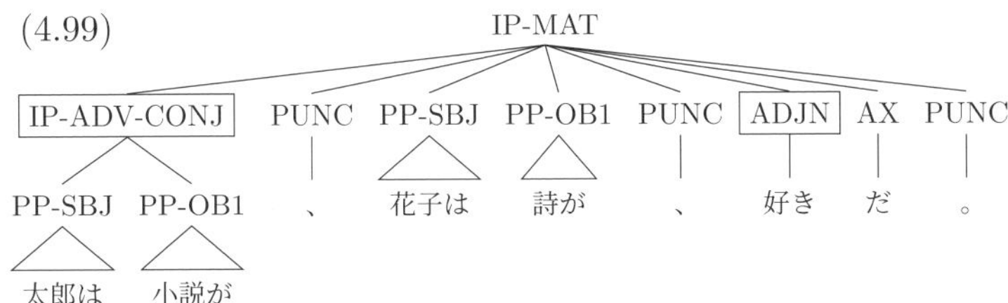

(1230_x_textbook_kisonihongo)

述語だけでなく，それに先行する要素，例えば助詞も共有されており，それらが最後の節にのみあらわれることもある。この場合，等位節（IP-ADV-CONJ）の下に述語を補うことはしないが，助詞については，最後の節と同じノードを作り，その下にゼロ要素（*）を補う。

(4.100)

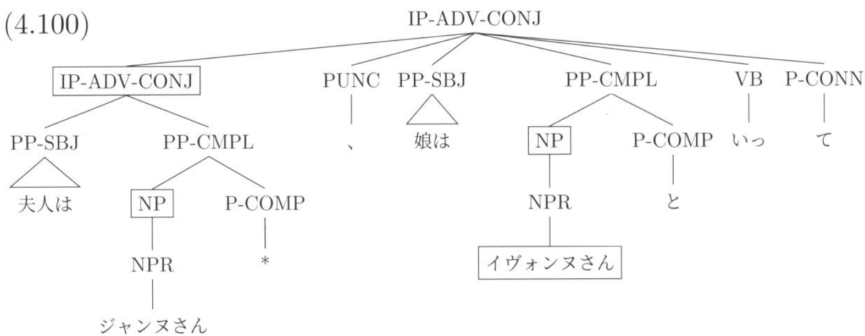

(12_aozora_fiction_hisao1939)

4.2.11 動詞なしの付帯状況構文

ここで取り上げる構文は前節の「右方節点繰り上げ」と同様に述語を欠くが，述語の欠如が等位節（IP-ADV-CONJ）ではなく，従属節（IP-ADV-SCON）で生じるものであり，また常に「A を B に」の形をとる。これは，しばしば「付帯状況構文」と呼ばれる。この構文は,「に」の言い換え可能性によって 2 つのタイプに分けられる。

まず,「に」を「として」で置き換えても文意が変わらないものについては,従属節が小節（IP-SMC）をとる動詞「する」を欠いていると見なし,「B に」を小節（IP-SMC-CLR）の下に配置する。この場合,「に」はコピュラ（AX）「だ」の連用形とタグ付けされることに注意されたい（4.1.6 節における小節（IP-SMC）のアノテーションを参照のこと）。

(4.101)

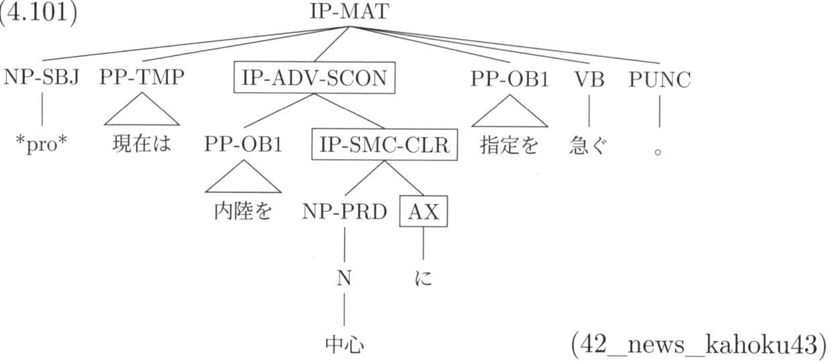

(42_news_kahoku43)

次に,「に」を「として」で置き換えることができない場合,従属節が「B にする」という形の慣用句における「する」を欠いていると見なし,「B に」を補語の役割を持つ助詞句（PP-CMPL）の下に配置する。この場合,「に」は格助詞（P-ROLE）とタグ付けされる（3.1.2.3 節における格助詞「に」を伴う慣用句のアノテーションを参照のこと）。

(4.102)

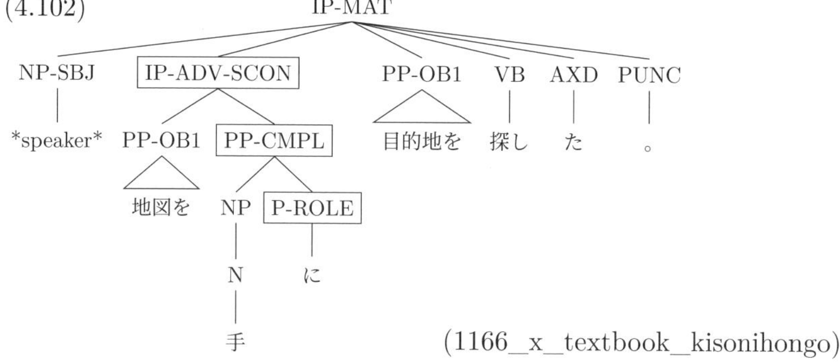

(1166_x_textbook_kisonihongo)

4.2.12 移動の目的を表す節

移動動詞は，移動の目的を表す動作名詞句または動詞連用形を主要部とする節を伴うことがある。名詞句は「買い物」「遊び」のような動作名詞を主要部とし，それに対し格助詞 (P-ROLE)「に」が後接し，助詞句 PP-PRP を投射する。

(4.103)

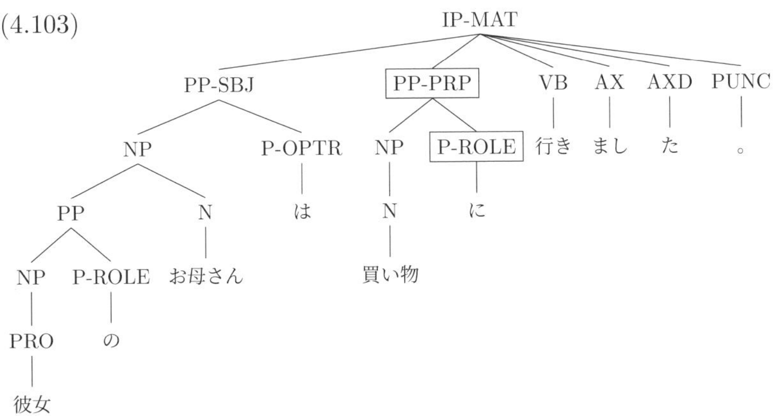

(237_x_tanaka)

動作動詞の連用形を主要部とする節は名詞化節 (IP-NMZ) としてタグ付けされ，後接の「に」はやはり格助詞 (P-ROLE) とされる。投射される助詞句 (PP) には拡張タグ -PRP が付与される。

(4.104)

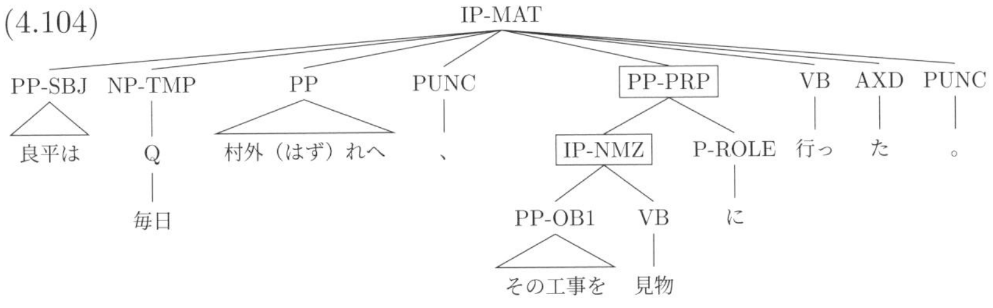

(4_aozora_fiction_akutagawa1922)

4.2.13 括弧挿入句（PRN）

PRN（括弧挿入句）というラベルを与えられる語句は形式も機能も様々である。副次的な説明や言い換えのこともあるが，意味論的に重要な働きをすることもある。以下で，その機能別の説明を行う。

(i) 括弧や区切り記号によって挟まれた語句は，左右の区切り記号あるいは括弧を `PUL` および `PUR` とタグ付けした上で，`PRN`（括弧挿入句）の下に置く。

(4.105)
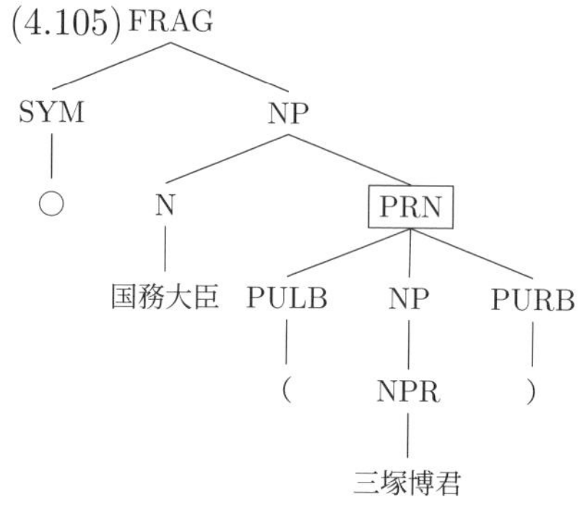

(18_diet_kaigiroku13)

(ii) 挿入された発話として `IP-MAT` または `CP` を支配し，他の節の構成素となるもの。下の例で，「—もう時間ですね—」は `CP-FINAL` を支配する `PRN` として分析される。

(4.106) こたえるべき質問は—もう時間ですね—毎日の生活の中でどうすればより多くの時間をフローの状態にできるか

(136_spokentrans_ted3)

(iii) 名詞 (`N`)，固有名詞 (`NPR`)，または代名詞 (`PRO`) の直後に置かれた，再帰代名詞 (`PRO`) を主要部とする名詞句。これについては，3.2.1.2 節を参照のこと。

(iv) 名詞の直後にあらわれる量化名詞句で，その直前の名詞を量化するもの。これについては，3.2.2.3 節を参照のこと。

(v) 間接疑問節 (`CP-QUE`) や補部節 (`CP-THT`) が，述語の項としての地位をめぐって名詞句と同格関係にあるもの。これについては，4.1.11 節および 4.1.12 節を参照のこと。

4.2.14 主要部内在型関係節

形式名詞「の」を主要部とする関係節で，それと同一指示と見なされる構成素を内部に持つような関係節を主要部内在型と呼ぶ。このようなタイプの関係節に対しては，当該の構成素の直前に，トレース（*T*）とそれが主要部と同一指示であることを表す記号（*.e*）を，(PP (NP *T*) (P-ROLE *.e*)) のような形で補うというアノテーションを行う。

(4.107)

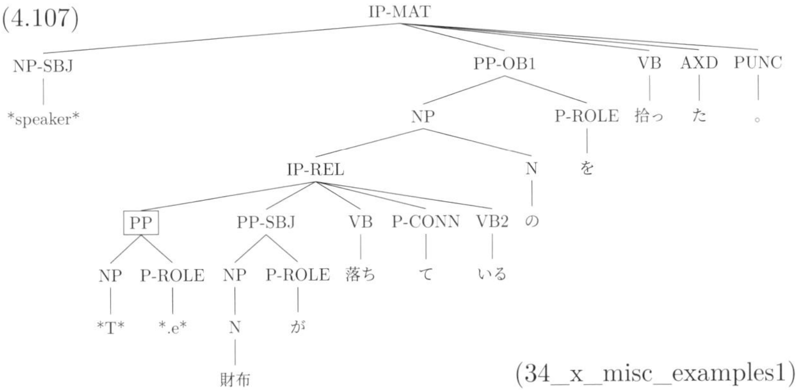

(34_x_misc_examples1)

4.2.15 代名詞残留型関係節

節の内部に主要部と同一指示の指示代名詞あるいは指示表現を持つ関係節を代名詞残留型と呼ぶ。このようなタイプの関係節に対しては，トレース（*T*）と残留代名詞を示す記号（***）を，(PP (NP *T*) (P-ROLE ***)) のような形で補い，また，指示表現のノードと主名詞の投射する名詞句のノードに同一のソート情報を付与するというアノテーションを行う。

(4.108)

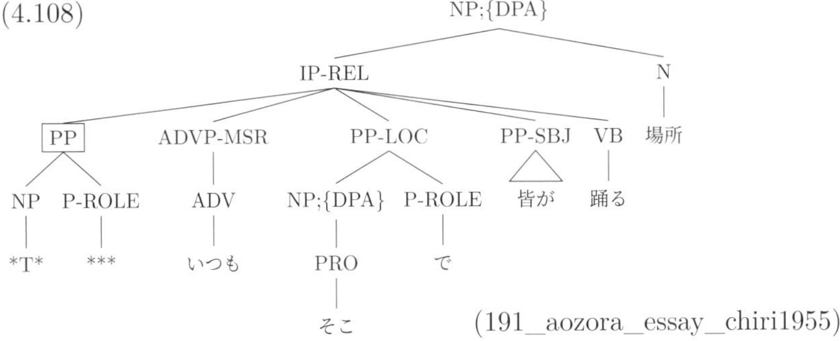

(191_aozora_essay_chiri1955)

(PP (NP *T*) (P-ROLE ***)) は関係節の先頭に置かれるのが原則であるが，主要部と同一指示の指示表現が関係節内部に埋め込まれた節の構成素である場合は，その節のノードの下に置かれる。以下の例では，主名詞「一線」と同一指示の指示表現「その」が関係節の中の従属節（IP-ADV-SCON-CND; 一重下線部分）の中にあるので，(PP (NP *T*) (P-ROLE ***)) は IP-ADV-SCON-CND の下に置かれる。

(4.109) その境界を越えたら戻ることができない「一線」

4.3 話し言葉特有の表現

4.3.1 はじめに

話し言葉の中には，書き言葉には見られない特別なアノテーションを必要とする語句が含まれる。この節では，そのうちの，間投詞（INJT）および間投詞句（INTJP），言い誤り（FS），縮約について説明を行う。主語等の項の省略，述語以外の構成素の文末への倒置，格助詞を伴わない裸の名詞句の使用も話し言葉の特徴と言えるが，これらのアノテーションについては，2.8 節，2.9 節，3.1.2.7 節を参照されたい。

4.3.2 間投詞（INTJ）および間投詞句（INTJP）

語としての間投詞は INTJ とタグ付けされる。間投詞が述語を持つ発話の一部としてあらわれた場合は，句を投射することなく，そのまま IP 節によって支配されるようにアノテーションされる。

(4.110)

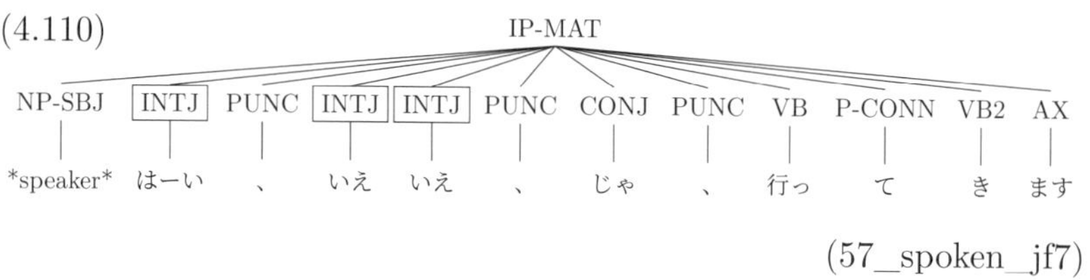

(57_spoken_jf7)

間投詞句（INTJP）は句に対して与えられるタグである。これが用いられるのは，間投詞（INTJ）が単体で，あるいは複数個まとまって独立した発話となる場合であり，単体の間投詞，あるいは複数の間投詞をまとめて間投詞句（INTJP）の下に置く。

(4.111)

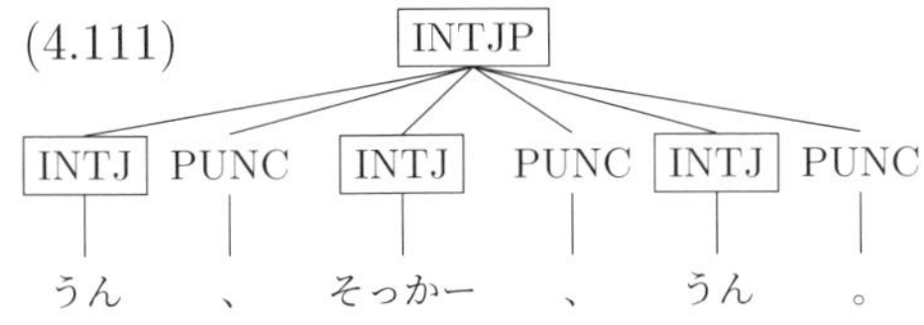

(80_spoken_jf9)

(4.112)

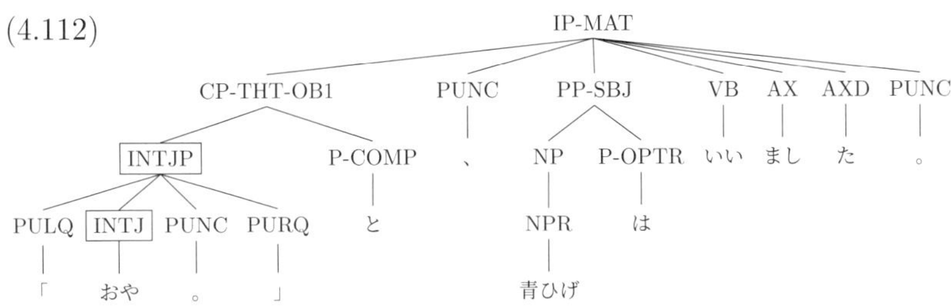

(69_aozora_fictiontrans_perrault1950)

また，間投詞（INTJ）が助詞（P）を伴う場合には，それらを共に間投詞句（INTJP）の下に置く。

(4.113)

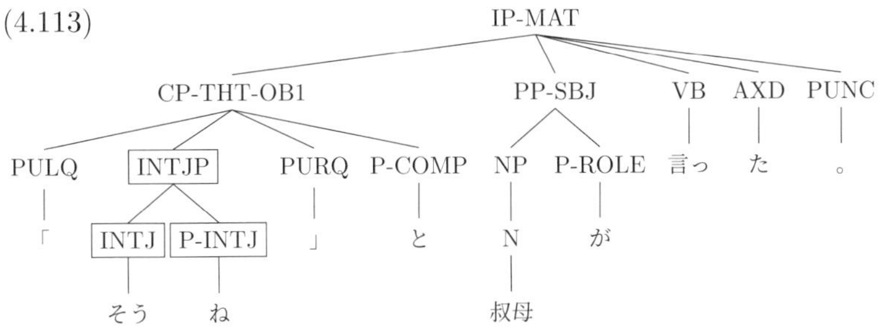

(213_aozora_fictiontrans_joyce1914)

4.3.3 言い誤り（FS）

故意にではなく繰り返されたり，間違いとしてあらわれたりした語あるいは語の断片には，言い誤りを表す FS を句のタグとして付与する。

(4.114)
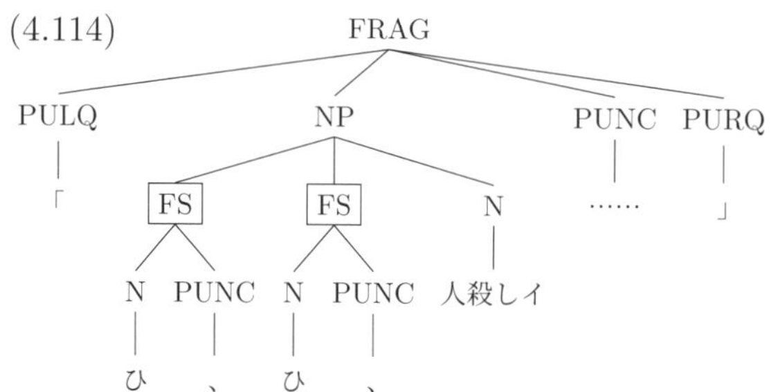

(41_aozora_fiction_kunieda1925)

(4.115)
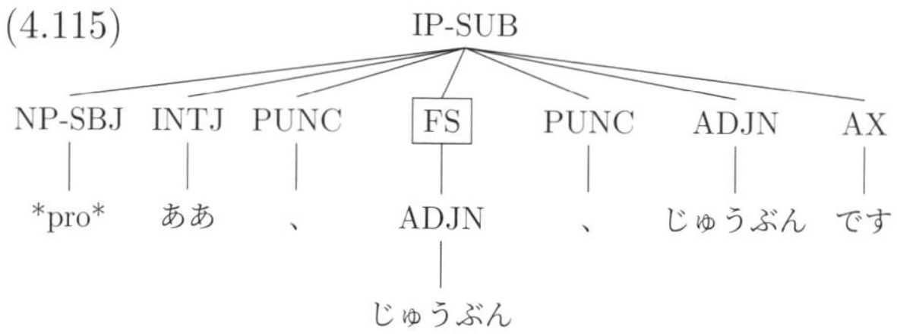

(317_aozora_fictiontrans_doyle1892)

4.3.4 縮約

2 つの語の間で縮約が生じる場合，その結果生じた縮約形に対する品詞タグは，2 者のうち全体の意味にとって決定的と考えられる方を採る。まず，2 番目の語の品詞タグを採るものについて，縮約のない例，縮約形の例を対にして示す。

(4.116) (VB 生き) (P-CONN て) (VB2 い) (AXD た)
(VB 生き) (VB2 て) (AXD た)

(4.117) (VB 行っ) (P-CONN て) (VB2 しまっ) (AXD た)
(VB 行っ) (VB2 ちゃっ) (AXD た)

(4.118) (VB 買っ) (P-CONN て) (VB2 おい) (AXD た)
(VB 買っ) (VB2 とい) (AXD た)

(4.119) (VB 持っ) (P-CONN て) (VB2 行っ) (AXD た)
(VB 持っ) (VB2 てっ) (AXD た)

次に，最初の語の品詞タグを採るものを示す。

(4.120) (VB 忘れ) (P-CONN て) (P-OPTR は)
(VB 忘れ) (P-CONN ちゃ)

(4.121) (VB 飲ん) (P-CONN で) (P-OPTR は)
(VB 飲ん) (P-CONN じゃ)

(4.122) (ADJN 明白) (AX で) (P-OPTR は) (NEG ない)
(ADJN 明白) (AX じゃ) (NEG ない)

(4.123) (VB し) (NEG なけれ) (P-CONN ば)
(VB し) (NEG なきゃ)

(4.124) (VB すれ) (P-CONN ば)
(VB すりゃ)

4.4 曖昧な語形 (2)「れる／られる」

動詞の「れる／られる」形は，上一段・下一段型動詞および「来る」の未然形に「られる」を，五段型動詞および「する」の未然形に「れる」を付加することで作られる。この形式は，直接受動，間接受動，自発，可能，尊敬，の 5 通りに曖昧である。以下ではそれらの用法の違いとアノテーション方法について説明する。

4.4.1 直接受動

直接受動文とは，それに対応すると想定される能動文が他動詞により構成され，その第一または第二目的語が主語として，またその主語が「に」，「によって」，「から」等の任意格によって表示されている文である。対応する能動文（下の例文では「朝早く，友人が太郎を電話で起こした。」）と比べて項の数が変化しておらず（ゼロ代名詞化することはある），項が 1 つ増える間接受動文とこの点において異なっている。

直接受動の「れる／られる」は PASS と，「に」「によって」「から」等で表示される能動文における主語（論理的主語）は -LGS とラベル付けされ，両者とも節ノードのすぐ下に置かれる。

(4.125)

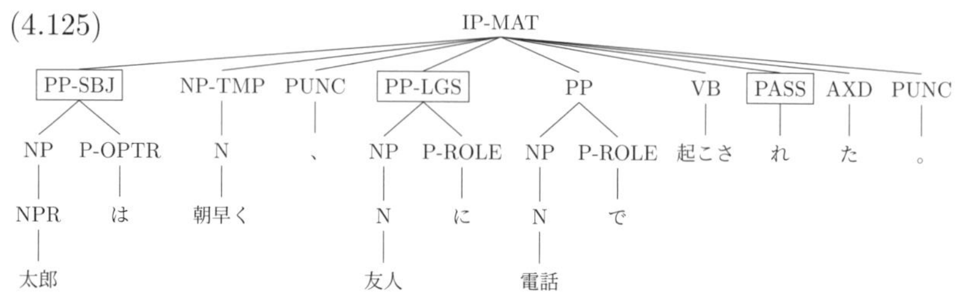

(415_x_textbook_kisonihongo)

4.4.2 間接受動

間接受動文とは，対応すると想定される能動文（下の例では「雨が降る」）と比べて，余分な項（下の例では「太郎が」）を 1 つ多く持つ受動文である。この用法の「れる／られる」は PASS2 のタグを与えられる。対応する能動文で主語であった項，すなわち論理的主語は -LGS の拡張タグを与えられる。-LGS，PASS2 共に，節ノードのすぐ下にフラットに置かれる。

(4.126)

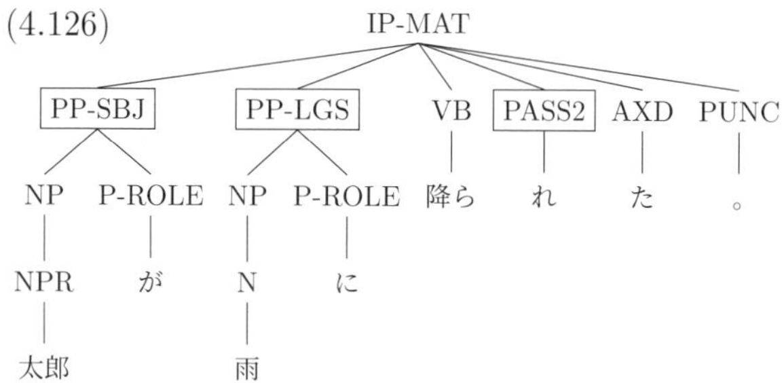

(1824_x_jsem)

日本語には，次の例のように，所有者を主語とし被所有物を第一目的語とするタイプの受動構文が存在する。このような受動文に対しては，「所有者 + の + 被所有物」を主語とする能動文（下の例では，「泥棒が太郎の財布を盗んだ」）が存在する。このような構文を「持ち主の受身」として直接受動や間接受動と別に立てる立場もあるが，本アノテーションでは，受動文において能動文に比べ項の数が 1 つ増えることを基準として間接受動文の中に含め，直接受動文と区別する。

(4.127)

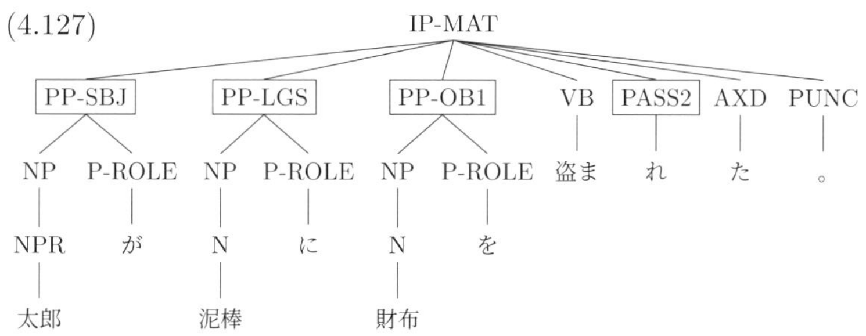

(1812_x_jsem)

直接受動／間接受動の区別は，主動詞が他動詞か自動詞かによるのではない。間接受動文は自動詞からも他動詞からも作ることができる（直接受動文の主動詞は他動詞でなければならない）。(4.127) に見られるような「迷惑」の意味の有無を分類基準とすることもあるが，ここでは採用しない。直接受動文および間接受動文について詳しくは 4.2.3 節を参照のこと。

4.4.3 自発

知覚，思考や感情を表す動詞に「れる／られる」が後接して自発の意味を表すことができる。この場合，「れる／られる」は `VB2` とラベル付けされ，節ノードのすぐ下に置かれる。知覚・思考・感情の経験者を表す主語は「に」,「は」，あるいは「には」によって表示され，`-SBJ` とタグ付けされる。第一目的語は `-OB1` または `-DOB1` と分析される。

(4.128)

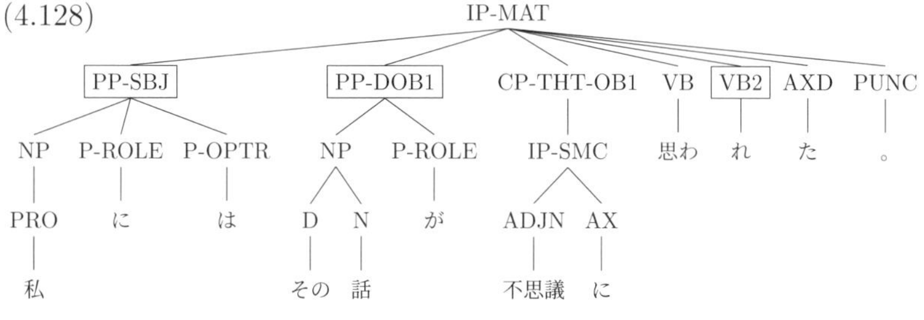

(373_x_textbook_kisonihongo)

形態論的に異なる手段で派生されるが同じく自発の意味を持つ一連の動詞がある。以下が代表的なものである。

- 見える，聞こえる，笑える，泣ける

これらは独立した動詞（VB）として扱われる。

4.4.4 可能

上一段・下一段動詞および「来る」の可能形は，直接・間接受動，自発，尊敬の形式と同じであり，「られる」を後接させて作る。口語では「れる」を付加した形式が用いられることもある。この「れる／られる」も VB2 とラベル付けされる。

五段動詞については，語幹に対し e を付加して下一段型活用の動詞を作る（例えば，「歩く」については，aruk-e-ru）。このような動詞可能形は一つの動詞（VB）として分析を行う。

他動詞を主動詞とする時，必須項の助詞による表示には 3 通りのパターンがある。

- SBJ-が OB1-を 動詞可能形
- SBJ-が OB1-が 動詞可能形
- SBJ-に OB1-が 動詞可能形

4.4.5 尊敬

尊敬の意味で用いられる「れる／られる」もまた補助動詞 (VB2) として分析される。尊敬形を述語とする文では，元の動詞の必須文法役割とそのラベルが保持される。

(4.129)

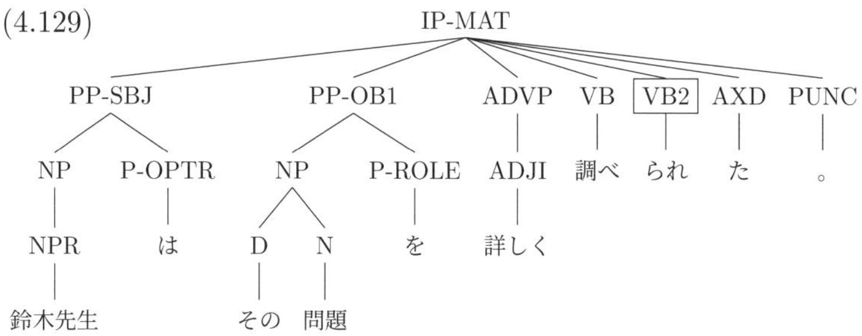

(1302_x_textbook_kisonihongo)

4.5 曖昧な語形 (3)「よう」

用言に後接して使用される「よう」には，次の 4 種類がある。

i. 助動詞 (AX)：上一段・下一段動詞,「来る」および「する」の未然形に接続し，意志や推量を表す（異形態として,「う」がある)。例：ご飯にしよう。

ii. 名詞 (N)：用言の連体形に後接し，命令・依頼・思考の内容や目的を表す。格助詞を伴った,「ように」の形式での用法を含む。伝統文法では形式名詞とされることが多い。例：10 時に集合するように言われた。

iii. モーダル要素 (MD)：用言の連体形に後続し，証拠性を伴う様態を表す。コピュラ (AX)「だ」を後接させて使用される。例：外では雨が降っているようだ。

iv. 名詞 (N)：用言の連体形に後接し，直喩（比況）を表す。また,「名詞句 + の」に後接して，様態または比況のどちらにも用いられる。やはりコピュラ (AX) を後に伴って使用される。例：春が来たように暖かい。

本節では iii の様態の用法，および iv の直喩の用法について解説する。

4.5.1 様態

副詞「どうやら」や「どうも」を補っても意味が大きく変わらなければ，その「よう（だ)」は証拠性を伴う様態を表す。用言の連体形に後接しているものはモーダル要素 (MD) としてラベル付けする。

(4.130)

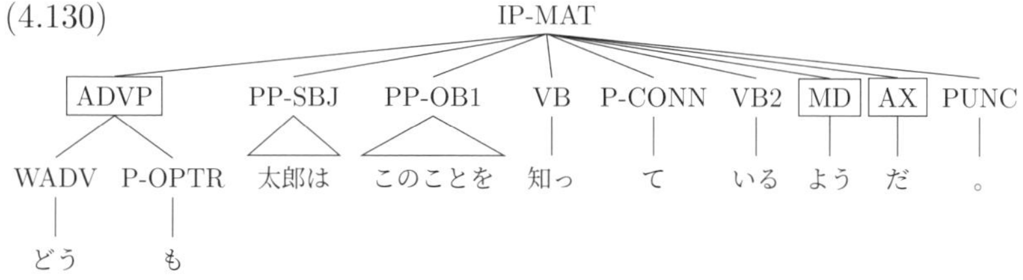

(62_x_textbook_kisonihongo)

「名詞句 + の」に後接する場合,(NP-PRD 名詞句) (AX の) に後続する (MD よう) としてラベル付けされる。

(4.131)

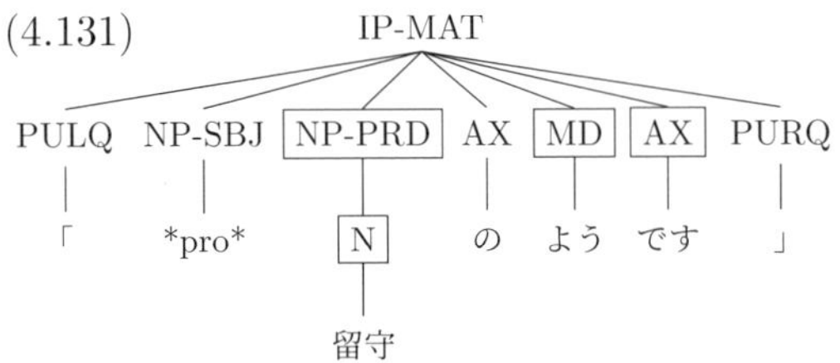

(664_aozora_fiction_oda1976b)

「このような／そのような／あのような」は，各々単独の限定詞 (D)，「どのような」は疑問限定詞 (WD) とされる。

4.5.2 直喩

副詞「まるで」や「あたかも」を挿入して基本的な意味が変わらなければ，「よう（だ）」は直喩的な表現として使用されている。「よう」は埋め込み節（IP-EMB）に修飾される名詞（N）として分析される。

(4.132)

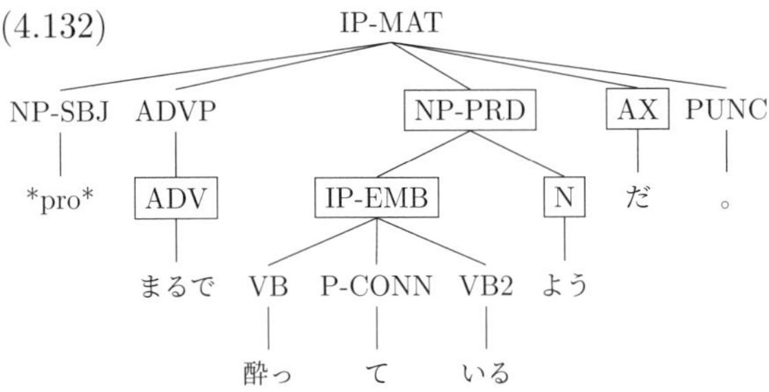

(537_x_tanaka)

「まるで」のような比喩を表す副詞があらわれる場合には，埋め込まれた節内部でなく，コピュラと同じレベルに位置するものとして分析される。これは，この種の副詞が「よう（だ）」を伴わない文にも出現できることが根拠となる。

「名詞句 + の」に後接する「よう」は，直喩用法の場合，助詞句（PP）が名詞（N）を修飾して名詞句述語（NP-PRD）を構成するものとしてアノテーションを与える。

(4.133) この絵は写実的で，写真の よう だ。

(676_x_textbook_kisonihongo)

第 5 章

検索の方法

本章ではかいのきツリーバンクのオンライン検索インターフェースと，検索方法の 1 つであるツリー検索を行うための検索パターンの作り方を説明する。コーパスを利用するに当たって最も基本的と考えられる事項，すなわち，コーパスの検索と検索結果の閲覧，および検索結果のダウンロードを扱う。

かいのきツリーバンクのオンライン検索インターフェースは，誰でも特別な手続きなしで利用することができる。かいのきツリーバンクの URL（`https://kainoki.github.io`）にアクセスし，メニューの「検索インターフェース」をクリックすると，検索インターフェースのトップページ（図 5.1）があらわれる。

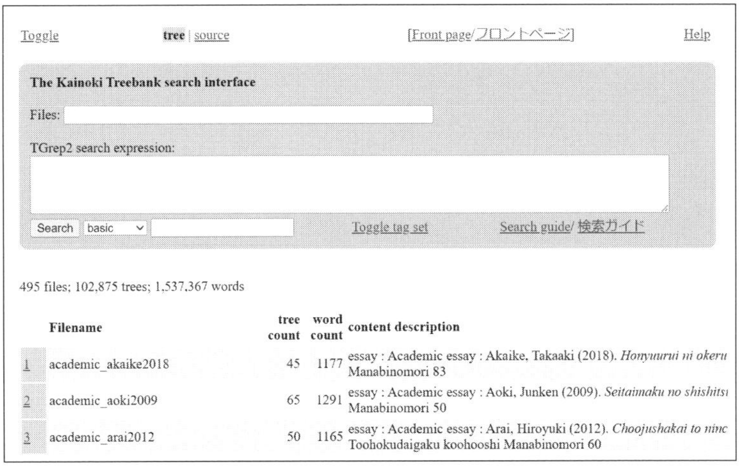

Toggle　tree | source　[Front page/フロントページ]　Help

The Kainoki Treebank search interface

Files:

TGrep2 search expression:

Search　basic　Toggle tag set　Search guide/ 検索ガイド

495 files; 102,875 trees; 1,537,367 words

	Filename	tree count	word count	content description
1	academic_akaike2018	45	1177	essay : Academic essay : Akaike, Takaaki (2018). *Honyuurui ni okeru* Manabinomori 83
2	academic_aoki2009	65	1291	essay : Academic essay : Aoki, Junken (2009). *Seitaimaku no shishitsu* Manabinomori 50
3	academic_arai2012	50	1165	essay : Academic essay : Arai, Hiroyuki (2012). *Choojushakai to ninc* Toohokudaigaku koohooshi Manabinomori 60

図 5.1　検索インターフェースのトップページ

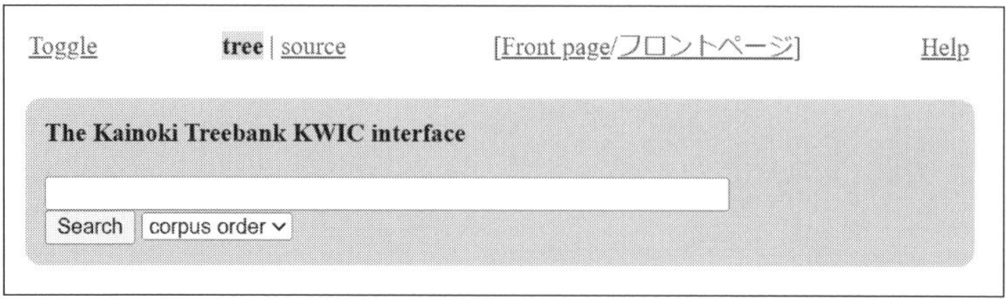

Toggle　tree | source　[Front page/フロントページ]　Help

The Kainoki Treebank KWIC interface

Search　corpus order

図 5.2　文字列検索画面

5.1 文字列検索

検索インターフェースで使うことのできる検索方法は，文字列検索とツリー検索の 2 つであるが，アクセスしてすぐ見えるのはツリー検索の画面である（図 5.1）。この画面の左上の「Toggle」をクリックすると，図 5.2 の文字列検索の画面に切り替わる。再び「Toggle」をクリックすると，ツリー検索の画面に戻る。

文字列検索は入力した文字をそのまま検索する検索方法であり，検索結果の表示数には制限がない。試しに，入力ボックスに「とても」と入力して，「Search」ボタンをクリックされたい。247 件の結果が見つかるはずである。図 5.3 に見るように，検索結果は一行につき一文がいわゆる KWIC（Key Word In Context）方式で表示される。元の画面に戻るには，ブラウザの「戻る」ボタンを使う。

文字列検索の検索結果の表示順には，下の表 5.1 に示す 4 つのオプションがあり，「Search」ボタン隣のプルダウンメニューから選ぶことができる。特に，「前文脈並べ替え順」と「後文脈並べ替え順」は，検索した語句がどのように使われているのかを前あるいは後ろにあらわれた語を見ながら把握するのに有用である。

コーパスのデータは，1 ツリーごとに ID が与えられている。ID はファイル名とファイル中のツリー番号から成る。検索結果の一番左側の列には，この ID が示される。また，その隣には，検索結果の通し番号が示される。これらの情報は他のページへのリンクにもなっている。まずは，ID の中の青い文字をクリックされたい。すると，新規タブが開いて，図 5.4 に示すようにテクスト全体がそのメタデータとともに表示され，同時に，検索した語を含む文がハイライトされる (長いテクストが複数のファイルに分割

Top

See analysis tree

247 hits

academic_crieto 8	☐ 1	「顎裂における自家骨移植の手術は、主に小学校就学後の子どもが対象なのですが、それは体への負担も	-とても-	大きいわけです。
academic_fujimo 49	☐ 2	将来的な経営環境を正確に予想し分析することが容易ではなくなり、確実な目標や長期的な経営戦略をデザインすることが	-とても-	難しくなってきたからです。
academic_fukuda 14	☐ 3	肌や髪の毛にメラニンが沈着するためには、このメラノソームがメラノサイトの細胞内を適切に輸送されることが	-とても-	重要なのです。
academic_fukuda 32	☐ 4	私たちはいろいろな小胞の輸送の仕組みを研究していますが、この中でも目で容易に見えるメラノソームは、輸送の仕組みを調べるのに	-とても-	良い研究材料なのです。
academic_kamaku 21	☐ 5	「自家骨移植」は	-とても-	優れた治療法です。

図 5.3 「とても」の検索結果

表 5.1 文字列検索における検索結果の表示順オプション

コーパス順 (corpus order)	コーパスにおいて付与された ID の順番（デフォルト）
前文脈並べ替え順 (left order)	検索した文字列よりも前（左側）の文字列を反転させ並べ替えた順番
後文脈並べ替え順 (right order)	検索した文字列よりも後ろ（右側）の文字列を並べ替えた順番
ランダム順 (random)	無作為の順番

されていることもあるため，より正確には「当該の文を含むファイルの内容全体」ということになる)。例えば「それ」などの指示詞が何を受けているかなど，前の文や後ろの文を見て確認したい場合は，このようにテクスト全体を表示させるとよい。

次に「とても」の検索結果に戻り，今度は通し番号の青い文字をクリックされたい。新規タブが開いて，文の統語解析情報がツリーの形で表示さ

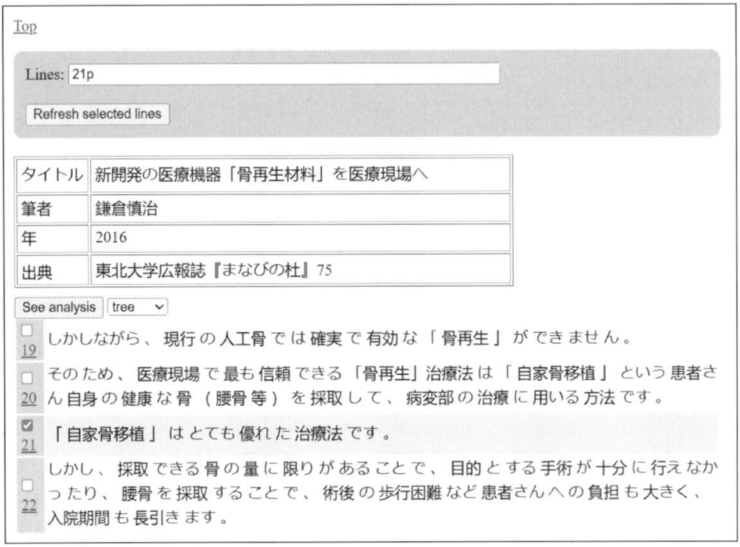

Top

Lines: 21p

Refresh selected lines

タイトル	新開発の医療機器「骨再生材料」を医療現場へ
筆者	鎌倉慎治
年	2016
出典	東北大学広報誌『まなびの杜』75

See analysis　tree

19 しかしながら、現行の人工骨では確実で有効な「骨再生」ができません。

20 そのため、医療現場で最も信頼できる「骨再生」治療法は「自家骨移植」という患者さん自身の健康な骨（腰骨等）を採取して、病変部の治療に用いる方法です。

21 「自家骨移植」はとても優れた治療法です。

22 しかし、採取できる骨の量に限りがあることで、十分に行えなかったり、腰骨を採取することで、術後の歩行困難など患者さんへの負担も大きく、入院期間も長引きます。

図5.4　テクストの全体表示

れる（図5.5）。ツリーを見ると，文の語へのセグメンテーション，それぞれの語に対する品詞タグ，文あるいは文の一部の構造を把握することができる。例えば，図5.5のツリーからは，「とても」にはADV（副詞）という品詞タグが与えられており，これがADVP（副詞句）を投射していること，このADVPがIP（節）の直下に置かれていることが分かる。

文字列検索の検索結果から複数の文を選んで，すべてのツリーを表示させることもできる。その場合は，図5.6のように通し番号の横のチェックボックスにチェックを入れ，「See analysis」ボタンをクリックする。

5.2 ツリー検索

前節では，文字列検索の検索結果から文を選び，その統語解析情報をツリーとして表示させる方法を説明した。かいのきツリーバンクではすべての文に統語解析情報が与えられており，ツリー検索はこれを利用して検索を行う。例えば，「/^ADVP\b/」という検索パターンで検索をかけると，ADVP（副詞句）とタグ付けされた句がすべて抽出される。タグとタグとの関係を記述し，検索パターンとして使うこともできる。例えば，「ADJI $,,

`(/^ADVP\b/ < (ADV < とても))`」という検索パターンで検索をかけると，「とても」によって修飾された形容詞がすべて抽出される。

検索パターンの記述には，TGrep2（Rohde 2005）または Tregex（Levy and Galen 2006）という検索言語を使う。両者の大きな違いは，前者がコーパスに格納されたファイルから作成されたインデックスファイルを検索するのに対し，後者はコーパスに格納されたファイルを直接検索するという点にある。インデックスファイルを介する TGrep2 は Tregex より高速だが，検索対象ファイルを絞って検索することができない。逆に，Tregex では，例えば新聞記事のデータのみのように，検索対象ファイル

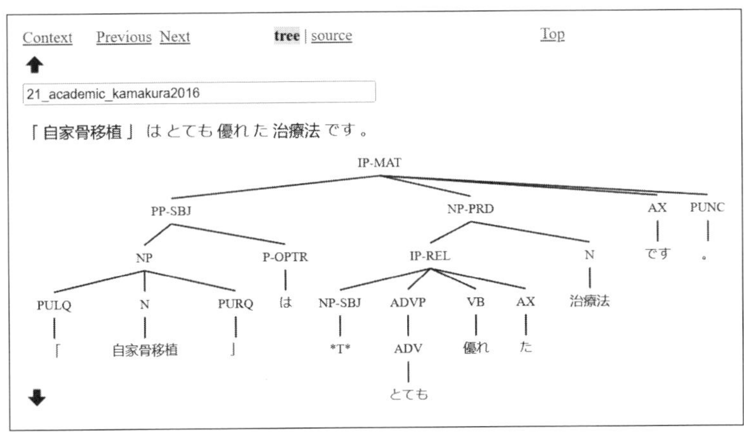

図 5.5　ツリー表示

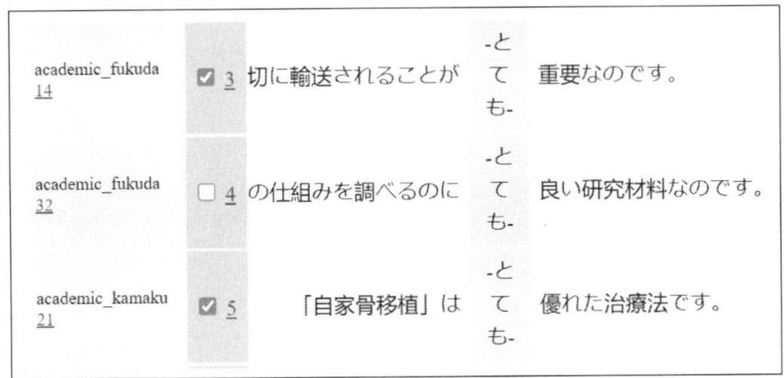

図 5.6　通し番号にチェックを入れ，複数の文のツリーを表示させる

を絞った検索ができる。本インターフェースはこのような違いに応じて，コーパス全体を検索対象とした場合は TGrep2 を使い，検索対象ファイルを指定した場合は Tregex を使うという仕組みを採用している。基本的な記法はどちらも同じであり，実際に使用する際にはどちらが動いているかは問題にならないはずである。

5.2.1 ツリー検索画面

本章の冒頭に掲げた図 5.1 には，黄色く塗られた中に入力ボックスが 2 つある。上のボックスは検索対象ファイルを指定するために使う。下のボックスに検索パターンを入力し，「Search」ボタンをクリックすると検索が実行される。その下にあるのはコーパスデータの概要であり，1 行目には，コーパスに 495 のファイルが格納されており，ツリー数（文の数）が合計 102,875，語数が 1,537,367 であることが示されている。2 行目以降はファイルのリストであり，左から順にファイル番号，ファイル名，ファイル中のツリー数，語数，テクストのジャンル，出典等となっている。ファイル番号をクリックすると，テクスト全体がメタデータとともに表示される（文字列検索の検索結果から ID をクリックしてあらわれる画面（図 5.4）と同じものである）。

ツリー検索の画面からは，以下のドキュメントを見ることができる。

- 「Help」をクリック：インターフェースのガイド置き場に移動
- 「検索ガイド」をクリック：TGrep2/Tregex の使用説明を表示
- 「Toggle tag set」をクリック：統語解析に用いられるタグのリストが表示される。もう一度クリックすると表示が消える。

5.2.2 検索対象ファイルの指定

検索対象ファイルの指定には，ファイル番号を使う方法と，ファイル名を使う方法がある。ファイル番号を使う時は表 5.2 のように書く。ファイル名を使う時は，表 5.3 のように，全体をスラッシュで囲み，複数のファイルがある時は，「\|」でファイル名を区切る。

検索対象ファイルの指定が正しくなされているかを確認するには，検索パターンを入力していない状態で「Search」ボタンをクリックすると良い。正しければ，コーパスデータの概要表示が指定されたファイルのものだけ

表 5.2 ファイル番号を使った検索対象ファイルの指定

3p	リストの 3 番目のファイル
3p;6	3 番目のファイルと 6 番目のファイル
3,6	3 番目から 6 番目までのファイル
3p;6,12	3 番目のファイルと 6 番目から 12 番目までのファイル

表 5.3 ファイル名を使った検索対象ファイルの指定

<table>
<tr><td>/trans/</td><td>外国語からの翻訳データの全て</td></tr>
<tr><td>/x_/!</td><td>作例を除く全データ</td></tr>
<tr><td>/x_\|trans/!</td><td>翻訳と作例を除く全データ</td></tr>
<tr><td>/fictiontrans/</td><td>翻訳されたフィクションのみのデータ</td></tr>
<tr><td>/fiction_/</td><td>翻訳を除くフィクションの全データ</td></tr>
</table>

になり，正しくなければ，何も表示されなくなる。

検索対象ファイルの指定は，ある特定のジャンルのデータだけを見たい時だけでなく，ある特定のジャンルのデータを排除したい時にも役立つ。例えば，かいのきツリーバンクのデータには辞書や教科書における作例が含まれているが，調査の目的によっては，作例は不要なこともある。そのような時は “x_” という文字列を含むファイルを検索対象から排除するとよい（表 5.3 を参照のこと）。

5.2.3 検索結果の表示

ツリー検索の検索結果の表示方法は「basic」（デフォルト）「graphical」「brackets」の 3 種類があり，「Search」ボタンの隣のプルダウンメニューから選ぶことができる。「basic」では，検索パターンへのヒットを含む文を最大 500 表示する。「graphical」では，検索パターンへのヒットを含む文をツリーとともに最大 50 表示する。また，「brackets」では，検索パターンへのヒットを含む文を括弧表示とともに最大 500 表示する。

図 5.7 は，検索パターン入力ボックスに「/P-/ < も」と入力し（助詞の「も」を抽出する），表示方法を「basic」として検索した結果である。検索パターンへのヒットが 13,141 件，ヒットを含むファイルの数が 459 という報告が示され，助詞「も」がハイライトされた文が 500 表示されている。検索結果の画面からツリー検索の最初の画面に戻るには「Top」をクリッ

Top

TGrep2 search expression:

/P-/ < も

Search　basic　3803

Searching the entire corpus returned 13141 hits. Hits were located in 459 different texts.

Download all results　comma-separated values

See analysis　tree

3803 80_aozora_fiction_koyama1955b
ここでもねっから仕事が出来なかった。

3804 91_aozora_fiction_koyama1955b
（もしずっとここにいてしまったならば、私はこの人をもたよりにしたことだろう。）

3805 95_aozora_fiction_koyama1955b
その人について遺憾に思う気持も薄くなってきた。

3806 96_aozora_fiction_koyama1955b
仕事のことは前よりももっと始末の悪いものになっていて、いつまでこんなつらい状態がは経っていっても、曲りなりにも仕事が運んでいるという形にもなっていなかったので、制されているような苦しい停滞状態にいたので、それだけその日その日で私はずっとつらい

図 5.7　「basic」の結果表示（検索対象ファイルの指定なし）

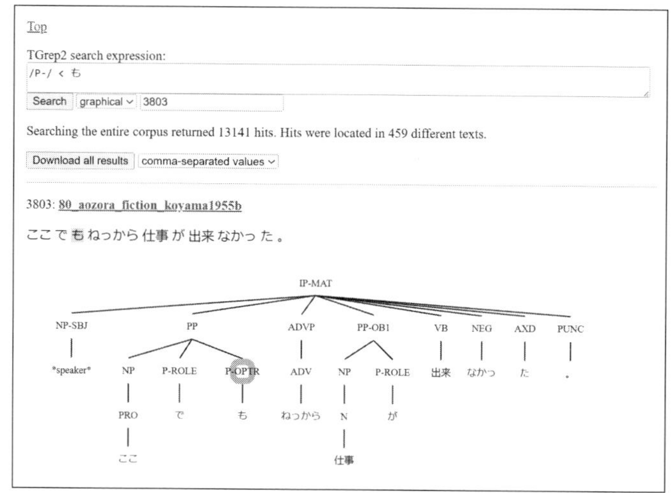

図 5.8　「graphical」の結果表示（検索対象ファイルの指定なし）

クする。この画面の入力ボックスから，同じ検索パターンで，あるいは検索パターンを変更して検索することもできる。

図 5.8 および図 5.9 は，同じ検索パターンで表示方法を「graphical」,「brackets」にして検索した結果である。

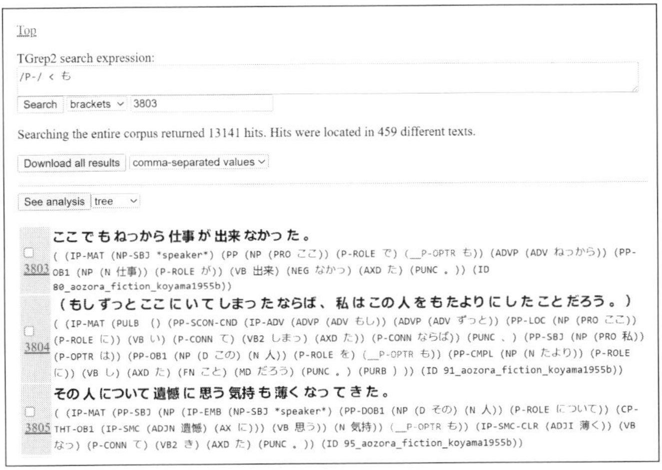

Top

TGrep2 search expression:

/P-/ < も

Search | brackets | 3803

Searching the entire corpus returned 13141 hits. Hits were located in 459 different texts.

Download all results | comma-separated values

See analysis | tree

3803
ここでもねっから仕事が出来なかった。
((IP-MAT (NP-SBJ *speaker*) (PP (NP (PRO ここ)) (P-ROLE で) (__P-OPTR も)) (ADVP (ADV ねっから)) (PP-OB1 (NP (N 仕事)) (P-ROLE が)) (VB 出来) (NEG なかっ) (AXD た) (PUNC 。)) (ID 80_aozora_fiction_koyama1955b))

3804
（もしずっとここにいてしまったならば、私はこの人をもたよりにしたことだろう。）
((IP-MAT (PULB （) (PP-SCON-CND (IP-ADV (ADVP (ADV もし)) (ADVP (ADV ずっと)) (PP-LOC (NP (PRO ここ)) (P-ROLE に)) (VB い) (P-CONN て) (VB2 しまっ) (AXD た)) (P-CONN ならば)) (PUNC 、) (PP-SBJ (NP (PRO 私)) (P-OPTR は)) (PP-OB1 (NP (D この) (N 人)) (P-ROLE を) (__P-OPTR も)) (PP-CMPL (NP (N たより)) (P-ROLE に)) (VB し) (AXD た) (FN こと) (MD だろう) (PUNC 。) (PURB ）)) (ID 91_aozora_fiction_koyama1955b))

3805
その人について遺憾に思う気持も薄くなってきた。
((IP-MAT (PP-SBJ (NP (IP-EMB (NP-SBJ *speaker*) (PP-DOB1 (NP (D その) (N 人)) (P-ROLE について)) (CP-THT-OB1 (IP-SMC (ADJN 遺憾) (AX に))) (VB 思う)) (N 気持)) (__P-OPTR も)) (IP-SMC-CLR (ADJI 薄く)) (VB なっ) (P-CONN て) (VB2 き) (AXD た) (PUNC 。)) (ID 95_aozora_fiction_koyama1955b))

図 5.9 「brackets」の結果表示（検索対象ファイルの指定なし）

「graphical」や「brackets」の結果表示では，ハイライト部分が助詞「も」ではなく，品詞タグの P-OPTR（とりたて助詞）になっている。これは，検索パターン「/P-/ < も」が P-（助詞）で始まっているからで，このような検索パターンの一番始めの要素をマスターノードと呼ぶ。ツリーや括弧形式で示された検索結果では，常にマスターノードがハイライトされる。

検索結果画面に表示される 500 あるいは 50 の文は，検索パターンへのヒットを含む文をコーパス順に並べ，任意の箇所を出発点としてそこから 500 あるいは 50 を取り出すという方法で選ばれている。図 5.7 では，最初の文に 3803 という番号が付いているが，これは 3803 番の文を出発点としているということである。この出発点となる箇所を自分自身で指定したい時は，検索パターンを変えずに，検索パターン入力ボックスの下（表示方法を選択するプルダウンメニューの隣）のボックスに好きな数字を入力してから「Search」ボタンをクリックする。例えば，出発点を「1」とすると，コーパス順に並べた 1 番から 500 番までの文が表示される。「graphical」でも「brackets」でも，同じ方法で画面に表示される内容を変えることができる。

次に，国会会議録データのみを検索するように検索対象ファイルを 174 番から 190 番までに指定し，表示方法を「basic」，検索パターンを「/P-/

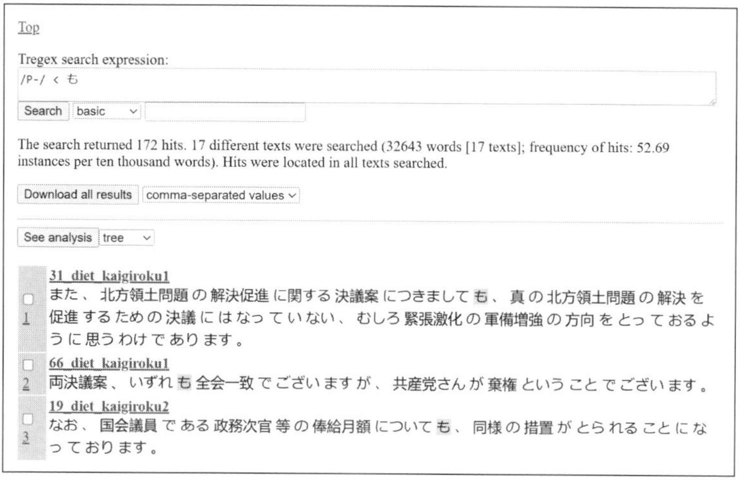

Top

Tregex search expression:
/P-/ < も

Search　basic

The search returned 172 hits. 17 different texts were searched (32643 words [17 texts]; frequency of hits: 52.69 instances per ten thousand words). Hits were located in all texts searched.

Download all results　comma-separated values

See analysis　tree

1 31_diet_kaigiroku1
また 、 北方領土問題 の 解決促進 に関する 決議案 につきまして も 、 真 の 北方領土問題 の 解決 を 促進 する ため の 決議 に は なっ て い ない 、 むしろ 緊張激化 の 軍備増強 の 方向 を とっ て おる よう に 思う わけ で あり ます 。

2 66_diet_kaigiroku1
両決議案 、 いずれ も 全会一致 で ござい ます が 、 共産党さん が 棄権 という こと で ござい ます 。

3 19_diet_kaigiroku2
なお 、 国会議員 で ある 政務次官 等 の 俸給月額 について も 、 同様 の 措置 が とられる こと に なっ て おり ます 。

図 5.10　「basic」の結果表示（検索対象ファイルの指定あり）

< も」として検索した結果表示を図 5.10 に示す。

検索対象ファイルを指定して検索を実行すると，結果表示画面に表示される報告の内容が変わる。図 5.10 では，17 のテクスト中に検索パターンへのヒットが 172 件あること，17 テクストの総語数は 32,643 語であり，助詞「も」の 1 万語当たりの調整頻度は 52.69 であること，ヒットは 17 のテクストのすべてにあることが報告されている。

5.2.4 検索結果のダウンロード

5.2.4.1 ダウンロードファイルの形式

前節で述べたように，ツリー検索の検索結果は，表示方法が「basic」「brackets」であれば 500，「graphical」については 50 に制限されている。それ以上の検索結果を見るには，検索結果をダウンロードする必要がある。ダウンロードは，検索結果の画面の「Download all results」ボタンをクリックして行う。

ダウンロードファイルの形式には「CSV（comma-separated values)」と「括弧表示 (bracket format)」の 2 種類があり，「Download all results」ボタンの隣のプルダウンメニューから選ぶことができる。ダウンロードファイルの文字コードは両形式とも UTF-8 である。

```
1行目	"12_x_misc_buffalo","すもも","も","もも も もも の うち 。"
2行目	"12_x_misc_buffalo","すもも も もも","も","もも の うち 。"
3行目	"33_x_misc_examples2","誰","も","が 喫茶店 で 食べ た 。"
```

図 5.11 CSV 形式のダウンロードファイル（一部）

	A	B	C	D
1	28_academic_sakanoi2	観測装置 は 現地 に	残し	て あり 、 現在 も 日本 から リモ-
2	18_academic_sakanoi2	式 に は 古来 より ハワ	し	て あり ます ） 。
3	34_aozora_essay_chiri	また 、 第二 の 男 が 、	開け	て あった 戸 を いっぱい に 開い
4	38_aozora_essay_chiri	“ 日和申し ” と は 、 天	書い	て あり ます 。
5	66_aozora_essay_chiri	オキクルミ は 、 ただ	入れ	て ある 袋 の 中 を 手さぐり 手さく
6	91_aozora_essay_chiri	神謡 の 述べる ところ	かけ	て あった 熊 の 皮 を 頭 から かぶ

図 5.12 ダウンロードファイル（CSV 形式）を Excel で読み込んだ画面

5.2.4.2 CSV 形式のダウンロードファイル

CSV 形式のファイルでは，図 5.11 に示すように，検索パターンへの 1 つのヒットを含む文が 1 行に出力される。1 行は，(1) ツリーの ID，(2) マスターノード以前，(3) マスターノード，(4) マスターノード以降，の 4 列に分割される（各列はダブルクオートで囲まれる）。

CSV 形式は，様々なコーパスでダウンロードファイルの形式として採用されており，Excel 等の表計算ソフトやテキストエディタといった身近なアプリケーションを使った閲覧や処理ができる。図 5.12 は，(5.1) の検索パターン（テアル構文において「てある」の直前にあらわれる動詞，助動詞，補助動詞を検索する）でツリー検索を行い，その結果の CSV ファイルをダウンロードして Excel で読み込んだ画面である。

(5.1)
```
VB|VB0|VB2|PASS|PASS2
    $. (P-CONN < て|で $. (VB2 < ある|あり|あれ|あろ|あっ))
```

Excel の利用により，ピボットテーブル機能を使った頻度表の作成をはじめとして，検索結果から様々に有用な情報を得ることができる（中俣 2021 などを参照）。(5.1) の検索パターンのマスターノードである VB|VB0|VB2|PASS|PASS2 に相当する語句は，図 5.12 において独立の列（C 列）を与えられており，これを手掛かりとして様々な処理を行うことができる。このように，後々の利用を考えて注意深く検索パターンを組み立てておくことが重要である。図 5.13 は，上記の検索結果から「てある」の直

行ラベル	個数/key
し	12
書い	11
れ	10
貼っ	6
かけ	5
置い	4
隠し	3
られ	3
せ	3

図 5.13 ピボットテーブルを使った集計

前要素を集計，降順で並べ替えたもの（3つ以上の用例のある動詞，助動詞，補助動詞）である。

5.2.4.3 括弧表示形式のダウンロードファイル

括弧表示形式は，コーパスに格納されたデータファイルで使われている形式でもある。図 5.14 に見るように，括弧表示形式のファイルでも，検索パターンへのヒット1つを含む文が1行に出力される。しかし，CSV ファイルとは異なり，文そのものに加えて統語解析情報も出力される。検索パターンのマスターノードへのヒットには2つのアンダースコア（__）が加えられる。

括弧表示形式では，ツリーの ID を示すためのノードがツリーの末尾に，文の最上位のノードと姉妹位置になるように置かれる。上の表の1行目の例をツリー表示で示すと (5.2) のようになる。

```
1行目  ( (IP-MAT (NP-SBJ (CONJP (NP (N すもも)) (__P-CONN も))
       (NP (N もも)) (P-CONN も)) (NP-PRD (PP (NP (N もも))
       (P-ROLE の)) (N うち)) (AX *) (PU 。))
       (ID 12_x_misc_buffalo@7))
2行目  ( (IP-MAT (NP-SBJ (CONJP (NP (N すもも)) (P-CONN も))
       (NP (N もも)) (__P-CONN も)) (NP-PRD (PP (NP (N もも))
       (P-ROLE の)) (N うち)) (AX *) (PU 。))
       (ID 12_x_misc_buffalo@12))
3行目  ( (IP-MAT (PP-SBJ (NP (WPRO 誰) (__P-OPTR も)) (P-ROLE が))
       (PP-LOC (NP (N 喫茶店)) (P-ROLE で)) (VB 食べ) (AXD た)
       (PU 。)) (ID 33_x_misc_examples2@6))
```

図 5.14 括弧表示形式のダウンロードファイル（一部）

(5.2)

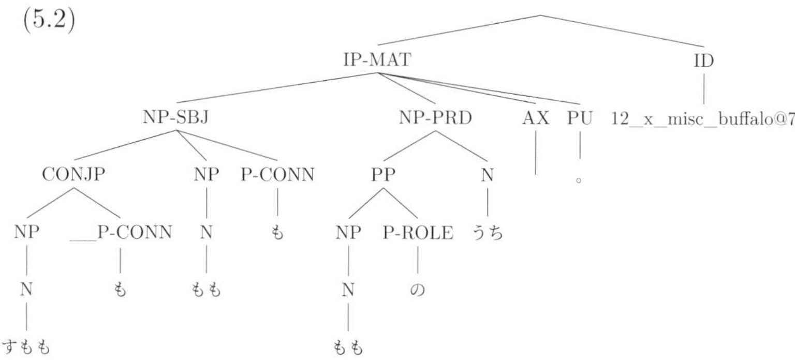

2.1 節で述べたように，かいのきツリーバンクは，このような括弧表示形式のツリーによって記述されている。このようなデータはあまり馴染みがないかもしれない。しかしながら，TGrep2（Rohde 2005），Tregex（Levy and Galen 2006），CorpusSearch2（Randall 2009），TSurgeon（Levy and Galen 2006）といったこの形式を扱うためのツールが公開されており，これらを使えば，ツリーの表示はもちろん，さらに細かな検索をかけ，用例を分析してゆくことも可能である。

5.3 検索パターン

この節では，TGrep2（Rohde 2005）および Tregex（Levy and Galen 2006）を使った検索パターンの書き方について解説する。検索に当たっては検索パターンが入力されるが，これはノード（語または文法カテゴリー）の表現または複数のノード間の統語論的関係の指定によりなされる。以下の 5.3.1 節ではノードの表現について，続く 5.3.2 節では正規表現の記述法について，また 5.3.3 節では，複数のノード間の関係の表現について説明する。

5.3.1 ノードの表現

検索パターンにおいて，個々のノードの規定は，以下のようなノード記述によって行う。

- ワイルドカード。2 個のアンダースコア (__) によって表示され，どのようなノードにもマッチする。

- 単純な文字列。例えば，P-CONN，VB，そのような。それと完全に一致するノードに対してのみマッチする。
- 複数の単純な文字列をパイプ (|) で区切ってリスト（間にスペースを入れない）としたもの。これらのいずれかがノードに完全一致することを表す。例えば，VB|VBO は VB または VBO とラベル付けされたノードにマッチする。
- 正規表現。スラッシュ (/) で囲むことにより表現され（例：/^NP\b/），部分一致や要素の反復による柔軟な検索のために利用される。

また，以上のノード表現の前に否定を表す感嘆符 (!) を置くことにより，補集合を表すことができる。例えば，!VB とすると，VB 以外のすべてのノードにマッチする。!/^I/ は，"I" で始まるもの以外のすべてのノードにマッチする（"^" の用法については，下で述べる）。

5.3.2 正規表現の記述

正規表現とは，単なる文字列にとどまらず，その集合をパターンとして表現するための記法である。

単純な文字列がスラッシュ (/) に囲まれている場合，部分一致を表す。例えば，(5.3) は，「よう」，「ようやく」，「そのような」，「おはよう」のどれにも合致する。

(5.3)　/よう/

正規表現の最初の位置に置かれたキャレット (^) は，ノードの先頭であることを表す。(5.4) は，「よう」や「ようやく」にはマッチするが，「そのような」や「おはよう」には合致しない。

(5.4)　/^よう/

逆に，正規表現の最後の位置のドル記号 ($) はノードの末尾を表す。(5.5) は「よう」や「おはよう」にマッチするが，「ようやく」や「そのような」にはマッチしない。

(5.5)　/よう$/

両方の記号を使った (5.6) は単純な文字列「よう」と同等であり，「よう」に完全一致することを表す。

(5.6) /^よう$/

"^", "$", および "|" を使用し，次のように記述することで，「あの」，「この」，または「その」のいずれかにマッチすることを表す。

(5.7) /^(あ|こ|そ)の$/

上では，括弧 (( )) で選言の範囲を明示することにより，「あ」，「こ」，「そ」のいずれかの部分表現にマッチすることが示されている。

アノテーションの解説で述べたように，基盤タグの後にハイフンを付けて，拡張タグを付加したり，また ";" の後にソート情報を追加することがある。このような構成要素の境界を "\b" によって表示する。ノードの末尾にも "\b" を使うことができる。そのため，

(5.8) /^NP\b/

は NP，NP-PRD，NP;{BOY} に合致するが，NPR にはマッチしない。

品詞のラベルは別として，句や節のノードの記述に際して "\b" を使うようにすると（例：/^NP\b/, /^ADVP\b/, /^IP-MAT\b/），拡張タグやソート情報がさらに付加されている場合に備えることができて便利である。しかしながら，4.1.13 節に述べたように，コントロールの関係から，IP-ADV の他に IP-ADV2 を，また IP-EMB に対して IP-EMB2 を区別して使用することがある。例えば，もしも IP-ADV に加えて IP-ADV2 にもマッチさせたいのであれば，"\b" を使用せず /^IP-ADV/ のように記述する必要がある。

なお，正規表現においては，大文字と小文字が区別される。そのため，(5.8) と (5.9) とでは異なるノードにマッチする。

(5.9) /^np\b/

また，"\" は場合により半角円記号（¥）で表示されることもあるが，全く同等に処理が行われる。

上に述べたように，"^" と "$" を使って (5.10) のように記述すると NP への完全一致を表し，NP;{BOY} のようにソート情報が付加されたノードは除外されてしまう。

(5.10) /^NP$/

これに対し，構成素の境界を示す“\b”を使って (5.8) のように書くと，NP や NP;{BOY} の他に，拡張タグが付加された NP-SBJ，NP-PRD や NP-SBJ;{BOY} にも合致することになる。拡張タグの付かない裸の NP や NP;{BOY} のような用例にのみマッチし，拡張タグの付いたものを排除することは，“$”と“\b”のどちらを使ってもできない。

ソート情報を許容し拡張タグを除外するマッチングを行うには，次の正規表現を利用すればよい。

(5.11) `/^NP(;.+)?$/`

上で，括弧内部の最初の“;”は，文字通りソート情報との区切りとなるセミコロンを表す。ドット“.”は，どのようなものであれ，1 つの文字に相当するワイルドカードである。プラス記号“+”は，その直前の要素が 1 回以上繰り返されることを表す。“.+”のように組み合わせると，1 個以上の任意の文字の連続を意味する。疑問符“?”は，その直前の要素である括弧の内容が 0 回または 1 回出現することを表す。結果として，(5.11) は，NP や NP;{BOY} に合致する。なお，ここでは使われていないが，0 回以上の繰り返しを表す記号として，“*”が使われる。

最後に，上に述べた“^”，“$”，“.”，“*”，“+”のような記号は境界や繰り返しを表すための特別な記号であり，「メタ文字」と呼ばれる。正規表現の中でこれらを使うとメタ文字としての機能が優先されることになる。データ中にあらわれるこれらの文字そのものの用例を調べたいのであれば，「エスケープ記号」としてのバックスラッシュ (\) を付ける必要がある。例えば，空要素（2.8〜2.9 節を参照のこと）を検索したいのであれば，

(5.12) `/^\*/`

とし，“*”で始まるノードを検索すればよい。

5.3.3 ノード間の関係

第 4 章までに見たように，文の統語解析情報は，複数のノードおよびそれらの間の統語論的関係（支配／被支配関係および前後関係）によって表すことができる。したがって，これらを検索パターンとして表現して与えることによって，それにマッチするデータ文を得ることができる。以下の

表 5.4 代表的な関係演算子

A < B	A は B の親である（A は B を直接支配する）
A > B	A は B の子である（A は B に直接支配される）
A << B	A は B の先祖である（A は B を支配する）
A >> B	A は B の子孫である（A は B に支配される）
A . B	A は B の直前に置かれる（A は B に直接先行する）
A , B	A は B の直後に置かれる（A は B に直接後続する）
A .. B	A は B に先行する
A ,, B	A は B に後続する
A $ B	A は B の姉妹である
A $. B	A は B の姉妹で直接先行する
A $, B	A は B の姉妹で直接後続する
A $.. B	A は B の姉妹で先行する
A $,, B	A は B の姉妹で後続する
A == B	A は B と同じである

5.3.3.1 および 5.3.3.2 節では 2 個のノードの間の単純な統語論的関係の表現法について，また 5.3.3.3 節では 3 個以上のノード間の関係の表現法について解説する。

5.3.3.1 単純な関係

ノードの間の統語論的関係の規定は，どんな複雑なものであっても，以下の単純な関係式の組み合わせによってなされる。ここで，否定記号（!）の存在は任意，言い換えれば，あってもなくてもよい。

(5.13) ノード （否定記号）関係演算子 ノード

関係演算子のうち，最も基本的なものを表 5.4 に示す。

“A < B” は，後でも示すように，ノード A がノード B を直接の子として支配することを表す。同じ関係を “B > A” で表すこともできる。このように，関係演算子の大多数は対をなしており，2 つのノードの間の関係を 2 通りの表現で表すことができる。ただし，これら 2 つの表現の間には一つだけ違いがある。それは，常に検索パターンの左端のノードがマスターノードとされ，ディスプレイ表示においてハイライトされ，またダウンロードされたデータの中でもマーク表示される，ということである（5.2.3

〜5.2.4 節を参照のこと)。特に後者は，後々のデータ処理において重要な役割を果たす。そのため，検索パターンの書き方に習熟するにつれ，どのノードをマスターノードとしてパターンを組み立てるかについてのスキルを身に付けていくことが望ましい。以下，説明の重複はなるべく避けるが，対をなす関係演算子において，この左端ノードをマスターノードとする原則は共通する。

なお，検索パターンの中で，ノードや関係演算子の間にスペースの挿入は任意である。だが，読みやすさを考慮して，スペースを入れる習慣をつけておくのがよい。ただし，パターンの中に全角のスペースを入れてしまうとエラーになるので，くれぐれも注意が必要である。

直接支配／被直接支配を表す関係演算子

「直接支配」の関係は関係演算子 “`<`” で表され，ツリーの中のあるノードと，その直下の（その子である）ノードとの関係を表す。図 5.15 のツリーにおいて，ノード `C` は，四角で囲った 2 つのノード `D`，`H` のそれぞれを直接支配している。

この関係は，(5.14) の検索パターンで捉えることができる。ここで使用されているワイルドカード “`__`” は，`C` が直接支配するどのノードとも一致する。図 5.15 では `D` と `H` がそれに相当する。

(5.14)　`C < __`

「被直接支配」の関係は関係演算子 “`>`” で表され，直接支配と対をなし，2 つの項の順序が入れ替わっているだけで，両者とも全く同じ関係を表す。(5.14) は (5.15) と同等である。(5.15) においても，ワイルドカードは `C` により直接支配される各ノードに一致する。

(5.15)　`__ > C`

ノード `C` の他のノードに対する被直接支配関係を次の検索パターンによって捉えることができる。ここでワイルドカードは `C` を直接支配するノードに一致する。

(5.16)　`C > __`

図 5.16 のツリーにこれを適用すると，ワイルドカードは `B` に一致する。

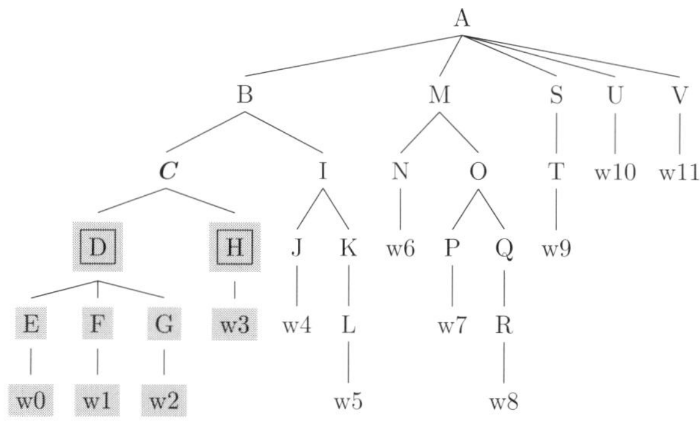

図 5.15　C が直接支配／支配するノード

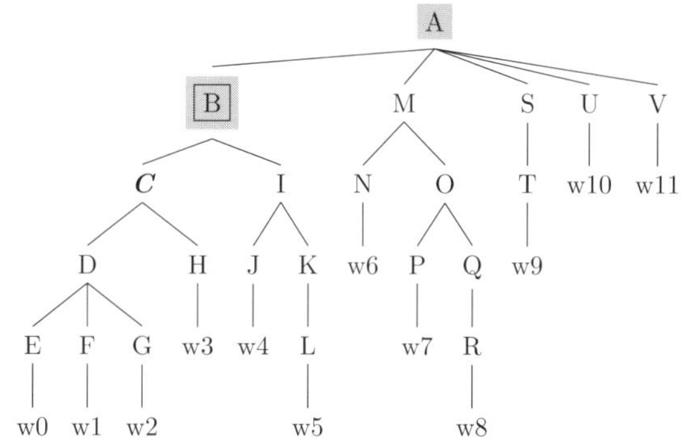

図 5.16　C が直接支配／支配されるノード

支配／被支配を表す関係演算子

「支配」の関係は関係演算子 “<<” で表され，ツリーの中のあるノードと，それよりも下に位置する（その子孫である）ノードとの関係を表す。図 5.15 のツリーにおいて，ノード C は，シャドーを掛けた，D と H 以下 9 つのノードのそれぞれを支配している。この図に見られるように，あるノードが直接支配するノードは，それが支配するノードにその一部として含まれる。

(5.17) の検索パターンにより，この関係を捉えることができる。ここでワイルドカードは，C が支配する D と H 以下の各ノードと一致する。

(5.17) `C << __`

「被支配」関係は関係演算子 “>>” で表され，支配関係と対をなし，2 つの項の順序は入れ替わっているが，両者とも同じ関係を表す。(5.17) は (5.18) と同等である。(5.18) においても，ワイルドカードは C により支配される各ノードに一致する。

(5.18) `__ >> C`

ノード C の他のノードに対する被支配関係は，次の検索パターンによって捉えることができる。ワイルドカードは C を支配するノードに一致する。

(5.19) `C >> __`

図 5.16 のツリーにこれを適用すると，ワイルドカードは A および B に一致する。

直接先行／後続を表す関係演算子

「直接先行」の関係は “.” で表わされる。ノード X とノード Y が姉妹関係にあり，Y が X のすぐ後に続く場合，X と X が支配する一連の右端のノードはいずれも Y と Y の支配する一連の左端のノードに直接先行する。図 5.17 のツリーにおいて，B と M が姉妹関係にあり，M が B のすぐ後に続くため，ノード I は，四角で囲った 3 つのノード，M，N，w6 の各々に直接先行するノードの内の一つである。

ノード I とこの関係にあるノードは，(5.20) の検索パターンによって捉えることができる。ワイルドカードは I が直接先行する各ノードと一致する。図 5.17 では M，N，w6 がそれに相当する。

(5.20) `I . __`

「直接後続」の関係は “,” で表わされ，直接先行と対をなしている。(5.20) は (5.21) と同等である。

(5.21) `__ , I`

ノード I の他のノードに対する直接後続関係を次の検索パターンによって捉えることができる。ここでワイルドカードは I が直接後続する（I に直接先行する）ノードに一致する。

(5.22) I , __

図 5.18 のツリーにこれを適用すると，ワイルドカードは C, H, w3 の各ノードに一致する。

先行／後続を表す関係演算子

「先行」の関係は “..” で表わされる。ノード X とノード Y が姉妹関係にあり，Y が X の後に続く場合（隣接していない場合も含む），X および X が支配するノードはいずれも Y および Y の支配する全てのノードに先行する。図 5.17 のツリーにおいて，ノード I は，シャドーを掛けた 16 個のノードのそれぞれに先行している。図から見て取れるように，あるノード

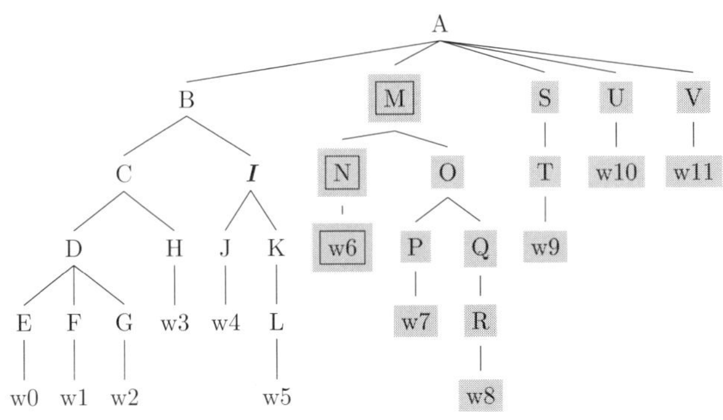

図 5.17 I が直接先行／先行するノード

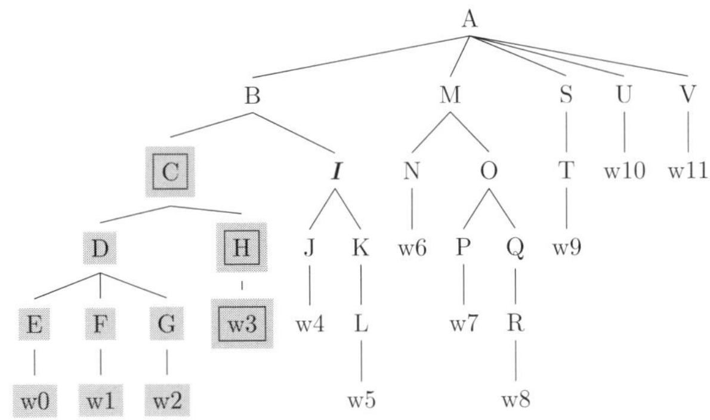

図 5.18 I が直接後続／後続するノード

と先行の関係にあるノードは，同じノードと直接先行の関係にあるノードをその一部として含む。

以下の検索パターン (5.23) のワイルドカードによって，ノード I が先行するノードを捉えることができる。図 5.17 では，ワイルドカードは M〜w11 のそれぞれに一致する。

(5.23) I .. __

「後続」関係は関係演算子“,,”で表わされ，先行関係と対をなしている。(5.23) は (5.24) と同等である。

(5.24) __ ,, I

ノード I の他のノードに対する後続関係を (5.25) によって捉えることができる。ここでワイルドカードは I が後続する（I に先行する）ノード，例えば図 5.18 のツリーでは，シャドーを掛けた C〜w3 の 10 個のノードの各々に一致する。

(5.25) I ,, __

応用課題として，「行ってもらう」や「休んで貰いたい」のように動詞テ形に補助動詞「もらう」が後続する用例の検索を考えてみよう。これは，次のパターンを使って抽出することができる（「て」の異形態や「もらう」の漢字表記も選言を使ってカバーしている)。

(5.26) て|で . /^(もら|貰)/

“./,”によって表される直接先行／後続関係は，ノード間の上下関係（両者を共通に支配するノードから，縦方向にどれだけ隔たっているか）に関して無制約なので，一般に統語制約としては使いづらい。しかし，構造上の位置さえ指定すれば（例えば上記のように，終端ノード（語）の間の関係に絞る方法，あるいは姉妹関係のノードに絞る方法など)，直接先行／後続関係の演算子は前後関係を指定するのに役立つ。

(5.26) は，「行ってはもらう」のように，「て」と「もらう」の間にとりたて助詞が挿入された用例をカバーすることはできない。かと言って，

(5.27) て|で .. /^(もら|貰)/

のようにしたのでは，「て」と「もらう」が同一の述語に帰属しない用例（例: 二人で遊びに行く，というハガキをもらった）も含まれてしまう。この問題の解決のためには，より複雑なパターンを必要とする。

姉妹関係を表す関係演算子

「姉妹」関係は“$”によって表わされ，同一のノードによって直接支配されるノードの間に成り立つ。図 5.19 のツリーで，ノード S は四角で囲った 4 つのノードのそれぞれと姉妹関係にある。次の検索パターンによって，S と姉妹関係にあるノードを捉えることができる。ワイルドカードは S の姉妹となるノード，例えば図 5.19 では B, M, U, V の各々と一致する。

(5.28) S $ __

この関係演算子における左辺項・右辺項の区別は先行・後続関係を反映するものではない。“A $ B”は“B $ A”と全く同等である。このため，“$”には対となる関係演算子が存在しない。

姉妹・直接先行／後続を表す関係演算子

「姉妹で直接先行する」関係は関係演算子“$.”で表わされ，あるノードが他のノードに対して姉妹であり，しかも直接先行するという関係を表す。図 5.20 のツリーの中で，ノード S は四角で囲んだノード U の姉妹でしかも直接先行している。(5.29) の検索パターンによって，S と姉妹で直

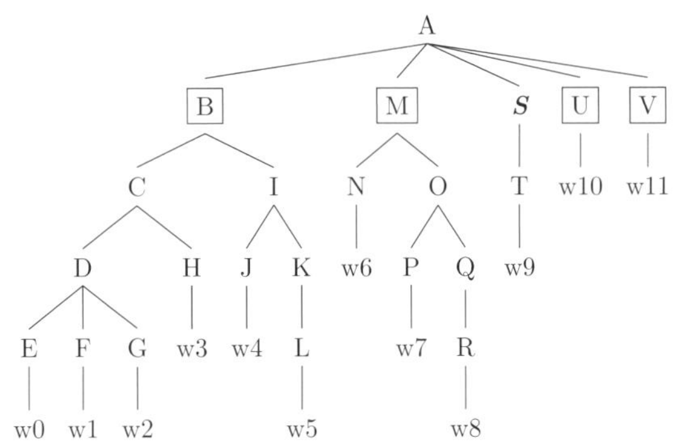

図 5.19 S と姉妹関係にあるノード

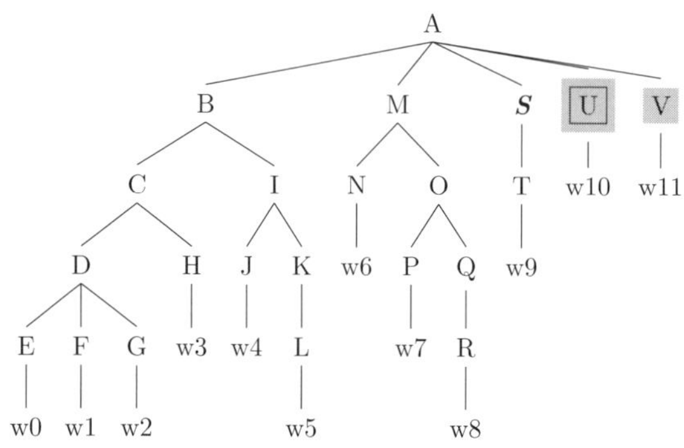

図 5.20　S が姉妹直接先行／先行するノード

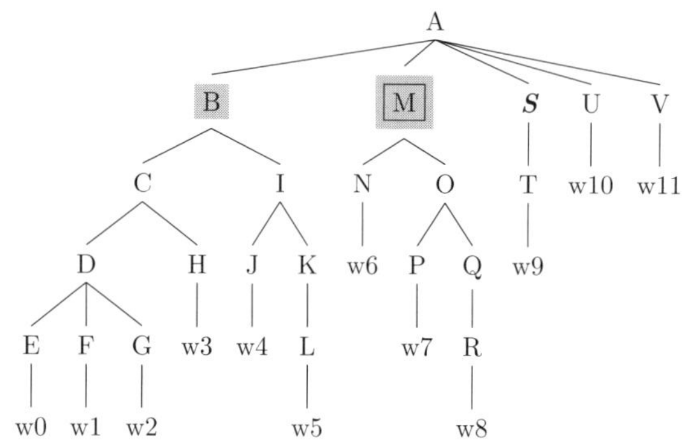

図 5.21　S が姉妹で直接先行／先行されるノード

接先行の関係にあるノードを捉えることができる。ワイルドカードは，例えば図 5.20 では，U と一致する。

(5.29)　`S $. __`

「姉妹で直接後続」の関係は関係演算子 “`$,`” で表わされ，姉妹・直接先行関係と対をなしている。(5.29) は (5.30) と同等である。

(5.30)　`__ $, S`

ノード S の他のノードに対する姉妹・直接後続関係を (5.31) の検索パターンによって捉えることができる。ワイルドカードは，S の姉妹であってしかもこれにより直接後続される（すなわち，S に直接先行する）ノード，例えば図 5.21 のツリーにおける M に一致する。

(5.31)　S $, __

姉妹・先行／後続を表す関係演算子

「姉妹で先行する」関係は関係演算子 “$..” で表わされる。これは，2 つのノードが姉妹関係にあって，しかも一方が他方に先行する関係である。図 5.20 のツリーにおいて，ノード S に対して，シャドー掛けをした 2 つのノードがこの関係にある。図に示されているように，あるノードとこの関係にあるノードは，同じノードと姉妹・直接先行の関係にあるノードをその一部として含む。

ノード S が姉妹関係にあり先行するノードは，(5.32) の検索パターンによって捉えることができる。ワイルドカードは S とこの関係にあるノード，図 5.20 においては U および V のそれぞれと一致する。

(5.32)　S $.. __

「姉妹で後続する」関係は関係演算子 “$,,” で表わされ，姉妹・先行関係と対をなしている。(5.32) は (5.33) と同等である。

(5.33)　__ $,, S

ノード S の他のノードに対する姉妹・後続関係を (5.34) の検索パターンによって捉えることができる。ワイルドカードは S が姉妹関係にあって後続する（S に姉妹として先行する）ノード，例えば図 5.21 では B および M の各々に一致する。

(5.34)　S $,, __

課題として，関係節が名詞を修飾する用例を抽出するための検索パターンとして次の 2 つにどのような違いがあるかを考えてみよう。

(5.35)　a. /^IP-REL\b/ $. /^N\b/

　　　　b. /^IP-REL\b/ $.. /^N\b/

(5.35a) によって，「昨日買った みかん」のような例を得ることができる。しかし，関係節と被修飾名詞は隣接しているとは限らない。「昨日買ったそのみかん」や「昨日買った甘そうなみかん」のように，両者の間に名詞修飾語句がさらに挿入されることもありうる。そのような例も含めるためには，(5.35b) のようにする必要がある。

同一を表す関係演算子

“==” は 2 つのノードが同一であることを表す。しかし，むしろ否定記号（!）を付加して，相違を表現するために使われることが多い。

一例を挙げると，述語の主要部分を構成することができ，コピュラ（AX）とともに使われることの多い述語句 (-PRD) には，述語名詞句 (NP-PRD) が圧倒的に多い。名詞句以外の用例を探したいのであれば，次の検索パターンを使えばよい。

```
(5.36)  /-PRD/ !== /^NP\b/
```

こうすることにより，副詞句 (ADVP-PRD)，助詞句 (PP-PRD)，副詞節 (IP-ADV-PRD)，補部節 (CP-THT-PRD) や疑問節 (CP-QUE-PRD) が述語句として使われた用例を得ることができる。

5.3.3.2 i 番目の子という関係表現

あるノードがその姉妹たちに対し相対的に占める位置，言い換えれば句における構成素としての順番を指定することも可能である。これは，“<i”，“<-i”，“>i”，“>-i” やそれらに否定記号（!）を付けることで表される。“i” には順番を表す数字が入る。正の数字は左端からの順序を，負の数字は右端からの順番を表す。例えば，(5.37) は，NP の直接支配している 2 番目のノード（子）が PP である用例を検索する。

```
(5.37)  /^NP\b/ <2 /^PP\b/
```

また，パターン (5.38) は，直接支配するノードの最後が PRN となる NP を検索する。

```
(5.38)  /^NP\b/ <-1 /^PRN\b/
```

(5.39) のようにパターンを指定することによって，1 個または 2 個の子を支配する NP の用例が得られる。これは，“!<3 __” によって，どのようなものであれ，3 番目の子を持っている NP が排除されるからである。

(5.39) `/^NP\b/ !<3 __`

特定の数の子を持つノードを指定するには，否定記号による数の指定を組み合わせればよい。例えば，以下のようにすると，12 個または 13 個の子を持つ `NP` の検索ができる。

(5.40) `/^NP\b/ <12 __ !<14 __`

検索インターフェースのトップページから入れる「検索ガイド」には，さらにいくつかの関係演算子の説明が掲載されている。

5.3.3.3 複雑な関係

1 個または複数の“関係演算子 + 項”からなる部分関係式を 1 個の左辺項（マスターノード）に関係づけて構成されたブール表現によって，複雑な検索パターンを形作ることができる。(5.41) では，2 個の部分関係式“`< /^PP\b/`”および“`<< /^NP\b/`”が連言（AND）を表すアンパーサンド（`&`）によって結び付けられた上で最左端の `/^IP\b/` に関係づけられており，`/^PP\b/` を直接支配し，しかも `/^NP\b/` を支配する `/^IP\b/` を意味する。しかしながら，“`&`”を使わず (5.42) のように書いても (5.41) と同等なので，通常，“`&`”は省略される。この場合，“`<<`”の左辺項がその直前の `/^PP\b/` でないことにくれぐれも注意する必要がある。

(5.41) `/^IP\b/ < /^PP\b/ & << /^NP\b/`

(5.42) `/^IP\b/ < /^PP\b/ << /^NP\b/`

また，(5.43) のように括弧を使っても同じことである。

(5.43) `(/^IP\b/ < /^PP\b/) << /^NP\b/`

このように連言（AND）で結ばれた部分関係式の左辺項はパターンの最左端のノードとなるが，丸括弧を使ってこれを変えることができる。丸括弧の内部では，関係演算子の左辺項は，内部の最左端のノードである。それゆえ，(5.44) の丸括弧部分は“`/^PP\b/ << /^NP\b/`”を意味する。このような場合，括弧の外の演算子“`<`”の右辺項は，括弧部分の最左端の“`/^PP\b/`”となる。

(5.44) `/^IP\b/ < (/^PP\b/ << /^NP\b/)`

結果として，(5.44) は，/^NP\b/ を支配する /^PP\b/ を直接支配する /^IP\b/ を意味する。

課題として，次のパターンの意味を考えてみよう。

(5.45) /^CP-QUE\b/ << /^W/ < (/^IP-SUB\b/ < (FN < の)) $ ID

まず，一重・二重下線を付した，括弧で埋め込まれた範囲を除く3つの関係演算子について検討すると，/^CP-QUE\b/ << /^W/, /^CP-QUE\b/ < /^IP-SUB\b/, かつ /^CP-QUE\b/ $ ID となる。次に一重下線部分は /^IP-SUB\b/ < FN である。最後の二重下線部分については，FN < の となる。全体として，(5.45) は，第一に “W” で始まる疑問代名詞や疑問副詞等の品詞を支配し，第二に形式名詞「の」を直接支配する /^IP-SUB\b/ を直接支配し，第三に ID の姉妹である，という3つの条件を充たす /^CP-QUE\b/ を表している。

パイプ (|) によって選言（OR）を表し，複数の部分関係式を結んで，それらのうちの1つがマスターノードに関係づけられることを示す。(5.46) のパターンは “< /^PP\b/” か “<< /^IP\b/” のいずれかが /^IP\b/ に関係づけられることを表す。言い換えれば，/^PP\b/ を直接支配するか /^IP\b/ を支配する /^IP\b/ を検索する。

(5.46) /^IP\b/ < /^PP\b/ | << /^IP\b/

“&” が明示されない場合も含めて，連言（AND）と選言（OR）とでは，前者の方が結び付きが強い。そのため，(5.47) のパターンにおいては，“< VB < VB2” または “< /^NP-PRD\b/ < AX” のいずれかが /^IP\b/ に関係づけられる。すなわち，VB と VB2 の両方を直接支配するか，または /^NP-PRD\b/ と AX の両方を直接支配する /^IP\b/ が検索される。

(5.47) /^IP\b/ < VB < VB2 | < /^NP-PRD\b/ < AX

さらに，四角括弧 ([ ]) によって複数の部分関係式をグループ化し1つの複合的な部分関係式を作ることができる。(5.48) のパターンは，VB または /^NP-PRD\b/ を直接支配し，しかも /SBJ/ に姉妹として先行するか，/^ADVP\b/ に姉妹として後続する /^IP\b/ を検索する。

(5.48) `/^IP\b/ [ < VB | < /^NP-PRD\b/ ] [ $.. /SBJ/ |`
`$,, /^ADVP\b/ ]`

四角括弧でくくられる表現はそれ自体複合的な部分関係式であり，左括弧の次に続くのは，部分関係式か，あるいは四角括弧でくくられた複合的な部分関係式のいずれかでなければならない。

複合的なものも含む部分関係式に感嘆符 (!) を前接させることによって，その否定（補集合）を表す。以下の例では，`/^NP\b/` と `/^PP\b/` を同時に直接支配しているのでない `/^IP\b/` が検索される。

(5.49) `/^IP\b/ ![ < /^NP\b/ < /^PP\b/ ]`

“!” の位置によって否定のスコープが変化することに注意が必要である。下の (5.50) では「が」以外の格助詞を直接支配する主語が指定されているのに対し，(5.51) では格助詞「が」を伴うもの以外の主語が検索される。コーパスの中で主語として「子供」，「子供は」，「子供が」，「子供に」，「子供の」の句が使用されている文が存在する場合，(5.50) のパターンによって検索して得られるのは，「が」を除く格助詞を伴う「子供に」および「子供の」の出現する文のみである。これに対し，(5.51) は格助詞のみならず，とりたて助詞が付加されたり，あるいは助詞を伴わない主語名詞句をも許容する。上記の例では，「子供」，「子供は」，「子供に」，「子供の」の主語句を含む文が得られる。

(5.50) `/SBJ/ < (P-ROLE !< が)`

(5.51) `/SBJ/ !< (P-ROLE < が)`

5.3.3.4 ラベル付きノードと参照リンク

検索パターンにおいては，そのノードに等号 (=) で始まる個別のラベルを付け，同一のパターンのそれ以降の部分で「参照リンク」として参照することが可能である。この場合，ラベルを付加された当該のノードの記述が必ず先立ち，参照リンクがそれに続くという順序をとり，その逆の順序は許されない。

参照リンクの利用例として，第一目的語がトレースとなる関係節の検索を考えてみよう。そのようなトレースには，関係節のノードに直接支配されるもののみならず，関係節に埋め込まれた節に含まれる，以下のような例も含まれる。

(5.52)

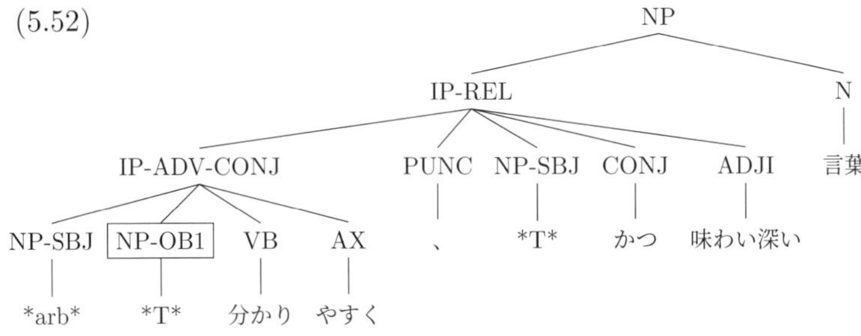

(191_x_textbook_djg3)

このような用例をもカバーするためには，支配関係を表す“<<”を利用した，次のような検索パターンが考えられる。

(5.53) `/REL/=p << (/OB1/ < /\*T\*/)`

しかしながら，これによると，以下のように，それ自体が第一目的語のトレースを有するのでなく，第一目的語のトレースを伴う関係節を埋め込んでいる関係節も該当してしまう。

(5.54)

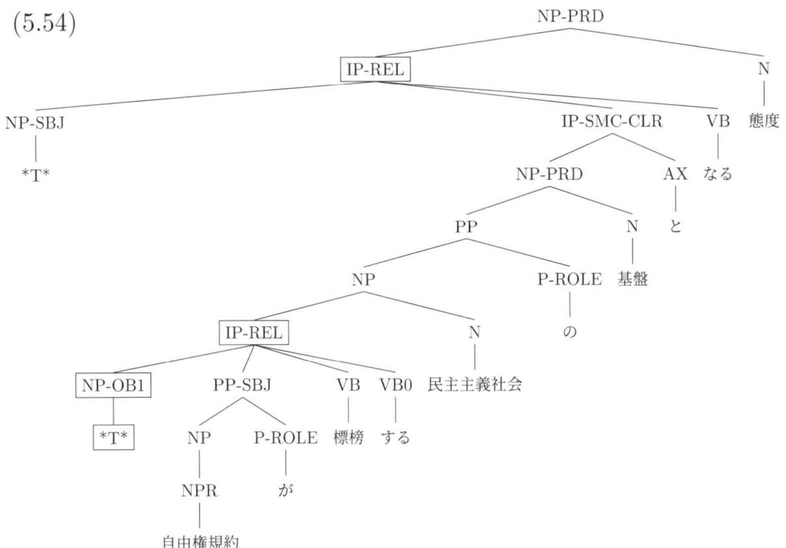

(818_whitepaper_gaiko9)

このような例を排除するには，以下のように参照リンクを用いて，関係節と第一目的語のトレースとの間に他の関係節を介在させないための制限を付け加えればよい。

(5.55) `/REL/=p << (/OB1/ < /\*T\*/ !>> (/REL/ >> =p))`

かいのきツリーバンクのアノテーションにおいては，1つの `IP-REL` について1個のトレースしか許されないため，(5.55) によって関連する全ての用例を集めることができる。しかしながら，日本語では，関係節の中に関係節が埋め込まれ，外側の関係節が埋め込まれた関係節の内部にリンクすることがある。例えば (5.56) において，「飲む」の第一目的語は「薬」に対応している。関係節間のリンクを確保するためには，名詞句全体にソート情報を付加し，主要部名詞を `(NP-DSC *T*)` によってディスコース上の先行詞としてアクセス可能にし，さらにゼロ代名詞 `*pro*` を付け加えることで内部のリンクを確立する必要がある。このようなアノテーションはかなりの負担なので，1つの関係節に1つのリンクしかない場合は，`*T*` を使って直接のリンク付けを行う。

(5.56)

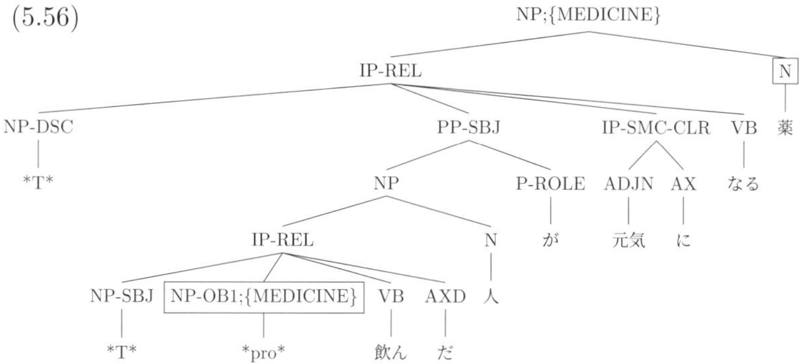

第 6 章

検索の実例

ここでは，日本語文法研究でよく取り上げられる 10 種類の構文について，その文例データ収集のための検索パターンの書き方を具体的に検討する。読者には実際に課題を解きながら，検索パターンの書き方に習熟してほしい。巻末に解答を掲載するが，これは自分で得た答えの確認のために使用すること。

6.1 語順

日本語の格成分（主要文法役割や任意文法役割を担う助詞句，名詞句，および副詞句）の間の順序は比較的自由であることがよく指摘される（佐伯 1975，佐伯 1998，益岡・田窪 1992, 等)。他方，文章を書いていて，文の落ち着きを良くするために語順を変えてみることはよく経験する。格成分相互の語順が実際のテクストにおいてどうなっているかを調べる手始めとして，<主語 – 第一目的語> の語順で出現する文，および逆の語順で出現する文の用例をそれぞれツリーバンクから得ることを考えてみよう。

(6.1) `/SBJ\b/ $.. /OB1\b/`

このような検索パターンをまず思い浮かべるかもしれない。確かにこれは，助詞句であれ名詞句であれ，主語としての拡張タグを与えられた句が第一目的語のタグを持つ句に先行している文を探してくれる。しかし，実はこれでは主語や第一目的語が空要素であるような用例も検索結果に含まれることになる（2.8 節を参照のこと)。これらがゼロ代名詞や関係節のトレースに相当して表層の表現にあらわれない場合に，その語順を議論するのは無意味である。2.8 節で説明したように，ゼロ代名詞やトレースのような名詞句相当の空要素が認められる場合，`*pro*` 等のゼロ代名詞やトレース `*T*` を終端ノードとして設定し，これに `NP-SBJ` や `NP-OB1` のような名詞句としてのラベルを施し，当該の名詞句を直接節に支配させる。そのため，“*” で始まるノードを直接支配しないという制約を付け加えることによって，空要素を含む用例を排除することができる。

```
(6.2)  /SBJ\b/ !< /^\*/ $.. (/OB1\b/ !< /^\*/)
```

“*” は 5.3.2 節で述べたように正規表現の構成に使われるメタ文字なので，これを含むノードの検索に際してはバックスラッシュ (\) を付ける必要がある。そのため，空要素を排除するための制約は “`!< /^\*/`” となる。

目的語を 2 つ伴う構文については，<ガ助詞句 – ニ助詞句 – ヲ助詞句> が基本的な語順であるとされることが多い（佐伯 1975，佐伯 1998，日本語記述文法研究会 2009c 等）。その通りかどうか，ツリーバンクを検索して確かめてみよう。

課題 1

<主語助詞句/名詞句 – ニ助詞句 – ヲ助詞句> の語順と <主語助詞句/名詞句 – ヲ助詞句 – ニ助詞句> の語順の用例を，(6.2) を参考にしてそれぞれ検索し，結果を比較しなさい。第一目的語と第二目的語のみ，格助詞についての制約を加えることに注意すること。

1.1 節で，第一目的語・第二目的語間の語順に関連する用例を収集するための検索パターンをいくつか示した。それらの意味は，本節での説明によって明らかであろう。

6.2 主語と主題

主語の表示を格助詞「が」で行うか，とりたて助詞「は」を付加して主題とするかということは日本語文法の根幹に関わる問題であるということはよく知られている（山田 1908，三上 1960）。そこで，(6.3) と (6.4) により，「が」による主語表示の文と「は」表示の文を検索してみよう。ここでは，動詞が述語の文に限定してある。「が」の主語については (6.3) のように主語助詞句が格助詞「が」を直接支配すると指定するので十分だが，(6.4) では，「名詞句＋に（は)」や「名詞句＋で（は)」のように「が」以外の格助詞を伴い `-SBJ` とされている助詞句を排除するために，とりたて助詞「は」が名詞句に直接後続するとの制約を与えている。

```
(6.3)  /^PP-SBJ\b/ < (P-ROLE < が) $.. VB

(6.4)  /^PP-SBJ\b/ < (/^NP\b/ $. (P-OPTR < は)) $.. VB
```

コーパス・データから教科書例文等の作例や翻訳文を除いて検索すると，(6.3) の結果は 20,718 文，(6.4) は 13,796 文となり，「は」表示の文は「が」表示の文の約 67 パーセントである。

次に，(6.5) や (6.6) のように，主文の主語に限定してみる。かいのきツリーバンクの検索結果のツリー表示では見えないが，文の解析木における最上位のノードは，検索が行われるファイル内のそれぞれのデータでは，ID を示すためのノードが姉妹位置になるように配置されている（5.2.4.3 節の (5.2) を見られたい)。このことを利用して，IP や CP が解析木の中で最上位であることを，ID の姉妹であるとの制約によって示す。また，選言を表す「|」を使って，統語制約の場合分けを行っている（5.3.3.3 節を参照のこと)。(6.5)，(6.6) ともに，「VB を支配する IP が ID の姉妹になっているか」，または「VB を支配する IP を支配する CP が ID の姉妹になっているか」の二者択一が行われている。

```
(6.5)  /^PP-SBJ\b/ < (P-ROLE < が)
                    $.. VB
                    > (/^IP\b/ [ $ ID | > (/^CP\b/ $ ID) ] )

(6.6)  /^PP-SBJ\b/ < (/^NP\b/ $. (P-OPTR < は))
                    $.. VB
                    > (/^IP\b/ [ $ ID | > (/^CP\b/ $ ID) ] )
```

(6.5) および (6.6) の検索結果として，主文において「が」表示の主語を持つ文は 7,774 文，「は」は 10,495 文であり，今度は「は」表示の方が多くなっている。

これまでの日本語文法研究において，「発話の時点で知覚した事態をそのまま述べる文（日本語記述文法研究会 2009b)」の主語は「が」で表示されることが知られており，「現象文」と呼ばれることがある（三尾 1948)。動詞「見える」は，「窓から富士山が見える」のように，まさにこのような眼前の事態を述べる文の典型としてまず頭に浮かぶ。井出 (2020) はこのような文を「富士山」が見る対象として捉えられず，.「富士山が現れている，その全体の中に話者の主体が埋もれていて内在的視点を持って表現した例」と説明している。「見える」が現象文として使われやすいということが本当であれば，この動詞が「が」表示の主語を伴って出現する文の比率は，平均的な動詞のそれと比べて高くなるのではないか。

課題 2

(6.5) および (6.6) を参考にして，動詞「見える」を述語とし，「が」表示の主語および「は」表示の主語を持つ文をそれぞれ検索しなさい。各々の結果の例文数と使われ方を比較しなさい。

6.3「(人) に会う」と「(人) と会う」

動詞「会う」の第一目的語は格助詞「に」または「と」によって表示される。「に」を使った場合と「と」を使った場合では，意味は同じなのだろうか。もし違うとすれば，どこが違うのか。

「友達に会いに行く」とは言うが，「友達と会いに行く」とは言わない。「友達に会って相談した」と言う代わりに「友達と会って相談した」とは言いにくい。目的があって人に会う時は「に」を，偶然会った時は「と」を使うのだろうか。しかし，「駅で偶然知り合いと会った」/「駅で偶然知り合いに会った」は両方とも大丈夫そうな気もする。実際のところは，どのように使われているのだろうか。

動詞がどのような意味で使われているのかを知るための一つの方法として，副詞 (句) との共起関係が利用できる。意図性に関する副詞 (句) (例：わざと) や偶然を表す副詞 (句) (例：たまたま) 等との共起の頻度を調べることによって，それぞれの格フレームの使われ方の傾向を知ることができるはずである。

まず，「(人) に会う」の格フレームの用例は，次の検索式で得ることができる。

(6.7)
```
/^PP-OB1/ < (P-ROLE < に) $.. (VB
    < あう|あわ|あい|あっ|あえ|あお|会う|会わ|会い|会っ|会え|会お)
```

当該の動詞の活用形を選言としてすべて列挙している。ひらがな表記も含めているため，検索結果が「会う」の意味以外のもの（「合う」等）も含まれる可能性を考慮する必要がある。

課題 3

(6.7) を参考にして，副詞句が「(人) に会う」と共起する構文，および副詞句が「(人) と会う」と共起する構文を検索するためのパターンを書きなさい。副詞句をマスターノードにすること。これに基づき，2 つの構文にあらわれる副詞句を比較しなさい。

6.4 受動文

受動を表す補助動詞「れる／られる」は，直接受動なら PASS，間接節受動なら PASS2 のタグを与えられる（3.3.14 節および 4.2.3 節を参照のこと）。これらを手掛かりとすれば受動文が検索できると考えるかもしれない。しかし，テアル構文の一部も受動構文として扱われ，(PASS *) が導入される（4.2.5 節を参照のこと）。テアル構文を含まない用例がほしいのなら，これを排除することが必要となる。

課題 4

主語と論理的主語（-LGS が付加される）の両方が明示された直接受動文（テアル文を除く）を検索するためのパターンを書きなさい。

受動文の論理的主語は多様な助詞により表示されることが知られている（寺村 1982）が，これが格助詞「に」により表示される文は，次のパターンによって得ることができる。

(6.8) /^PP-LGS/ < (P-ROLE < に)

課題 5

論理的主語が様々な格助詞によって表示されている用例を検索するために，(6.8) を「/P-ROLE/」がマスターノードになるように作り変え，検索を実行しなさい。結果を CSV 形式でダウンロードし，Excel 等の表計算ソフトを使って格助詞の種類と用例数を集計しなさい。

6.5 テアル構文

前節に述べたように，テアル構文には，他動詞である主動詞の本来の目的語（対象）に格助詞「が」が付加されていることから主語に昇格しており，したがって受動文の一種であると見なされるものと，主動詞の有する格フレームがそのまま保持され，受動化はなされていないと判断されるものとの 2 種類がある。後者の一部の，主動詞が他動詞で，格表示が「を」によりなされている文を取り上げ，前者とどのような違いがあるか，比較してみよう。なお，考察に当たっては，日本語記述文法研究会 (2009a) が参考になる。

第一目的語が「を」によって表示され，補助動詞「ある」を伴う文の用例を求めるためのパターンは，次のように考えることができる。

(6.9)
```
/^PP-OB1/
  < (P-ROLE < を)
  $.. (VB $. (P-CONN < て|で
                    $. (VB2 < あっ|あり|ある|あれ|あろ)))
```

課題 6

(6.9) と第 4 章の例文 (4.89) を参考にして，主動詞本来の目的語が「が」によって表示された主語となっているテアル文を検索するためのパターンを書きなさい。受動文の一種としての表示を忘れないこと。(6.9) も含めた 2 つのパターンの検索結果を比較し，それぞれの主動詞にどのような違いが見られるか考えなさい。

なお，かいのきツリーバンクにおけるテアル構文の用法の下位区分は，客観的な基準に基づいてアノテーションを行うという方針に従ったもので，受動文としての性質をテアル構文がどのような場合にどの程度持つかという問題そのものは，より詳細な検討が必要である。

6.6 疑問文

外国人が日本語を話すのを聞いていて，疑問詞を伴う疑問文が「のか」や「の/んですか」で終わらないことに違和感を抱くことがある。コーパスの中で形式名詞「の/ん」を文末に持つ文は疑問詞疑問文全体の中でどれだけの比率を占めるのか調べてみよう。

最初に，疑問詞を伴う疑問文の検索を考える。それには，まず次のように考えられる。

(6.10)
```
/^CP-QUE\b/ << /^W/ $ ID
```

(6.5) および (6.6) と同様，ここでも ID の姉妹であるとの制約を与えることによって，CP-QUE が解析木の最上位のノードであると規定し，間接疑問節を排除している。実は，この検索結果は望まれないものも含んでいる。第一に，疑問詞は「か」「も」または「でも」を伴って量化作用素を構成し，疑問以外の意味を形作る（3.2.1.2 節を参照のこと）。第二に，「なぜなのか分かりますか？」のように，間接疑問節を埋め込む文自体が Yes/No 疑問文となる場合がある。

目的とする構文に絞り込めていないことを承知の上で，(6.10) を使って，形式名詞「の/ん」を伴う疑問詞疑問文を得るパターンを次のように考えることができる（間接疑問節の埋め込みを排除している）。

(6.11)
```
/^CP-QUE\b/=x << (/^W/ !>> (/^CP-QUE\b/ >> =x))
              < (/^IP-SUB\b/ < (FN < の|ん))
              $ ID
```

課題 7

(6.11) を参考にして，形式名詞「の／ん」を伴わない疑問詞疑問文を検索し，(6.11) の結果と比較しなさい。

4.1.11 節で解説したように，疑問節は第一目的語として文に埋め込まれることがある。その際，疑問節末尾の終助詞として「か」の他に「かどうか」も使用される（「かどうか」が 1 語の終助詞として扱われることに注意）。日本語母語話者でも文章を書いてどちらを使うか迷うことがあり，両者の違いは微妙なものを含むようである。それぞれと共起する動詞の傾向を調べ，動詞の特性を抽出してみよう。

終助詞「か」を伴う疑問節を調べたければ，次の検索式を使えばよい。

(6.12)　`/^CP-QUE\b/ < (P-FINAL < か)`

課題 8

(6.12) を参考にして，終助詞「か」および「かどうか」を伴う間接疑問節を第一目的語とする動詞の用例を検索しなさい。それぞれの動詞にどのような特徴があるか，考察しなさい。

6.7 名詞句

「白い馬」や「草原を駆ける馬」のように，名詞「馬」が主要部（head）の位置にある名詞句の用例を集めるためのパターンは，次のようになる。

(6.13)　`馬 > (N > /^NP\b/)`

直接支配されるノードが姉妹の中で最右端であることを表わす関係演算子として “`>-1`” がある（5.3.3.2 を参照のこと）が，ここでそれを使用して “`N >-1 /^NP\b/`” とすることは必ずしもふさわしくない。(6.13) の記述だけで `N` が `NP` の主要部であることが保証されている一方で，主要部の `N` が `NP` の最右端に位置しない例（「馬　３９　頭」等）も存在するからである。

以上の条件を充たす名詞句で主語としての役割を果たすものを，「が/は」のような助詞の有無に関わらず探したければ，次のようにすればよい。ここでも，関係表現の選言を使っている。

(6.14)　`馬 > (N [ > /^NP-SBJ/ | > (/^NP\b/ > /^PP-SBJ/) ] )`

同じ結果を得ようとして，ともすれば次のように書いてしまいがちである。

(6.15)　`馬 > (N >> /SBJ/)`

しかし，これでは，名詞「馬」が一般に `NP-SBJ` または `PP-SBJ` の構成素となっている用例を探すことになる。その結果の中には「馬の脚が」のような例も含まれることになり，目的にそぐわない。

課題 9

(6.14) の検索式では，名詞「馬」が名詞句の主要部となる場合に限定され，「白馬」や「仔馬」のように形態素として「馬」を含む語の例は含まれない。このように「馬」がより長い名詞の右端にあらわれるものも含めて検索できるよう，(6.14) を修正しなさい。

6.8 名詞節

名詞「こと」および「の」が構成する名詞節は文中で格成分としての役割を果たすことができる。それらが目的語となる時は，「(来る) のを見た」「(来る) ことを知った」のように，共起する動詞の傾向に違いがあると言われている (野田 1995，日本語記述文法研究会 2008)。このことをツリーバンクで確かめてみよう。

次のパターンによって，名詞「の」を修飾する空所なし名詞修飾節 (IP-EMB) が第一目的語となって動詞と共起する用例を検索することができる。

```
(6.16)  VB $,, (/^PP-OB1/ < (/^NP\b/ < (N < の) < /^IP-EMB\b/))
```

上記のパターンでは助詞句を検索しているが，助詞を伴わず名詞句が直接第一目的語となっている用例も含めたければ，やはり選言を使って，次のようにすればよい。

```
(6.17)  VB [
        $,, (/^PP-OB1/ < (/^NP\b/ < (N < の) < /^IP-EMB\b/)) |
        $,, (/^NP-OB1/ < (N < の) < /^IP-EMB\b/) ]
```

課題 10

(6.17) を参考にして，「こと」が導く名詞句 (助詞句) が第一目的語となる用例を検索しなさい。(6.17) の結果とともに Excel シートにまとめ，それぞれ出現頻度の高い動詞を比較しなさい。

6.9 関係節

関係節によって修飾される主名詞が関係節の中で果たす文法役割の違い—例えば，文法役割が主語か目的語かということ，言い換えれば，関係節のトレースが主語か目的語かということ—によって出現の頻度が異なるという主張がなされている。

Keenan and Comrie (1977) は，関係節化の可能な名詞句の担う文法役割には言語普遍的な傾向があると主張し，次の階層を提案している。

> 主語 > 直接目的語 > 間接目的語 > 主要な斜格 > 所有格 > 比較の対象

ある言語において，この階層中のある文法役割を持つ名詞句を関係節化することが可能な場合，それよりも上の階層の文法役割は必ず関係節化可能である。例えば，ある言語において，間接目的語をトレースとする関係節構文が存在するなら，主語や直接目的語をトレースとする関係節構文は必ず存在する。これに対し，階層中の主要な斜格以下の文法役割を持つ名詞句は関係節化できるとは限らない。

Keenan (1987) によると，この階層は関係節の受容可能性 (acceptability) の階層であり，個々の言語のパフォーマンスにも発現するという。その一例として Keenan (1987) は，英語の散文テクストにおける関係節の出現数が

> 主語 > 直接目的語 > 主要な斜格 > 所有格 > 比較の対象

の順となっている（間接目的語は主要な斜格に含める）ことを指摘している。このことが日本語について当てはまるかどうか，確かめてみよう。

主語が関係節化されている例，言い換えれば，主名詞に相当するトレースが関係節の中で主語の文法役割を果たしている例は，次のパターンを使って検索することができる。ここでは関係節の中の主語がトレースとなっている文を検索しているが，イ形容詞およびナ形容詞による修飾は除外している（このパターンは 5.3.3.4 節の (5.55) を少し変更したものである）。

(6.18)
```
/-REL\b/=p << (/-SBJ/ < /^\*T\*/ !>> (/-REL\b/ >> =p))
            !< ADJI|ADJN
```

課題 11

(6.18) にならって，関係節のトレースが第一目的語となる例を検索するためのパターンを書きなさい。これと (6.18) を使ってツリーバンクから実例を集め，結果を比較しなさい。

課題 12

さらに，トレースが第二目的語である例と，任意文法役割を果たす例を検索しなさい。主語および第一目的語のトレースの例も含めて，結果を比較しなさい。

6.10 副詞節

従属節の述語のテンス（時制）の解釈は，発話時に依存してなされることも主節述語のテンス解釈に基づいてなされることもあって複雑な様相を呈し，多くの研究がなされている（Ogihara 1996，Yoshimoto 1998，中村 2001，有田 2021，等)。従属節と主節の述語が非タ形（現在形）かタ形（過去形）かで 4 通りの組み合わせがあるが，その各々について用例を集めてみよう。接続詞「から」が導く，原因を表す従属節と主節の中の述語が共にタ形である文例を得るには，次のパターンを使えばよい。

(6.19)
```
P-CONN < から $, (/^IP-ADV/ < AXD) > (/^PP\b/ $.. AXD)
```

課題 13

カラ従属節述語の非タ形/タ形，主節述語の非タ形/タ形の 4 つの組み合わせのうち，どれが一番多いか予想を述べなさい。次に，(6.19) を参考にして，残りの組み合わせを検索するためのパターンを書き，実際に検索を行って，その結果を予想と比較しなさい。

原因・理由を表す従属節を導く接続詞には「ので」と「から」の 2 通りがあり，その違いについては様々な議論がある（永野 1952，岩崎 1995，等)。その解明に役立てるために，従属節の述語のとることのできる助動詞に違いがあるかを見てみよう。まず，「ので」従属節の述語が助動詞（AX または MD）を伴う例文を得るためには，次のようにすればよい。

```
(6.20)  AX|MD $, VB
            > (/^IP-ADV/ $. (P-CONN < ので > /^PP-SCON\b/))
```

課題 14

「から」従属節述語が助動詞を伴う例文を検索しなさい。会話では接続詞「から」で文が終わることがある（例：今代りますから）が，このような文を排除すること。また，「てから」で結ばれる従属節（例：すべて終わらせてから新しい年を迎えてほしい）も避けること。次に，それぞれの従属節述語にあらわれる助動詞にどのような違いが見られるか，考察しなさい。

付録

逸脱的な「のが」文の成立要因―助詞「が」に関連する構造の分布―

三好伸芳

1.1 はじめに

「のが」(準体助詞「の」＋格助詞「が」) を含む文 (以下,「のが」文) には,「のが」句を受ける述語との関係において接続助詞的, あるいは逸脱的な性質を持つものがあることが知られている。天野 (2014) は, 以下のような「のが」文にいくつかの逸脱的な特徴が見られるとする (以下, 先行研究から引用した例文は, 下線などを追加・削除する場合がある)。

(1) a. 入院中は、毎日のように彼女が見舞ってくれた。(中略) それでも、心細さは消えなかった。都内の実家を離れ、1 人暮らしを始めて 3 年目。ろくに実家に帰ることはなかったのが毎日、病院の公衆電話から家族の声を聞いた。
(天野 2014: 25,『朝日新聞』「患者を生きる」2011 年 7 月 13 日)

b. きょうはみなさん、遠いところを息子のためにおいでくださって、のあたりまでは、ごくふつうのあいさつだったのが、友人は急回転して、こんなことをいいはじめた。
(天野 2014: 25, 須賀敦子「本に読まれて」)

(2) 「のが」節文に見られる逸脱的特徴

a. 当該の「のが」節が主節述語句から語彙的に予測される主格の意味を表わしていない。

b. 主節述語句が語彙的に要求する主格が「のが」節の他に顕在する。

c. 許容度が高い者から低いものまであり続ける。

(天野 2014: 26)

(1) の文は,「のが」句と述語句との関係において (2) に挙げるような逸脱的特徴を持つ（天野 2014 は「「のが」節」という表現を用いているが,本稿では天野 2014 の主張する格助詞性を重視して「「のが」句」としておく)。後で詳しく触れるように, 天野 (2014) は, これらの逸脱的な「のが」文が語用論的に〈サマ主格変遷構文〉としての解釈を受けることで成立していると分析している。

一方で, このような逸脱的な文がどのような要因によって成立しているのかという点については, 議論の余地が残されていると考える。統語構造を検索対象とする統語解析情報付きコーパス（かいのきツリーバンク, 以下 KTB とする）では, 補充成分と述語の統語関係を指定して検索を行うことが可能であり,「のが」文に関連する構造は当該コーパスの長所を生かす調査対象として好適である。本稿では, KTB を用いた助詞「が」に関連する統語環境の調査により, 先行研究において逸脱的であるとされる「のが」文の成立する要因について分析を試みる。結論として, 逸脱的な「のが」文の成立要因とされる特徴は,「が」句を伴う自動詞文よりもむしろ「が」節文に多く見られるものであり,「のが」文が「が」節文に接近することで逸脱的な「のが」文が成立している可能性があることを指摘する。

1.2 先行研究

「のが」句の中には, 準体助詞「の」と格助詞「が」の単純な複合として解釈できるものだけでなく, 接続助詞的な性質を持っているものがあることが指摘されており, レー (1988), 天野 (2014, 2015a, 2015b, 2021) などの先行研究により詳細な分析がなされている（その他, 寺村 1982: 199-200, 黒田 1999: 87-89) などにも記述が見られる)。ここでは, 特に重要な研究

である天野 (2014) の議論を概観する。

天野 (2014) は，レー (1988) で言及されている「変遷性」という概念を検討し，接続助詞的な「のが」句を含む文の「構文」（構成要素の総和から必ずしも全体の意味を計算できない構造）としての性質に着目している。レー (1988) が収集した用例について，天野 (2014) は次のような特徴を指摘する。

(3)　レー (1988) の接続助詞的な「のが」の節の文の特徴

①　主節述語が「なる」などの状態変化自動詞（その名詞化述語を含む）であることが多い…76%

②　変化後の状態を表す句が共起することが多い…62%

③　「のが」節述語句に「～た・ていた」形や「～はずだ・つもりだ」形が多く，ある時に確定された様態や，確定された予定の様態が表されることが多い…98%

④　2 時点の推移を表す時間的要素が共起したり，推移する条件や契機を表す要素が共起することが多い…98%

(天野 2014: 32)

このような事実を踏まえ，天野 (2014) は，逸脱的な「のが」句を含む文が〈サマ主格変遷構文〉という文類型の構文的意味を語用論的に読み込むことで成立しているとする（天野 2014: 39-40)。サマ主格変遷構文は，以下のように規定されている。

(4)　〈サマ主格変遷構文〉

〈あるモノ・ヒトの一様態・一状況 X が，異なる様態・状況 Y に変化する〉ことを表す状態変化自動詞述語文

(天野 2014: 36-37)

(5)　a. 昨日までの富士山頂の青さが一夜にして真っ白になった。

b. 手のひび割れが 治った。　(天野 2014: 36)

天野 (2014: 39-45) によれば，(1) などの (2) で示したような逸脱的特徴を持つ「のが」文は，状態変化自動詞文であるサマ主格変遷構文（= (5) など）の解釈を語用論的に読み込むことで成立しているとされる。このよ

うな分析により，レー (1988) の収集例に (3) の諸特徴が見られたという事実に対し，一定の説明を与えることが可能になる。

天野 (2014) の分析は，逸脱的な「のが」句に見られる容認度のばらつきや意味的制約に対し，統一的な説明を可能にしている点で重要である。一方，ここで注目したいのは，サマ主格変遷構文や逸脱的な「のが」文がどのような言語的動機に支えられているのかという論点である。天野 (2014: 36) はサマ主格変遷構文の淵源として，先述の (5) のような状態変化自動詞文を想定し，逸脱的な「のが」文はそれらの意味類型を読み込むことで成立するとしている。この点は，「のが」文の形式を持つサマ主格変遷構文が存在することを踏まえると，一定の説得力を有するものである (以下，特に出典のない例文は筆者の作例)。

(6) a. 昨日まで富士山頂が青かったのが一夜にして真っ白になった。
 b. 手がひび割れていたのが 治った。

(6) のようなサマ主格変遷構文は必ずしも逸脱的とは言えないが，このような「のが」文の構造を持つサマ主格変遷構文 (接続助詞的な「のが」文に相当する) を介して，逸脱的な「のが」文が変遷イベントを表すものとして再解釈されているというわけである。

しかし，当然のことながら自動詞文には状態変化文に限らずさまざまな意味類型が見られる。また，「が」節文のように，「のが」文と類似の意味的・形態的構造を持つ文は状態変化文以外にも存在する。

(7) a. 初老の男性が歩いている。
 b. 校庭に妹がいる。

(8) a. 昨日まで富士山頂が青かったが一夜にして真っ白になった。
 b. 手がひび割れていたが 治った。

仮にサマ主格変遷構文が状態変化自動詞文をもとに構成されているとしても，なぜ (7) のような動作自動詞文や状態自動詞文があるなかで状態変化自動詞文が「構文」となりえたのか，また，なぜほぼ同様の意味と構造を持つ (8) のような「が」節文ではなくサマ主格変遷構文が逸脱的「のが」

文の成立に関与していると言えるのかといった点は，いずれも論点として残るだろう。逸脱的な「のが」文は，天野 (2014: 44-45) が指摘するように主節が変化動詞である場合などに容認されやすくなるが，そのような振る舞いがサマ主格変遷構文の存在に起因するものであるという分析は，接続助詞的な「のが」文に類似の特徴が見られるという点を根拠にしており，他の文環境においてそのような特徴が見られないということは示されていない。すなわち，(5) のような状態変化自動詞文が存在することは，ただちにこれらの文がサマ主格変遷構文の構文的な淵源になっていることを意味せず，また同時に逸脱的な「のが」文の成立の動機となっているとも限らないと考えられるのである。

本稿では，KTB を用いた量的な調査によって，このような問題に有益なデータが提供できるものと考える。もし状態変化自動詞文が自動詞文全体の中で明らかに高頻度に見られるなどの特異性を示すのであれば，状態変化自動詞文がサマ主格変遷構文の意味的な淵源であることについて，ある程度実証的な根拠が与えられることになる。一定の文類型が高い頻度で使用されていれば，そのような文が持つ意味は相対的に固定化・類型化されやすいと考えられるからである。このような予測のもとで調査を行うことは，使用頻度と構文を関連づける使用基盤モデル（usage-based model; Goldberg 1995, 2006）の観点からも重要であろう。加えて，「が」句を受ける自動詞文の述語の分布を，「のが」文と意味的・構造的に類似する「が」節を受ける自動詞文の述語の分布と比較することができれば，サマ主格変遷構文と「のが」文，状態変化自動詞文との関係をより詳細に検討することが可能になるだろう。もちろん，逸脱的な「のが」文そのものを調査対象とすることも想定されるが，この種の文はあまり出現頻度が高いとは言えず，KTB のような小規模なコーパスで直接用例を調査するのには向いていない。そこで，以下の調査では「のが」文そのものではなく，助詞「が」に関連する環境を調査することによって，逸脱的な「のが」文の成立要因を分析していく[*1]。

[*1] なお，「のが」句を含む動詞述語文の検索式は，以下の通りである。準体助詞「の」は，KTB において助詞（「P」）ではなく名詞（「N」）としてアノテーションされていることに注意されたい。

1.3 調査方法

上記の問題提起を踏まえ，統語解析情報付きコーパスであるKTBを用いて「が」句および「が」節を受ける自動詞述語文の調査を行う。形態情報に基づくコーパスでは，「が＋動詞述語」のような線条的に隔たった要素を直接検索できないが，KTBのような統語関係を参照できるコーパスは，このような調査にふさわしいと言える。具体的には，以下のような検索式を用いてKTBを検索する。まず，「が」句を伴う自動詞述語文の検索式を見ていく。

(9) 「が」句を伴う自動詞述語の検索式

```
VB $ (/^PP\b/ < (P-ROLE < が)) !$ /^(PP-OB1|NP-OB1)\b/
!$ /^PASS/
```

(9)に示した検索式のうち，「`VB $ (/^PP\b/ < (P-ROLE < が))`」の部分は「「が」句を伴う動詞述語」を表している。しかし，このままでは「勉強ができる」のような対象を表す「が」句や「興味深い事実が見られる」のような受身文を排除できず，均質な結果が得られない。そのため，「`!$ /^(PP-OB1|NP-OB1)\b/ !$ /^PASS/`」という指定によって，目的語相当の句（省略されているものも含む）や受身の形態素（「れる／られる」）が同一の節内に生起する動詞述語を排除している*2。結果的に，次のような「「が」句を伴う自動詞述語」が得られることになる。

(i)
```
VB $ (/^PP\b/ < (/^NP\b/ < (N < の) < /^(IP-EMB|IP-REL)\b/
$ (/^P-ROLE\b/ < が)))
```

上記の検索式を用い，1.4節と同様のレジスターでKTBを検索すると120例がヒットするが，その多くが「見える／分かる」などの述語とかかわるものであり，逸脱的な「のが」文の例はそこからさらに限定される（上記の検索式の結果からは，逸脱的あるいは接続助詞的と言えそうな例が7例見られたが，量的な調査には不十分であると思われる）。

*2 KTBでは，ゼロ形式の目的語もアノテーションされているため（例えば，「私は持っていません」のような文では，ゼロ形式の目的語が「`NP-OB1`」としてアノテーションされている），「同一節内において（ゼロ）目的語が生起しない動詞」を指定することで，自動詞を検索対象とすることができる。この点も，従来のコーパスにない強みであると言える。ただし，「主語／目的語」の認定が難しい述語も存在するため，必ずしも明確な区別がなされているとは言い難い面もある。この点については，**注6**も参照されたい。

(10)

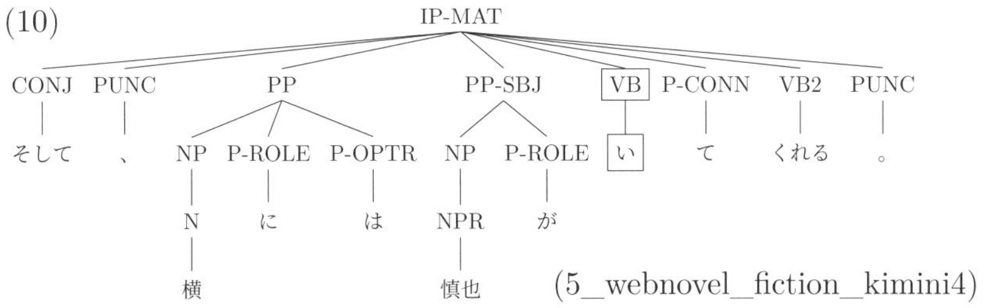

(5_webnovel_fiction_kimini4)

(10) の文では，「が」格を伴う主語助詞句（「PP-SBJ」の「慎也が」）が現れており，述語は自動詞の「い（る）」（(10) 枠線部）である。(10) にあるように，KTB では本動詞の「いる」が「VB」であり，「VB2」である補助動詞の「くれる」と区別されている点に注意してほしい。(9) の検索式では「VB」（＝「VB と完全一致するノード」）が指定されており，「くれる」のような補助動詞（「VB2」）は検索対象から排除される。このような区別は，形態情報に基づくコーパスにはない強みの 1 つである。

続いて，比較対象となる「が」節を伴う自動詞述語の検索式について述べる。

(11) 「が」節を伴う自動詞述語の検索式

```
VB $ (/^PP-(CONJ|SCON)\b/ < (P-CONN < が))
!$ /^(PP-OB1|NP-OB1)\b/ !$ /^PASS/
```

こちらは「VB $ (/^PP-(CONJ|SCON)\b/ < (P-CONN < が))」の部分で「「が」節を伴う動詞述語」を指定している[*3]。目的語相当の句と受身形態素を排除することで自動詞文であることを指定している点は「が」句の場合と同様である。(11) の検索式によって得られる文の一例を以下に挙げておく。

(12)

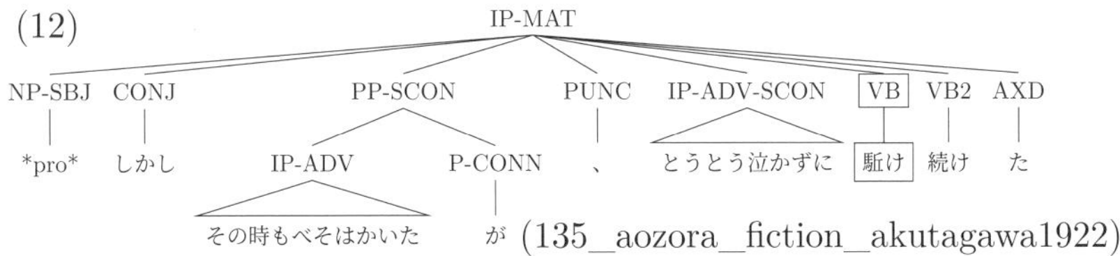

(135_aozora_fiction_akutagawa1922)

[*3] 「PP-CONJ」と「PP-SCON」はそれぞれ「等位的助詞句（等位節）」および「従属節助詞句（従属節）」を表すが，「が」節はいずれの分類にもなりうるため，ここでは「/^PP-(CONJ|SCON)\b/」（＝「等位的助詞句または従属節助詞句」）という指定を用いている。

(11) の検索式を用いると，(12) のような目的語相当の語を含まない自動詞述語文が「が」節を伴っている例が得られる（主節動詞は自動詞「駈け（る)」である)。本稿では，上記のような統語環境を比較し，述語となった自動詞の分布を調査する。以下の節では，特に次の 2 点に絞って議論を進めていく。

(13) a.「が」句を受ける自動詞語彙の分布はどのようになっているか。
b.「が」句と「が」節を受ける自動詞述語のうち，どちらが逸脱的な「のが」文に近い性質を有しているか。

先にも述べたように，もしサマ主格変遷構文のような状態変化自動詞文が逸脱的な「のが」文の構文的な拠り所となりうるほどの類型性を有しているのであれば，例えば「が」句を伴う自動詞文の述語語彙には変化動詞が多く見られるなど，逸脱的な「のが」の成立を支えているとされる特徴との類似性が観察されることが予測される。また，仮に「が」句を伴う自動詞文述語だけではそのような特徴が見られずとも，「のが」文と類似の意味構造を持つ「が」節文よりも変化動詞が多いなどの述語語彙の分布が見られれば，やはり状態変化自動詞文を逸脱的な「のが」文の成立と関連づけることに一定の根拠が見出せることになる。

1.4 調査結果と分析

KTB を用いた検索の結果，「が」句を伴う自動詞文と「が」節を伴う自動詞文は，それぞれ 10,239 例[*4]と 1,230 例得られた（なお，他動詞を含む動詞文全体の用例数は「が」句文が 17,973 例,「が」節文が 2,128 例であり，自動詞文が占める割合はそれぞれ 57.0% と 57.8% となっている)。自然な言語使用のデータではないか，特異な位相的性質を持っていると考えられる「辞書（dict）／法律文（law）／教科書（textbook）／白書（whitepaper）／特許（patent）／その他（misc)」のテクストは検索対象

*4 「が」句の検索結果には，1 件だけ以下のような省略された動詞の文がヒットしたが，動詞が厳密に判別できないため集計対象からは除外した。

(ii) 「これが、よく言う走馬灯が……」

(690_webnovel_fiction_okurimono)

から除外している。「が」句および「が」節を伴う自動詞述語に見られる特徴について，全体の傾向を先に述べると，変化動詞は「が」句を伴う自動詞述語の中でも，「が」節との比較においても，相対的に多いとは言えないという点が指摘できる。これは，「が」句を伴う自動詞文において，必ずしも変化イベントを表すものは典型的なものとは言えず，逸脱的な「のが」の成立を支えているとされる特徴との積極的な関連性が見られないことを意味する。表 1.1，表 1.2 に「が」句と「が」節を受ける自動詞述語の上位 10 項目を示す（「用例数」の括弧内はそれぞれの自動詞文全体に占める割合を百分率で示したもの）[*5]。

表 1.1 「が」句を伴う自動詞述語

語例	用例数
ある[*6]	1,303（12.7%）
なる	743（7.3%）
いる	288（2.8%）
出る	241（2.4%）
言う	234（2.3%）
来る	226（2.2%）
する[*7]	196（1.9%）
入る	173（1.7%）
見える	124（1.2%）
立つ	98（1.0%）

表 1.2 「が」節を伴う自動詞述語

語例	用例数
なる	150（12.2%）
ある	102（8.3%）
思う	57（4.6%）
言う	56（4.6%）
する	21（1.7%）
見える	21（1.7%）
分かる	16（1.3%）
考える	14（1.1%）
出る	14（1.1%）
いる	13（1.1%）

*5 以下の検索対象には，「言える」などの可能動詞形や「言いつける」などの複合動詞は含んでいない。ただし，「腹が立つ」などのような，慣用句の一部をなすものは含まれている。なお，KTB には語彙素に相当する単位が存在しないため，ここに示したような語彙リストを作成するためには異なる語形の動詞を合算して集計する必要がある。その際，「あっ（た）」などのように 2 つの語彙素（この場合「有る」と「会う」）で曖昧になるようなものが存在する場合には，目視で用例を確認し，どちらの語か確定させた。

*6 「ある」は，その所有文的性質から，KTB 内でアノテーションに揺れが見られる。

(iii) a. お姫さまのことなどは、夢にも思ってみたことがありませんでした。
(321_aozora_Andersen-1967-2)

b. そして、とくに今はどんなことがあっても正気を失うわけにはいかないのだ。
(123_aozora_Harada-1960)

「が」句と「が」節を受けるいずれの文も，「ある／いる」などの存在動詞や変化動詞「なる」，発言動作を表す「言う」などが上位に現れている点では類似しているが，「が」句を伴う自動詞文においては「ある」や「いる」などの状態動詞が上位を占めているのに対し，「が」節を伴う自動詞文で最も使用頻度が高いのは変化動詞「なる」である。表 1.1 と表 1.2 のそれぞれの合計を母数とし，動詞の語彙的アスペクトに応じて整理し直すと，表 1.3 および表 1.4 のようになる。

表 1.3　「が」句を伴う自動詞述語のタイプ

動詞のタイプ	頻度
状態動詞	1,715（47.3%）
動作動詞	1,168（32.2%）
変化動詞	743（20.5%）

表 1.4　「が」節を伴う自動詞述語のタイプ

動詞のタイプ	頻度
変化動詞	150（32.3%）
状態動詞	136（29.3%）
動作動詞	91（19.6%）
思考動詞	87（18.8%）

ここでは，基本形で現在時を表すと考えられるものを「状態動詞」，それ以外の動詞のうち，テイル形が継続相を表すと考えられるものを「動作動詞」，結果相を表すと考えられるものを「変化動詞」と分類する。具体的には，「ある／いる／見える」が状態動詞，「なる」が変化動詞であり，それ以外は動作動詞である。ただし，「思う／考える／分かる」の 3 語は基本形で現在時を表すなど，単純な動作とは言い難い面があることから「思考動詞」とした（表 1.2 から分かる通り，これらの述語は「が」節を特徴づけているという点でも興味深い）。表 1.3 と表 1.4 は全ての自動詞述語の集計ではないため完全なデータとは言えないが，「が」句および「が」節を伴う自動詞述語の上位 10 語の合計（それぞれ 3,626 例と 464 例）は，いずれも全体の 3 分の 1 以上を占めており，全体像を把握するうえで有効であ

(iiia) のような所有文であれば，存在動詞を伴う「が」句は基本的に目的語相当のものとして扱われているが（(iiia) では「PP-OB1」），所有文とも解釈可能な (iiib) の「が」句（「どんなこと」）は主語相当のものとして扱われている（(iiib) では「PP-SBJ」）。同様のことは，「見える」のような状態性述語にも当てはまる。本稿の結論に大きな影響を及ぼすものではないが，データの正確性と言う点では課題が残る。

*7 「する」には漢語サ変動詞は含まれておらず，「音がする／優しくする」などの単独用法だけが検索対象となっている。

ると考える。これらの表を比較すると，「が」句を伴う自動詞述語を特徴づけるのは半数近くを占める状態動詞であり，変化動詞は 5 分の 1 程度に留まっているのに対し，「が」節を伴う自動詞述語では変化動詞が最も高頻度に現れていることが分かる。

天野 (2014) が指摘するように，接続助詞的な「のが」（レー 1988）を受ける主節には変化動詞が多く見られるという特徴がある。

(14)　主節述語が「なる」などの状態変化自動詞（その名詞化述語を含む）であることが多い…76% ((3) ①の再掲)

このような事実から，天野 (2014) は逸脱的な「のが」文が状態変化自動詞文の一類型であるサマ主格変遷構文を動機として成立するものと推定している（1.2 節参照)。しかし，自動詞文に生起する変化動詞は状態動詞などに比べて多いとは言えず，また，「が」節文との比較でも，変化動詞の比率は生起する動詞の中で高くない。このことは，接続助詞的な「のが」文に見られる特徴はむしろ「が」節文に見られるものであることを示唆している[*8]。

[*8] その他，接続助詞的な「のが」文には「のが」節述語句に「〜た・ていた」形や「〜はずだ・つもりだ」形が多い，という特徴も指摘されている（= (3) ③)。そこで，自動詞文について「が」句に現れた関係節内および「が」節内の述語が「た」を伴っているかを調査したところ，「た」が現れる「が」句関係節（「到着していた花子がすぐに出発した」のような例）は 348 例で，関係節を伴う「が」句自動詞文全体（2,294 例）の 15.2%，「た」が現れる「が」節自動詞文（「花子は到着していたが，すぐに出発した」のような例）は 661 例で全体（1,230 例）の 53.7% であり，こちらも「が」節のほうが接続助詞的な「のが」文と近い特徴を持っていると言える（ただし，関係節内と「のが」内の時制を単純に対応付けられないという点に注意を要する)。なお，それぞれの検索式は以下の通りである。

(iv)　「た」形となっている「が」句内関係節（を伴う自動詞述語文）

```
VB $ (/^PP\b/ < (P-ROLE < が) < (/^NP\b/ < (/^IP-REL\b/ < AXD)))
!$ /^(PP-OB1|NP-OB1)\b/ !$ /^PASS/
```

(v)　「た」形となっている「が」節（を伴う自動詞述語文）

```
VB $ (/^PP-(CONJ|SCON)\b/ < (P-CONN < が $ (/^IP-ADV\b/ < AXD)))
!$ /^(PP-OB1|NP-OB1)\b/ !$ /^PASS/
```

では，なぜ「が」節文には変化動詞が生起しやすいのであろうか。以下の例をもとにこの点を検討していきたい。

(15) a. 「南無三……」と云うのも口のうち、武士は片膝を折り敷いて、老人の鼻へ手をやったが、「呼吸がない」と呟いた。

(45_aozora_Kunieda-1925)

b. 何だろうと思ってふり返って見ましたが何もいませんでした。

(14_aozora_Niimi-1943)

接続助詞の「が」は等位関係にある事態を表示するが，対比的な意味合いを色濃く示す点に特徴がある。(15a) は「呟く」，(15b) は「いる」が主節に現れている例であり，語彙的にはそれほど「変遷性」が感じられない。にもかかわらず，文全体の解釈を踏まえると，(15a) では「生きているか確認したが，死んでいることがわかった」といった事態の経過が読み取れ，(15b) は「振り返って見たが，見えなかった（＝いなかった)」のような知覚に基づく知識の更新が状況として解釈可能である。つまり，接続助詞「が」は，それが構成する対比的・逆接的意味によって，述語の語彙的意味を問わず事態の変遷や認識の更新といった事態と馴染みやすいのである（ただし，接続助詞の「が」は「太郎は学生だが，花子は社会人だ」のような並列に近い関係を表すことも可能である)。この点，同じく等位節を構成する接続助詞「し」と対照的であり，(15) の「が」を「し」と置き換えてもそのような意味合いは感じられない。「なる」が「が」節文に多く現れるのは,「が」節文が持つこのような語用論的性質と，語彙的に変化イベントを表す「なる」の親和性が高いからであると考えられる。

そして，このような特徴はまさに逸脱的な「のが」文の成立動機とされていた特徴（文全体が変遷イベントとして解釈されやすい場合に容認されやすくなる）と関連づけられるものである。天野 (2014) は接続助詞的な「のが」文や状態変化自動詞文に見られる特徴から，これらをサマ主格変遷構文として定式化し，逸脱的な「のが」文を成立させるための動機として分析している。一方で，自動詞文全体を見渡すと，状態変化自動詞文は必ずしも優勢なものとは言えず，むしろ「が」節文のほうが接続助詞的な「のが」文で指摘されている特徴と一致する（**注 8** も参照)。以上の事実から，逸脱的な「のが」文を成立させる動機について，状態変化自動詞文を意味的な淵源とするサマ主格変遷構文だけではなく，「が」節文もその要因として検討すべきであると考える。ただし，「が」節と共起する変化動詞も自動詞であることを踏まえると，本稿の分析は必ずしも天野 (2014) の主張と矛盾するものではなく，逸脱的表現の成立に複数の要因が関与している可能性もある。いずれにせよ本稿を通じて確認しておきたいのは，これまで実証的に分析することが困難だった文類型の相互関係や分布についても，KTB を通じて検証することが可能になるかもしれないという点である。

1.5 おわりに

本稿では，統語解析情報付きコーパスである KTB を用いて「が」を伴う文型の調査を行った。その結果，自動詞文で最も典型的と言える述語は「ある」などの状態動詞であり，「なる」のような変化動詞は「が」節文において相対的に多く用いられることが分かった。上記の結果は，サマ主格変遷構文（状態変化自動詞文）の持つ意味だけでなく，類似の構造を持つ「が」節文の存在も逸脱的な「のが」文の成立に影響を及ぼしている可能性を示唆するものであると考える。本稿の最後に，このような主張の利点と今後の課題を述べる。

第一に，逸脱的な「のが」文をより一般的な日本語変化の方向性から説明できる可能性があるという利点が挙げられる。周知のように，日本語には埋め込み文を構成する際に準体助詞「の」を必須とするものと「の」が任意となっているものが併存している。

(16)　a. 勉強した *（の）に，合格できなかった。
　　　b. 勉強した（の）にもかかわらず，合格できなかった。

「のに」は「の」が必須となっており，全体で 1 つの接続助詞と見なせるが，「にもかかわらず」は「の」が任意となっている。このような分布は，中世以降に連体形終止用法が一般化していくのに伴い，連体形の名詞句用法（いわゆる準体句）が衰退し，準体助詞「の」の使用範囲が拡大していったことによって生じていると考えられる（「のに」は準体句由来の「〈連体形〉＋に」からの移行が完了しているが，「（の）にもかかわらず」は準体句由来の文語的形式が完全に駆逐されるに至っていないということになる)。すなわち，現代語は中近世以降の「準体句が準体助詞に置き換えられていく」という変化の延長線上にあるものであり，「が」節と「のが」句を関連付けることは，「準体助詞の付加」という変化をたどった「に」節と「のに」節などと並行的にこれらの構造を扱えるようになることを意味する。

第二の利点として，第一の利点とも関連するが，逸脱的な「のが」文のような表現が成立する積極的な要因を説明できるという点が挙げられる。サマ主格変遷構文による分析は，「逸脱が許容される要因」を説明することはできるが，一方で「そのような逸脱が積極的に生じる要因」については説明できない。この点，「のが」を接続助詞の「が」に結び付けて考える場合には，既に接続助詞として確立している「が」(準体句由来の接続表現) に「のが」(準体助詞由来の接続表現) が追随していることになり，「逸脱」が生じる積極的な動機 (「逸脱」ではなく「接近」) を示すことができる。

一方で，さまざまな課題も残される。相対頻度の面では「が」節のほうが接続助詞的な「のが」に近い述語の分布を持っているが，絶対頻度の面では変化動詞を含むいずれの述語も「が」句のほうが圧倒的に多い。「構文」を問題にする際に，どのような指標を重視すべきかという点については，議論の余地がある (これには，KTB において抽出されるデータが日本語のどのような実態をどの程度反映しているのか，という問題も絡む)。また，逸脱的な「のが」句を「が」節との関連で考えた場合，なぜ「が」節には準体助詞「の」の付加が遅れたのか，という点が問題になるだろう。これは「が」節が持つ文としての独立性の高さが関連しているように思われるが，詳細は今後の調査に俟たなければならない。

謝辞

本研究は，NINJAL 共同研究プロジェクト「統語・意味解析コーパスの開発と言語研究」(プロジェクトリーダー: プラシャント・パルデシ) の支援を受けて行われた。また，本研究は JSPS 科研費 23K12174 の支援を受けたものである。

第 6 章課題の解答

使用したファイル

以下のファイル指定を行い，作例，翻訳以外のデータ文を対象とする（58,694 文，1,170,840 語）：

```
/x_\|trans/!
```

以下に挙げる検索のヒット数は原稿作成時のものであり，その後のツリーバンクのアップデートにより変化する可能性がある。しかしながら，全体としての傾向は変わらないと考えられる。

課題 1

<主語助詞句/名詞句– ニ助詞句– ヲ助詞句> の語順（78 例）

```
/SBJ\b/ !< /^\*/
        $.. (/PP-OB2\b/ < (P-ROLE < に)
                        $.. (/PP-OB1\b/ < (P-ROLE < を)))
```

<主語助詞句/名詞句– ヲ助詞句– ニ助詞句> の語順（39 例）

```
/SBJ\b/ !< /^\*/
        $.. (/PP-OB1\b/ < (P-ROLE < を)
                        $.. (/PP-OB2\b/ < (P-ROLE < に)))
```

課題 2

「が」表示の主語（26 例）

```
/^PP-SBJ\b/ < (P-ROLE < が)
            $.. (VB < /^(見え|みえ)/)
            > (/^IP\b/ [ $ ID | > (/^CP\b/ $ ID) ] )
```

「は」表示の主語（11 例）

```
/^PP-SBJ\b/ < (P-OPTR < は !$,, /^P\b/)
            $.. (VB < /^(見え|みえ)/)
            > (/^IP\b/ [ $ ID | > (/^CP\b/ $ ID) ] )
```

以上のうち,「は」表示の用例の内には，ここで求めていない構文のものも含まれる。

課題 3

<副詞句-(人) に-会う>（18 例）

```
/^ADVP\b/ $..
(VB < あう|あわ|あい|あっ|あえ|あお|会う|会わ|会い|会っ|会え|会お
   $,, (/^PP-OB1/ < (P-ROLE < に)))
```

<副詞句-(人) と-会う>（7 例）

```
/^ADVP\b/ $..
(VB < あう|あわ|あい|あっ|あえ|あお|会う|会わ|会い|会っ|会え|会お
   $,, (/^PP-OB1/ < (P-ROLE < と)))
```

「(人）と」と共起する副詞句としては,「ひょっくり」「ばったり」「偶然に」という，意図せずして遭遇したことを意味するものが目立つ。これに近いと思われる「初めて」も含めると，全 7 例中の全てを占める。これに対し,「(人）に」と共起する副詞句にはそのようなものは皆無である。「とにかく」「無理に」「早く」「直接」のように，意図性を示唆するものが目立つ。また,「まだ」「もう」「すでに」のように，完了・未完了を意味するものも目につく。

課題 4

```
/SBJ\b/ !< /^\*/ $.. (PASS !< /^\*/ $,, (/LGS\b/ !< /^\*/))
```

課題 5

```
P-ROLE > /^PP-LGS\b/
```

（Excel 表は省略）

課題 6

まず，(6.9) を，VB がマスターノードとなるように書き換える（22 例）：

```
VB $. (P-CONN < て|で $. (VB2 < あっ|あり|ある|あれ|あろ))
   $,, (/^PP-OB1/ < (P-ROLE < を))
```

「〜が-動-てある」と比較すると特定の動詞が集中して表れていないが，働き掛けの結果，状態に変化をもたらすものが多い。

課題のパターンは（66 例）：

```
VB $. (P-CONN < て|で
              $. (PASS < /\*/
                      $. (VB2 < あっ|あり|ある|あれ|あろ)))
   $,, (/^PP-SBJ/ < (P-ROLE < が))
```

置く（おく）：13 例，積む: 5 例，書く 4 例，掛ける/懸ける: 4 例，並べる/ならべる: 3 例，飾る: 3 例，となり，位置の変化や，働き掛けの結果としての対象の生成を表す動詞が大部分を占める。

課題 7

```
/^CP-QUE\b/=x << (/^W/ !>> (/^CP-QUE\b/ >> =x))
              < (/^IP-SUB\b/ !< (FN < の|ん))
              $ ID
```

480 例が得られる。

(6.11) では，321 例が得られる。

課題 8

「か」(561 例)：

```
VB [ $,, (/^CP-QUE-OB1\b/ < (P-FINAL < か)) |
     $,, (/^PP-OB1\b/ < (/^CP-QUE\b/ < (P-FINAL < か))) |
     $,, (/^CP-THT-OB1\b/ < (/^CP-QUE\b/ < (P-FINAL < か))) ]
```

「かどうか」(30 例)：

```
VB [ $,, (/^CP-QUE\b/ < (P-FINAL < かどうか)) |
     $,, (/^PP-OB1\b/ < (/^CP-QUE\b/ < (P-FINAL < かどうか))) |
     $,, (/^CP-THT\b/ < (/^CP-QUE\b/ < (P-FINAL < かどうか))) ]
```

「か」と共起する動詞と比較すると，「かどうか」と共起する動詞は，「試す」，「調べる」のように具体的な行動を伴うものが多くなる傾向が見られる。

課題 9

```
/馬$/ > (N [ > /^NP-SBJ/ | > (/^NP\b/ > /^PP-SBJ/) ] )
```

課題 10

```
VB [ $,, (/^PP-OB1/ < (/^NP\b/ < (N < こと) < /^IP-EMB\b/)) |
     $,, (/^NP-OB1/ < (N < こと) < /^IP-EMB\b/) ]
```

(Excel 表は省略)

課題 11

```
/^\*T\*/ > (/-OB1\b/ !$ ADJI|ADJN)
```

(3,736 例)

課題 12

トレースが第二目的語（63 例）

```
/^\*T\*/ > (/-OB2\b/ !$ ADJI|ADJN)
```

トレースが任意文法役割を持つ（2,050 例）

```
/^\*T\*/ >
(!/-SBJ|OB1|-OB2|-DSBJ|-DOB1|-CMPL|-CZZ|-LGS/ !$ ADJI|ADJN)
```

主語をトレースとする用例は 23,279 例ある。主語，第一目的語，第二目的語の順で急激に少なくなる。ただし，「任意文法役割のトレース」としたものの中には格助詞「に」を伴うはずの句のトレースの例を大量に含む。それらの多くは実際には第二目的語に含まれる可能性があり，問題が残る。のちの課題とする。

課題 13

タ従属節-タ主節（= (6.19)，80 例）

```
P-CONN < から $, (/^IP-ADV/ < AXD) > (/^PP\b/ $.. AXD)
```

非タ従属節-タ主節（「てから」で終わる従属節を排除している。以下同様; 79 例）

```
P-CONN < から
        $, (/^IP-ADV/ !< AXD !<-1 (P-CONN < て|で))
        > (/^PP\b/ $.. AXD)
```

タ従属節-非タ主節（216 例）

```
P-CONN < から $, (/^IP-ADV/ < AXD) > (/^PP\b/ !$.. AXD)
```

非タ従属節-非タ主節（890 例）

```
P-CONN < から
        $, (/^IP-ADV/ !< AXD !<-1 (P-CONN < て|で))
        > (/^PP\b/ !$.. AXD)
```

課題 14

以下のパターンの最後の部分，“$.. !/^PU/” によって，「から」の後に句読点や括弧以外の語が続くという制約を加えている。

```
AX|MD $, VB
       > (/^IP-ADV/ $. (P-CONN < から
                             > (/^PP-SCON\b/ $.. !/^PU/)))
```

「から」従属節の述語には，「ので」従属節と比べて，願望やモダリティを表す助動詞があらわれやすい。

謝辞

本書で取り扱ったかいのきツリーバンクは，2012 年に構築を開始して以来の多くの人々の協力の賜物である。このため，アノテーションを行った主体全員をグループとして参照するための集合的な名称として “Kainoki, Ed” の名前を採用している。その構成要員は以下のとおりである。

石川 さくら
伊藤 克将
大久保 弥
大友 瑠璃子
岡野 伸哉
折笠 誠
片倉 夏葉
岸山 健
金城 由美子
窪田 愛
栗林 孝行
小菅 智也
鈴木 彩香
戸田 匠
長崎 郁
アラステア・バトラー
林 則序
プラシャント・パルデシ
檜山 祥太
スティーブン・ライト・ホーン
向井 絵美
吉本 啓
渡邉 萌

かいのきツリーバンクが構築作業開始時の予想をはるかに超える量と質を備えて完成を見ることができたのは，ひとえにこれらのチーム・メンバーのお蔭であり，彼らの努力なくしてはこの本が日の目を見ることもありえなかった。

私たちの日本語ツリーバンク開発研究は，2010〜14 年度にバトラーが科学技術振興機構 (JST) さきがけ (PRESTO)「知の創生と情報社会」領域の研究員として吉本と行った「自然言語テクストの高精度で頑強な意味解析とその応用/Building and Utilising High Precision Semantic Analyses of Unrestricted Natural Language」に端を発し，その成果として「けやきツリーバンク」が得られた。研究総括としてバトラーに稀有なチャンスを与えていただき，また懇切な指導をいただいた中島秀之教授（当時，公立はこだて未来大学学長）に篤く感謝を申し上げる。さらに，領域アドバイザーの麻生英樹氏（当時，産業技術総合研究所主任研究員）を初めとするアドバイザー，同僚の研究員，JST の事務担当の諸氏にも，貴重な指導，アドバイス，激励，援助を受けた。またこの間，大友瑠璃子さんにアノテーション立ち上げ時の重要な貢献をしていただいた。

2013〜2016 年度の間，けやきツリーバンクの開発を NTT コミュニケーション科学基礎研究所との共同研究として継続することができた。私たちのツリーバンク開発プロジェクトが中断せず，今日の結果を得ることができたのは，この間終始して支持と助言をいただいた，同研究所協創情報研究部の永田昌明氏および田中貴秋，藤田早苗両氏らのお蔭である。また，檜山祥太さん（当時，東北大学）の驚異的な貢献によって，実用に耐えられる程に日本語表現をカバーするツリーバンクを作り上げることができた。

2016〜2021 年度の間，国立国語研究所共同研究プロジェクト「統語・意味解析コーパスの開発と言語学研究」により，ツリーバンクの開発を行った。同共同研究プロジェクトを始めることができたのは，影山太郎所長（当時）の理解と英断による。心より影山先生にお礼を申し上げる。また，津軽方言コーパス，幼児による日本語習得過程のコーパスおよび日本語学習者コーパスの構築を含めて，同プロジェクトが当初の計画を上回る成果をもって完結することができたのは，プロジェクト・リーダーであったプラシャント・パルデシ氏によるところが大きい。同氏のリーダーシップ，マネージメント力，そして忍耐に感謝する。

国立国語研究所共同研究プロジェクトが終了した現在も，有志により「かいのきツリーバンク」のアノテーションの進化が図られている。国立国語研究所には，弘前大学人文社会科学部との間で，津軽方言ツリーバンクの研究開発に関する学術交流を通して協力をいただいている。現在，かいのきツリーバンクは，同一の構築ツール，オンライン・インターフェース，およびオンライン・ドキュメンテーションを英国オクスフォード大学のサーバーをベースとして共有する，1.3 節で解説した一群のパーズド・コーパスの一員となっている。継続してインターネット・サーバーの提供をいただいていることについて，ビャーケ・フレレスビッグ（FRELLESVIG,

Bjarke）教授および同大学の Humanities IT Team に感謝を申し上げる。

長い研究開発期間の間，数多くの人々の協力と援助を得た。その主要な方々は以下の通りである（敬称略）：飯田仁，井出祥子，井戸美里，上山あゆみ，遠藤大樹，大久保伸吾，大島デイヴィッド義和，尾野海琴，木島明博，岸本秀樹，オレッグ・キセリョーフ（KISELYOV, Oleg），バンス・グウィト（GWIDT, Vance），窪田悠介，アンソニー・クロック（KROCH, Anthony），欅リベカ，ベアトリス・サントリーニ（SANTORINI, Beatrice），朱虹，菅谷奈津恵，竹内孔一，中村ちどり，ハイコ・ナロック（NARROG, Heiko），ラスキン・ハーディング（HARDING, Ruskin），スーザン・ピンツク（PINTZUK, Susan），福島一彦，戸次大介，方采薇，堀田智子，堀内仁，パスクアル・ゴメス・マルティネス（MARTINEZ-GOMEZ, Pascual），峯島宏次，宮田 Susanne（MIYATA, Susanne），森芳樹，李相穆。しかし，貢献をいただいたのはこれらの人々だけではない。ここに名前を書ききれなかった方々にお詫びと感謝を申し上げておく。

早稲田大学法学学術院の乙黒亮教授と原田康也教授には吉本を同大学言語情報研究所の招聘研究員として受け入れていただき，研究プロジェクトの遂行や本書の執筆において大いに恩恵を受けた。中村裕昭さんと周振さんには私たちの活動に終始支援をいただき，また原稿段階での詳細なコメントをいただいた。

また，コーパスとしての使用と公開に許可をいただいた，所収テクストの著者および著作権者の方々にもお礼を申し上げる。

長崎郁さんとスティーブン・ライト・ホーンさんにはアノテーションの共同開発者として最も貢献していただき，さらに本書の執筆に直接寄与をいただいた。特に感謝を申し上げておく。

最後に，本書が日本語研究において占める意義を理解していただき，出版を進めてくださった，池上達昭さんを初めとするくろしお出版の方々に心から感謝する。

2025 年 2 月

吉本 啓

アラステア・バトラー

参考文献

Bies, Ann, Mark Ferguson, Karen Katz, and Robert MacIntyre (1995) "Bracketing guidelines for Treebank II style Penn Treebank project," MS-CIS-95-06, LINC LAB 281, University of Pennsylvania Computer and Information Science Department.

Butler, Alastair (2015) *Linguistic Expressions and Semantic Processing: A Practical Approach*, Heidelberg: Springer-Verlag.

——— (2023) "The Treebank Semantics Parsed Corpus (TSPC) Web Site," URL: `https://entrees.github.io`, accessed: August 2024.

Butler, Alastair, Ruriko Otomo, Zhen Zhou, and Kei Yoshimoto (2013) "Treebank annotation for formal semantics research," in Motomura, Yoichi, Alastair Butler, and Daisuke Bekki eds. *New Frontiers in Artificial Intelligence, Lecture Notes in Computer Science*, Vol. 7856, pp. 25–40, Heidelberg: Springer.

Butler, Alastair, Stephen Wright Horn, Kei Yoshimoto, Iku Nagasaki, and Ai Kubota (2018) "The Keyaki Treebank Manual," URL: `http://www.compling.jp/keyaki/manual_jp/contents.html`.

Butler, Alastair, Susanne Miyata, and Yumiko Kinjo (2022) "The Soyogo Treebank — a parsed corpus of child Japanese," URL: `https://soyogo.github.io`, accessed: August 2024.

Fang, Tsaiwei, Alastair Butler, and Kei Yoshimoto (2014) "Parsing Japanese with a PCFG treebank grammar," in *Proceedings of the Twentieth Annual Meeting of the Association of Natural Language Processing*, pp. 432–435, Sapporo, Japan.

Frellesvig, Bjarke, Stephen Wright Horn, and Alastair Butler (2023) "Oxford-NINJAL Corpus of Old Japanese," URL: `https://oncoj.ninjal.ac.jp`, accessed: August 2024.

Goldberg, Adel E. (1995) *Constructions: A Construction Grammar*

Approach to Argument Structure, Chicago: University of Chicago Press.

—— (2006) *Constructions at Work: The Nature of Generalization in Language*, Oxford: Oxford University Press.

Gwidt, Vance, Mikoto Ono, and Alastair Butler (2022) "The Matsunoki Treebank — a parsed corpus of Tsugaru dialect folktales," URL: `https://tsugaruben.github.io`, accessed: August 2024.

Horiuchi, Hitoshi and Alastair Butler (2022) "The Suginoki Treebank — a parsed corpus of JFL/JSL learner Japanese," URL: `https://jltrees.github.io`, accessed: August 2024.

Horn, Stephen Wright, Alastair Butler, and Kei Yoshimoto (2017) "Keyaki Treebank segmentation and part-of-speech labelling," in *Proceedings of the Twenty Third Annual Meeting of the Association of Natural Language Processing*, pp. 414–417: The Association of Natural Language Processing.

Kainoki, Ed (2022) "The Kainoki Treebank - a parsed corpus of contemporary Japanese," URL: `https://kainoki.github.io`, accessed: August 2024.

Keenan, Edward (1987) "Variation in Universal Grammar," in Keenan, Edward ed. *Universal Grammar: 15 Essays*, London: Croom Helm.

Keenan, Edward and Bernard Comrie (1977) "Noun phrase accessibility and Universal Grammar," *Linguistic Inquiry*, Vol. 8, pp. 63–99.

Levy, Roger and Andrew Galen (2006) "Tregex and Tsurgeon: tools for querying and manipulating tree data structures," in *Proceedings of the Fifth International Conference on Language Resources and Evaluation (LREC'06)*, Genoa, Italy: European Language Resources Association (ELRA).

MacWhinney, Brian (2000) *The CHILDES Project: Tools for analyzing talk*, Mahwah, N.J.: Lawrence Erlbaum Associates, 3rd edition.

Maekawa, Kikuo, Makoto Yamazaki, Toshinobu Ogiso et al. (2014) "Balanced corpus of contemporary written Japanese," *Language Re-*

sources and Evaluation, Vol. 48, No. 2, pp. 345–371.

Miyata, Susanne (2018) "Word Separation Scheme for Japanese developed for the use in JCHAT and JMOR08," URL: https://www2.aasa.ac.jp/people/smiyata/CHILDESmanual/datafiles/wakachi2002v8/00index.html, accessed: August 2024.

Neubig, Graham, Katsuhito Sudoh, Yusuke Oda, Kevin Duh, Hajime Tsukada, and Masaaki Nagata (2014) "The NAIST-NTT TED Talk Treebank," in *11th International Workshop on Spoken Language Translation (IWSLT)*, Lake Tahoe, USA, December.

Nisisawa, Hiro Yuki and Susanne Miyata (2009) *CHILDES Japanese MiiPro Corpus*, Pittsburgh, PA: TalkBank, doi:10.21415/T55C72.

Ogawa, Yoshiki (2016) *Ogawa Corpus*, Pittsburgh, PA: TalkBank, doi:10.21415/T5H314.

Ogihara, Toshiyuki (1996) *Tense, Attitudes, and Scope*, Dordrecht: Kluwer Academic Publishers.

Randall, Beth (2009) "CorpusSearch 2 Users Guide," URL: https://corpussearch.sourceforge.net/CS-manual/Contents.html.

Rohde, Douglas (2005) "TGrep2 User Manual, Version 1.15," URL: https://github.com/andreasvc/tgrep2.

Sampson, Geoffrey R. (1995) *English for the Computer: The SUSANNE Corpus and Analytic Scheme*, Oxford: Clarendon Press (Oxford University Press).

Santorini, Beatrice (2010) "Annotation manual for the Penn Historical Corpora and the PCEEC (Release 2)," URL: https://www.ling.upenn.edu/histcorpora/annotation.

Tanaka, Yasuhito (2001) "Compilation of a multilingual parallel corpus," in *Proceedings of PACLING 2001*, pp. 265–268, Kitakyushu.

Yoshimoto, Kei (1998) *Tense and Aspect in Japanese and English*, Frankfurt am Main: Peter Lang.

天野みどり (2014)「接続助詞的な『のが』の節の文」，益岡隆志・大島資生・橋本修・堀江薫・前田直子・丸山岳彦（編）『日本語複文構文の研究』，25–54 頁，くろしお出版.

——— (2015a)「格助詞から接続詞への拡張について—『が』『のが』『それが』—」，阿部二郎・庵功雄・佐藤琢三（編）『文法・談話研究と日本語教育の接点』，99–118 頁，くろしお出版.

——— (2015b)「逸脱文の意味と推論—逸脱的な『のが』文の実例考察—」，加藤重広（編）『日本語語用論フォーラム 1』，101–122 頁，ひつじ書房.

——— (2021)「逆接の意味と構文—逸脱的なノヲ文・ノガ文の意味解釈を中心に—」，天野みどり・早瀬尚子（編）『構文と主観性』，241–260 頁，くろしお出版.

有田節子 (2021)「時制形式の有無と副詞節のタイプ」，庵功雄・田川拓海（編）『日本語のテンス・アスペクト研究を問い直す　第 2 巻—「した」「している」の世界』，21–49 頁，ひつじ書房.

井出祥子 (2020)「場の語用論—西欧モデルを補完するパラダイム—」，井出祥子・藤井洋子（編）『場とことばの諸相』，1–36 頁，ひつじ書房.

岩崎卓 (1995)「ノデとカラ—原因・理由を表す接続助詞—」，宮島達夫・仁田義雄（編）『日本語類義表現の文法（下）』，506–513 頁，くろしお出版.

小椋秀樹 (2006)「第 3 章 形態論情報」，『国立国語研究所報告 124 日本語話し言葉コーパスの構築法』，国立国語研究所.

——— (2008)「『日本語話し言葉コーパス』の言語単位」，『日本語学 4 月臨時増刊号』，第 27 巻，第 5 号.

小椋秀樹・小磯花絵・冨士池優美・宮内佐夜香・小西光・原裕 (2011)「国立国語研究所内部報告書『現代日本語書き言葉均衡コーパス』形態論情報規程集第 4 版 上・下」，国立国語研究所.

影山太郎 (1993)『文法と語形成』，ひつじ書房.

川添愛・田中リベカ・峯島宏次・戸次大介 (2016)「機能語の意味を表現する推論テストセット – JSeM とりたて助詞テストの構築 –」，『言語処理学会 第 22 回年次大会発表論文集』，817–820 頁，言語処理学会，東北大学.

黒田成幸 (1999)「主部内在型関係節」，黒田成幸・中村捷（編）『ことばの核と周縁—日本語と英語の間—』，27–103 頁，くろしお出版.

国立国語研究所 (2015)「複合動詞レキシコン」, URL：https://vvlexicon.ninjal.ac.jp, accessed: August 2024.

佐伯哲夫 (1975)『現代日本語の語順』, 笠間書院.

—— (1998)『要説　日本文の語順』, くろしお出版.

竹内孔一 (2004)「語彙概念構造による動詞辞書の作成」,『言語処理学会第10回年次大会発表論文集』, 576 – 579 頁, 言語処理学会.

寺村秀夫 (1977)「連体修飾のシンタクスと意味—その 3—」,『日本語・日本文化』, 第 6 巻, 1–35 頁, 寺村秀夫 (1992)『寺村秀夫論文集 I—日本語文法編—』所収, pp.261–296, くろしお出版.

—— (1982)『日本語のシンタクスと意味 第 I 巻』, くろしお出版.

—— (1984)『日本語のシンタクスと意味 第 II 巻』, くろしお出版.

中則夫・Susanne 宮田 (1999)「CLAN を用いた日本語形態素解析プログラム JMOR」, 教育心理学会フォーラムレポート No. FR-99-0001, 日本教育心理学会.

中俣尚己 (2021)『「中納言」を活用したコーパス日本語研究入門』, ひつじ書房.

中村ちどり (2001)『日本語の時間表現』, くろしお出版.

長崎郁・アラステア-バトラー・スティーブン-ライト-ホーン・岡野伸哉・吉本啓・エド-カイノキ (2021)「かいのきツリーバンク解析ガイド」, URL：https://kainoki.github.io/guide_j.html.

永野賢 (1952)「『から』と『ので』とはどう違うか」,『国語と国文学』, 第 29 巻, 30–41 頁.

日本語記述文法研究会（編）(2008)『現代日本語文法 6』, くろしお出版.

——（編）(2009a)『現代日本語文法 2』, くろしお出版.

——（編）(2009b)『現代日本語文法 5』, くろしお出版.

——（編）(2009c)『現代日本語文法 7』, くろしお出版.

野田春美 (1995)「ノとコト一埋め込み節をつくる代表的な形式一」, 宮島達夫・仁田義雄（編）『日本語類義表現の文法（下）』, 419–428 頁, くろしお出版.

橋本力・黒橋禎夫・河原大輔・新里圭司・永田昌明 (2011)「構文・照応・評価情報つきブログコーパスの構築」,『自然言語処理』, 第 18 巻, 第 2

号，175–201 頁，6 月.

益岡隆志・田窪行則 (1992)『基礎日本語文法 – 改訂版 –』，くろしお出版.

三尾砂 (1948)『国語法文章論』，三省堂.

三上章 (1960)『象は鼻が長い』，くろしお出版.

山田孝雄 (1908)『日本文法論』，宝文館.

吉本啓・プラシャント-パルデシ・長崎郁・Alastair Butler (2022)「NINJAL Parsed Corpus of Modern Japanese の構築と公開」，『自然言語処理』，第 29 巻，第 3 号，1015–1022 頁.

レー・バン・クー (1988)『「の」による文埋め込みの構造と表現の機能』，くろしお出版.

【著者紹介】

吉本　啓（よしもと けい）

1955年和歌山県生まれ。東京大学大学院人文科学研究科修士課程修了（言語学専攻）。シュトゥットガルト大学人文学部 Ph D。NTT 基礎研究所、ATR 自動翻訳電話研究所、シュトゥットガルト大学コンピュータ言語学研究所研究員、東北大学高度教養教育・学生支援機構および同大学大学院国際文化研究科教授を経て、現在、東北大学名誉教授。主著に『現代意味論入門』（中村裕昭氏との共著、くろしお出版 2016）。

アラステア・バトラー (Alastair Butler)

1975年英国生まれ。ヨーク大学大学院言語学研究科修士課程修了（言語学専攻）。ヨーク大学言語学科 Ph D。アムステルダム大学、シンガポール国立大学、日本学術振興会、科学技術振興機構さきがけ、国立国語研究所研究員を経て、2018年より弘前大学人文社会科学部准教授。主著に *Linguistic Expressions and Semantic Processing: A Practical Approach* (Springer 2015)、*The Semantics of Grammatical Dependencies* (Emerald 2010)。

[付録寄稿]

三好伸芳（みよし のぶよし）

1990年神奈川県生まれ。筑波大学大学院人文社会科学研究科一貫制博士課程文芸・言語専攻修了（日本語学領域）。博士（言語学）。筑波大学人文社会系特任研究員、実践女子大学文学部国文学科助教を経て、現在、武蔵野大学文学部日本文学文化学科専任講師。主著に『述語と名詞句の相互関係から見た日本語連体修飾構造』（ひつじ書房 2021）。

かいのきツリーバンクを利用した
コーパス日本語学入門

初版第 1 刷 —2025 年　3 月 25 日

著　者————吉本啓　アラステア・バトラー

発行人————岡野 秀夫

発行所————株式会社 くろしお出版
〒 102-0084　東京都千代田区二番町 4–3
tel 03-6261-2867　fax 03-6261-2879　www.9640.jp

印刷・製本　藤原印刷株式会社　　　装　丁　仁井谷伴子

ISBN 978-4-8011-1008-3 C3081